PETER VON DER LIPPE

Stabilität und Wachstum

Eine Anleitung
zum Verständnis der Volkswirtschaft

VERLAG C. H. BECK MÜNCHEN

Mit 36 Abbildungen, Tabellen und Übersichten im Text

CIP-Kurztitelaufnahme der Deutschen Bibliothek

Lippe, Peter Michael von der
Stabilität und Wachstum: eine Anleitung z.
Verständnis d. Volkswirtschaft.
(Beck'sche Elementarbücher)
ISBN 3 406 04497 2

ISBN 3 406 04497 2

Umschlagentwurf von Walter Kraus, München

Gesamtherstellung: C. H. Beck'sche Buchdruckerei, Nördlingen
Printed in Germany

Inhalt

IV. Preisstabilität, Geld- und Bankwesen

V. Wachstum, Wohlstand und Entwicklung

VI. Gerechte Einkommens- und Vermögensverteilung

VII. Außenwirtschaft

Anhang

Verzeichnis der Tabellen, Übersichten und Abbildungen

Tabellen

Übersichten

Abbildungen

Der Abdruck der Abbildungen 5, 11, 16, 17 geschieht mit freundlicher Genehmigung der Firma Globus Kartendienst, Hamburg.

Vorwort

An „Einführungen in die Volkswirtschaftslehre“, die sich zum Teil sehr ähnlich sind, fehlt es nicht, weshalb für jedes weitere Buch eine Begründung gegeben werden sollte. Für die vorliegende Schrift lassen sich hierzu vor allem einige Abweichungen vom üblichen Schema einer „Einführung“ aufführen. Sie ergeben sich daraus, daß sie sich an den Leserkreis der „politischen Bildung“ wendet* und zum Teil auch didaktisch und methodisch anders verfährt als dies sonst üblich ist. Wie das zu verstehen ist und sich aus einer bestimmten Grundposition ableitet, soll im folgenden gezeigt werden.

Es ist auffallend, wie in der Bundesrepublik in den letzten Jahren vermehrt über wirtschafts- und gesellschaftspolitische Themen öffentlich diskutiert wird. Nicht nur die Berichterstattung und Kommentierung tagespolitischer Ereignisse, auch programmatische Aussagen von Parteien, Verbänden und anderen Gruppen sind heutzutage stark von diesen Themen beherrscht. Wahrscheinlich wird ihre Bedeutung in Zukunft noch zunehmen. Die Konsequenz dieser Entwicklung ist nicht nur, daß politische Bildung wichtiger wird, sondern auch innerhalb dieser im besonderen Maße die Urteilsfähigkeit bei wirtschaftspolitischen Meinungsverschiedenheiten und das Wissen über volkswirtschaftliche Zusammenhänge.

Die Volkswirtschaftslehre ist eine Wissenschaft, die zu diesem Wissen und dieser Urteilsfähigkeit verhelfen soll. Sie leistet damit einen Beitrag zur politischen Bildung. Von dieser Auffassung ist die vorliegende Schrift geleitet, d. h. die Auswahl der Themen und die Art ihrer Darstellung.

Es gibt aber unter Volkswirten auch ganz andere Auffassungen über den Gegenstand der Volkswirtschaftslehre und die Ziele, die ein einführendes Buch auf diesem Gebiet verfolgen sollte. Viele Volkswirte glauben, die eigentliche Aufgabe ihrer Wissenschaft könne und solle weniger darin bestehen, Aussagen über die konkreten wirtschaftlichen Verhältnisse in einem Lande und über die Möglichkeit ihrer politischen Gestaltung zu machen, als vielmehr darin, aus sehr abstrakten Begriffen und Annahmen einige grundlegende „Gesetzmäßigkeiten“ wirtschaftlichen Handelns logisch abzuleiten. Es werden dann Probleme folgender Art behandelt: Welche Konsequenzen hätte es

*) Dieses Buch wurde auf Wunsch der Hessischen Landeszentrale für politische Bildung begonnen, für deren Bedürfnisse konzipiert und mehrfach geändert. Sie hat es dann jedoch nicht selbst herausgegeben. Das Buch war gedacht als Pendant zu der ebenfalls als Beck'sches Elementarbuch erschienenen „Einführung in die Statistik und den Umgang mit statistischen Daten“.

für die Preise, wenn unter bestimmten, nur einmal „angenommenen“ Bedingungen die Löhne stiegen? Fragen danach, ob z. B. diese Bedingungen in der Wirklichkeit selten oder häufig auftreten, oder ob die Konsequenzen wünschenswert sind oder nicht, spielen dabei „zunächst“ keine Rolle. Anders gesagt, man unterscheidet säuberlich eine wirtschaftstheoretische, wirtschaftspolitische (auf die Ziele und Mittel der aktiven Gestaltung des Wirtschaftsablaufs gerichtete) und empirische (auf die wirtschaftliche Wirklichkeit gerichtete) Betrachtungsweise.

Darüber hinaus wird nicht nur die Wirtschaftstheorie oft für das Herzstück der Volkswirtschaftslehre gehalten, sondern auch für das Gebiet, mit dem sich der Anfänger zunächst einmal zu beschäftigen habe. Erst müsse er einige grundlegende theoretische Zusammenhänge begriffen und somit das volkswirtschaftliche Denken gelernt haben. Damit habe er erst das „Werkzeug“, um dann daran gehen zu können, sich mit der Wirtschaftspolitik (wie sie z. B. von der Bundesregierung betrieben wird) zu beschäftigen bzw. damit, die gegenwärtige wirtschaftliche Lage aus den entsprechenden Statistiken zu erfassen. Ohne dieses theoretische Werkzeug zunächst einmal Schritt für Schritt und in allen Einzelheiten gelernt zu haben, könne man dies gar nicht, weil die Wirklichkeit viel zu komplex sei.

Diesem soweit beschriebenen Konzept entspricht ein Großteil des Universitätsunterrichts und der einführenden Lehrbücher im Fach Volkswirtschaftslehre. Es mag vom Standpunkt eines bestimmten Wissenschafts- bzw. Theorieideals richtig sein und ist sicher zum Teil wegen der notwendigen Spezialisierung unumgänglich. Eine andere Frage ist es, ob dieses methodische und didaktische Konzept den Anfänger wirklich so leicht bzw. in einer ihm angemessenen Weise (manche Lehrer glauben ja, der härteste Weg wäre der beste) auf den richtigen Weg führt und ihn motiviert, sich mit den Problemen weiter zu beschäftigen.

Ich meine aufgrund der Erfahrungen, die ich als Statistiker mit den volkswirtschaftlichen Vorkenntnissen der Studenten im Wirtschaftsstatistikunterricht machte, daß diese Frage zu verneinen ist. Viele von ihnen stellen nach einigen Semestern fest, daß sie sich Volkswirtschaftslehre eigentlich ganz anders vorgestellt haben, können das gelernte „Werkzeug“ nicht anwenden, vermissen einen gewissen Überblick, glauben an Theorien wie an Dogmen, müssen bei vielen Fragen, die sich auf praktische wirtschaftliche Probleme beziehen, „passen“, sehen keine Zusammenhänge zwischen dem, was sie in verschiedenen Fächern lernen, und haben, was wohl das Bedauerlichste ist, ihr ursprüngliches Interesse an der Sache fast ganz verloren. Und das alles, obwohl es ihnen an Fleiß nicht gefehlt hat.

Ich habe versucht, daraus Konsequenzen zu ziehen. Ob das Konzept dieses Buches – das jedoch nicht oder nicht primär für Studenten der Volkswirtschaftslehre geschrieben ist – brauchbar ist und überhaupt konsequent durchgeführt werden konnte, möge der Leser beurteilen.

Das Buch versucht

- von vornherein das Ineinandergreifen theoretischer, politischer und empirischer Betrachtungen, wie sie in der Praxis bei jeder Bewältigung wirtschaftlicher Probleme gefordert wird, kennenzulernen (was z. B. besagt, daß Statistiken nicht, wie so oft von Volkswirten, nur als illustrative Beigabe zum Text betrachtet werden und daß auch kontroversen politischen Themen nicht ausgewichen wird);
- im allgemeinen eine pragmatische Sicht der Probleme zu bevorzugen, was allerdings für den Geschmack mancher Leser zu wenig ins Grundsätzliche, eigentlich Wesentliche führen mag, echte oder vermeintliche Grundbegriffe und „unumstößliche Grundtatbestände“ nicht mit genügendem Nachdruck hervorhebt (das gilt auch für den Vergleich der Wirtschaftssysteme, in dem manches der einen oder anderen Seite liebgewordene Dogma vermißt werden mag);
- auszugehen von möglichst vielen heute allgemein interessierenden Problemen, die zum Teil übergreifend sind, also Querverbindungen aufzeigen, auch wenn das manchmal schwierig wird und es im Endeffekt unbefriedigend sein mag, was man als Volkswirt dazu zu sagen hat.

Das bringt es mit sich, daß das Buch gelegentlich nicht auf Anhieb leicht verständlich ist, weil oft Begriffe und Thesen an der betreffenden Stelle nur andiskutiert werden. Die Sache dürfte dann aber klar werden, wenn man weiterliest; denn es kommt oft mehr auf den Gedankengang an, nicht so sehr auf die einzelnen Schritte als solche.

An einigen wenigen Stellen werden auch mathematische Gleichungen verwendet. Das ist kein Grund zur Beunruhigung, denn man kann den Text auch dann verstehen, wenn man die Gleichungen nicht durchschaut und nur mit Abscheu und Kopfschütteln betrachtet. Selbstverständlich hätte man auf alles, was nach Mathematik aussieht, verzichten können. Ich halte das aber nicht für sinnvoll angesichts der Art, wie heutzutage in der Volkswirtschaftslehre argumentiert wird.

Man sagt den Statistikern oft nach, daß sie gelegentlich etwas leichtfertig, undifferenziert und mit weniger Skrupel ans Werk gehen als andere Wissenschaftler. Dieses Buch kommt manchem Wirtschaftstheoretiker insofern entgegen, als es sein Urteil über solche Leute bestätigen mag. Das könnte wiederum, so hoffe ich, hilfreich sein, um sich von gelegentlichen kritischen Untertönen gegenüber (neoklassischen) Theorien und Ideologien, die in diesem Buch anklingen, nicht irritieren zu lassen.

Für mich waren volkswirtschaftliche Lehren vor allem unter dem Aspekt von Interesse, ob und inwiefern sie geeignet sind, die Wirklichkeit besser zu erfassen und zu begreifen. Meine Kritik richtete sich dabei weniger gegen unsere Wirtschaftsordnung als gegen die Art, wie hierüber theoretisiert wird. Dabei ist mir bewußt, daß diese Kritik auch weitgehend von teilweise prononciert prokapitalistischen Theoretikern geteilt wird, die an einer neuen liberalen politischen Ökonomie arbeiten und dabei an das Gedankengut der Klassik wieder anknüpfen. In dieser Hinsicht verdanke ich viel den Gesprächen mit Herrn Prof. Dr. Jochen Röpke bei der Fertigstellung dieses Buches (die allerdings nur teilweise berücksichtigt werden konnten).

Viele in diesem Buch anklingende Überlegungen wurden auch durch meine Mitarbeit in der „Forschungsstelle zum Vergleich wirtschaftlicher Lenkungssysteme" in Marburg sowie durch Gespräche mit Freunden und Bekannten in Polen angeregt.

Ganz besonders dankbar bin ich Frau Diplom-Volkswirt Gabriele Ullrich, die mit mir zusammen die Konzeption dieses Buches entwickelte, viele Abschnitte (insbesondere über Entwicklungsländer) und hier geäußerte Ansichten maßgeblich beeinflußt hat und mich immer wieder davon abgehalten hat, das einmal begonnene Projekt wieder aufzugeben. Danken möchte ich auch dem Verlag C. H. Beck, der dieses Mal sehr viel Geduld mit dem Autor aufbringen mußte.

I. Wirtschaftssysteme

Einige wichtige Sachverhalte und Zusammenhänge im Wirtschaftsleben lassen sich besser verstehen, wenn man davon ausgeht, daß unsere Welt in zwei politische „Lager“ oder „Machtblöcke“ geteilt ist, denen zwei Wirtschaftssysteme entsprechen: das kapitalistische und das sozialistische Wirtschaftssystem. Die Tatsache ist allgemein bekannt, und sie ist sehr folgenreich, weil dieses Nebeneinander zweier Wirtschaftssysteme nicht nur beinhaltet, daß der Wirtschaftsprozeß, also die Produktion, Verteilung und Verwendung von Gütern und Dienstleistungen unterschiedlich organisiert wird. Sie führt vielmehr auch zu unterschiedlichen Formen der politischen Willensbildung und der Beziehungen zwischen Individuum, Staat und Gesellschaft. Besser gesagt: sie *beruht* erklärtermaßen auf verschiedenen Vorstellungen hierüber, auf verschiedenen Zielsetzungen, wie das gesellschaftliche Zusammenleben gestaltet werden sollte.

Wir beginnen deshalb damit, diese Ziele näher zu bezeichnen.

1. *Wirtschaftssystem und gesellschaftliche Ziele*

Durch Gegenüberstellung von zwei Zitaten soll zunächst gezeigt werden, wie sich aus verschiedenen gesellschaftlichen Zielen die für die beiden Wirtschaftssysteme typischen Unterschiede in der Organisation des Wirtschaftsprozesses ableiten lassen. Die Zitate zeigen aber zugleich, daß alle Aussagen über Wirtschaftssysteme, ja sogar sog. „Grundbegriffe“ der Volkswirtschaftslehre, stets kritisch, genauer: ideologie-kritisch untersucht werden müssen.

In einem polnischen Lehrbuch der politischen Ökonomie[1] heißt es zu den „Zielen der sozialistischen Gesellschaft“:

„Der Sozialismus ist das erste sozial-ökonomische System in der Geschichte, in welchem die wirtschaftliche Entwicklung nicht spontan als Resultante der Handlungen einzelner Menschen erfolgt, die aus der Sicht individueller Interessen unternommen werden, sondern bewußt, zielgerichtet und gesteuert. Gleichzeitig mit dem Aufbau der sozialistischen Gesellschaft werden von Beginn an gesamtgesellschaftliche Ziele formuliert, die Ausdruck der gemeinsamen Handlungsrichtung der Menschen sind ... Die sozialistische Gesellschaft strebt die Schaffung einer klassenlosen Gesellschaftsstruktur und einer im höheren Maße auf gesellschaftliche Integration gerichtete Haltung ihrer Mitglieder an, d. h. daß diese ihre eigenen Interessen mit denen der gesamten Gesellschaft identifizieren. Man sollte diese gesamtgesellschaftlichen Ziele nicht als einen gewissen, zu einem Zeitpunkt in der Geschichte erreichten Zustand interpretieren. Sie markieren eher solche Richtungen der Entwicklung, in welche die hauptsächliche Aktivität der sozialistischen Gesellschaft gelenkt werden muß. Die in der Klassengesellschaft entstandenen Konflikte zu beseitigen und eine klassenlose Gesellschaft aufzubauen, verlangt nicht nur die Abschaffung des Privateigentums an Produktionsmitteln, sondern auch die Schaffung von Bedingungen für die volle Entfaltung der Person. Im Rahmen der Ziele der sozialistischen Gesellschaft sind deshalb gesellschaftliche Differenzierungen hinsichtlich des Erwerbs von Gütern und Diensten sowie kulturellen Werten beseitigt und auch hinsichtlich der Erlangung von Macht, d. h. der Teilnahme an der Lenkung der sozial-ökonomischen Entwicklungsprozesse."[2]

Der Text enthält eine Reihe von positiven bzw. negativen Behauptungen über das eigene bzw. das andere Wirtschaftssystem. Es ist aber schwierig, diese Behauptungen der Wirklichkeit in den beiden Systemen gegenüberzustellen, denn für solche, den Text tragende Begriffe wie Planmäßigkeit, Klassenlosigkeit, gesellschaftliche Integration, Macht usw. fehlen die rechten Maßstäbe. Wer kann schon messen, in welchem Ausmaß eine Gesellschaft „integriert" ist oder die Bedingungen für die „volle Entfaltung der Person" geschaffen hat?

Die gleichen Schwierigkeiten böte auch eine Darstellung der „Ziele der kapitalistischen Gesellschaft", aber es ist nicht so leicht, eine solche zu finden. Das liegt daran, daß wir es nicht gewohnt sind, die Frage nach den Zielen der Gesellschaft oder gar speziell der kapitalistischen Gesellschaft zu stellen. Man kann auch behaupten, daß es bei uns keine Ziele der Gesellschaft *als solche* gebe, und in diesem Umstand gerade positiv ein Zeichen dafür sehen, daß es hier eine größere individuelle *Freiheit* gebe, das System also dem einzelnen einen größeren Spielraum einräumt, um seine *individuellen* Ziele zu verfolgen. Worauf es, so gesehen, ankommt, sind nicht so sehr die Ziele selbst, sondern der Prozeß der Zielbestimmung durch die Individuen:

„Da es sich bei der Zielbestimmung immer um Wertungen (Werturteile) handeln muß, entsteht sofort die Frage nach dem Subjekt der Wertsetzungen. Die Festlegung der Ziel-(Präferenz-)ordnung durch eine relativ kleine Gruppe von Individuen (z. B. politische Führung eines Landes) nach diktatorischem Prinzip scheidet generell für eine freiheitliche Gesellschaft aus. Subjekte der Zielbestimmung können hier nur alle Staatsbürger bzw. die von ihnen in demokratischen Wahlverfahren dazu legitimierten Vertreter sein . . . Nach demokratischen Spielregeln werden diejenigen Grundwerte (‚oberste Ziele') ermittelt, die als gemeinsame Basis von der Mehrheit einer Gesellschaft akzeptiert werden. Solche ‚obersten' Ziele, auf deren Verwirklichung die Wirtschaftspolitik der Sozialen Marktwirtschaft gerichtet ist, sind Freiheit, Gerechtigkeit und Wohlstand; häufig ergänzt durch die Ziele Frieden und Sicherheit."[3]

Auch hier wäre wieder zu fragen, wie sich feststellen ließe, in welchem Maße die „soziale Marktwirtschaft" tatsächlich Freiheit, Gerechtigkeit usw. verwirklicht. Man käme damit in ähnliche Schwierigkeiten, wie sie im Anschluß an das polnische Zitat angedeutet sind.

Man kann nun versuchen, diese Schwierigkeiten mit Zielen und Werturteilen zu vermeiden, indem man einen anderen, den hierzulande üblichen „Einstieg" in die Volkswirtschaftslehre vornimmt. Er vermittelt eher das Gefühl, man bleibe ganz auf dem Boden der „Logik“ und „wertfreien Wissenschaft“. Zumindest die traditionellen Lehrbücher auf diesem Gebiet beginnen meist damit, „*Grundsachverhalte*“ herauszustellen, die überall und zu jeder Zeit Gültigkeit haben. So etwa der Umstand, daß, abgesehen von primitiven Gesellschaften, stets *Arbeitsteilung* herrscht, jeder also auf andere angewiesen ist, und niemand alles, was er zum Leben braucht, selbst herstellen kann. Oder der Grundsachverhalt, daß bei praktisch allen Gütern der Bedarf nach ihnen stets größer ist als die Möglichkeit, diesen Bedarf zu befriedigen, sei es aus vorhandenen Beständen, sei es aus der laufenden Produktion. Die Güter sind somit *knapp*, und daraus ergibt sich schon allein mit dem gesunden Menschenverstand, daß alles darauf ankommt, mit diesen Gütern so sparsam, effizient (oder allgemein: rational) umzugehen wie möglich.

Das Problem, das es somit zu lösen gilt, und zwar in *jeder* Gesellschaft, gleichgültig, ob kapitalistisch oder sozialistisch, besteht darin, zu entscheiden, *wer, welche* Güter und *wieviel* von ihnen erhalten muß, damit im Endeffekt für alle Mitglieder der Gesellschaft eine größtmögliche Befriedigung ihrer Bedürfnisse eintreten kann.

Das scheint soweit ein rein technisches, lediglich die Beziehung zwischen (einzelnen) Menschen und *Gütern* betreffendes Problem zu sein, im Grunde „nur“ eine Rechenaufgabe. Anscheinend ergibt sich soweit noch keine Notwendigkeit darüber nachzudenken, wie eine Wirtschaftsordnung beschaffen sein sollte oder gar welche Ziele sich eine „Gesellschaft“ setzen sollte.

Dieser Eindruck entsteht dadurch, daß wir „Bedürfnisse“ und „Knappheit“ als naturgegebene, zeitlos gültige Tatbestände auffassen.[4] Das liegt umso näher, je mehr man gewohnt ist, Bedürfnisse als persönliche Angelegenheit zu verstehen und wirtschaftliche Probleme aus der Sicht individueller Ziele und Bedürfnisse zu interpretieren und lediglich die Wahrnehmung solcher Interessen, die die gesamte Gesellschaft betreffen und die aus irgendwelchen Gründen nicht individuell artikuliert und durchgesetzt werden können, dem Staat zu überlassen.

Diese Betonung der individuellen Zielsetzungen entspringt der Theorie der (bürgerlichen) Demokratie: so wie im politischen Bereich „letzten Endes“ der einzelne Bürger durch seine Wählerstimme das entscheidende Wort sprechen sollte, so auch im wirtschaftlichen Bereich der einzelne Konsument durch seine individuellen Bedürfnisse. Wenn das uneingeschränkt gelten soll, dann hat es wenig Sinn, von „gesellschaftlichen Zielen“ zu sprechen oder beim Problem der Güterknappheit etwas anderes zu vermuten als eine ganz allgemeine, naturgegebene Angelegenheit.

Man nennt die These, daß der Konsument in einer Marktwirtschaft durch seine autonome Entscheidung, zu kaufen oder nicht zu kaufen, die Produktion letzten Endes steuert (nicht nur, wie soeben gesagt, steuern *sollte*) auch die Lehre von der *Konsumentensouveränität*. Nach ihr zwingt der Nachfrager die Produzenten durch sein Nachfrageverhalten dazu, sich mit der Produktion hinsichtlich Art, Qualität und Umfang der Nachfrage anzupassen. Die Lehre der Konsumentensouveränität spielt eine wichtige Rolle für die Begründung des vorwiegend *privat*wirtschaftlichen Charakters unseres Wirtschaftssystems.

Nun nährt sich allerdings das gegenwärtig häufig empfundene Unbehagen am Kapitalismus weitgehend aus dem Gefühl, daß es auf den Staatsbürger bzw. Konsumenten in Wirklichkeit weniger ankommt, als es die Theorie der Konsumentensouveränität darzustellen beliebt. Damit ist nicht nur der Fall gemeint, daß dem Konsumenten „individuelle" Bedürfnisse erst durch Reklame nähergebracht werden müssen, sondern allgemeiner, daß die Produktion mehr um der Produktion (bzw. um der Produzenten) als um des Konsums willen geschieht.

Dies ist vorwegzuschicken, bevor man beginnt, in sehr allgemeiner Form diejenigen Aufgaben zu betrachten, die jede Volkswirtschaft – unabhängig von der Art des Wirtschaftssystems – zu lösen hat, was im folgenden Abschnitt geschehen soll. Wenn dann nämlich von Zielen, Bedürfnissen und Knappheit die Rede ist, sollte man bedenken, daß dies Begriffe sind, die nicht so problemlos sind, wie sie wohl erscheinen, wenn man die These der Konsumentensouveränität ohne Bedenken akzeptiert.

2. Das gesamtwirtschaftliche Planungsproblem

Jede Art von Planung, und im weiteren Sinne jede rationale Entscheidung, besteht in einer Gegenüberstellung von Wünschen (Zielen) und Möglichkeiten (Mittel), diese zu erfüllen. Wir gehen davon aus, daß sich wirtschaftliche Ziele stets auf das Bereitstellen von Gütern (Produktion) beziehen, so daß unter den einer Volkswirtschaft gegebenen „Möglichkeiten" die Produktionsmöglichkeiten (oder auch: *Produktionspotential,* Kapazität) zu verstehen sind. Es ist für eine gute Planung sehr wichtig, daß die Planer[5] über die Produktionsmöglichkeiten der Volkswirtschaft zutreffend *informiert* werden, denn es wäre unsinnig, Pläne aufzustellen, die ober- oder unterhalb der gegenwärtigen Grenzen der Leistungsfähigkeit ansetzen. Während es zwar möglich ist, unterhalb der Kapazitätsgrenze zu bleiben, also die Möglichkeiten nicht voll auszuschöpfen (die Kapazität nicht voll „auszulasten"), wäre es von vornherein falsch, das Potential zu überschätzen, weil ein solcher Plan nicht durchführbar (schon im rein produktionstechnischen Sinne) ist, er wäre „unzulässig".

Wovon hängt nun die Größe dieses Produktionspotentials ab? Betrachtet man die Produktion einzelner Güter, so ist offensichtlich, daß hierzu

1. Arbeitskraft,
2. Maschinen und ähnliche produzierte *Produktionsmittel* und
3. natürliche (originäre, nichtproduzierte) Stoffe (Rohstoffe, Boden)

erforderlich sind; allgemein gesprochen: drei *Ressourcen* oder *Produktionsfaktoren.* In technischer Hinsicht hängt also das Produktionsergebnis von diesen drei Produktionsfaktoren ab, von der Arbeit, als einem natürlichen, nichtmateriellen Faktor, sowie von zwei materiellen (stofflichen) Faktoren (Nr. 2 und 3). Dabei kommt dem zweiten Faktor, auch *Kapital* oder Produktivkapital, dadurch eine gewisse Sonderstellung zu, als dies nicht nur zur Herstellung bestimmter Güter erforderlich ist (also ein Produktions*faktor* ist), sondern seinerseits selbst ein produziertes Gut darstellt.

Man kann von der mengenmäßigen Ausstattung einer Volkswirtschaft mit Arbeit, Kapital und natürlichen Ressourcen noch nicht auf das Produktionsergebnis schließen. Es kommt nicht alleine auf den *Bestand,* sondern auch auf die *Qualität* dieser Faktoren an, z. B. auf den Ausbildungsstand der Erwerbsbevölkerung, die Modernität (was den Stand der technischen Entwicklung betrifft) der maschinellen Anlagen usw. Im weiteren Sinne gehört zum Wert eines *Produktionsapparates* einer Volkswirtschaft nicht nur die Ausstattung mit Produktionsfaktoren (hinsichtlich Menge und Qualität), sondern auch die Art und Weise, wie das Zusammenwirken dieser Faktoren organisiert wird.

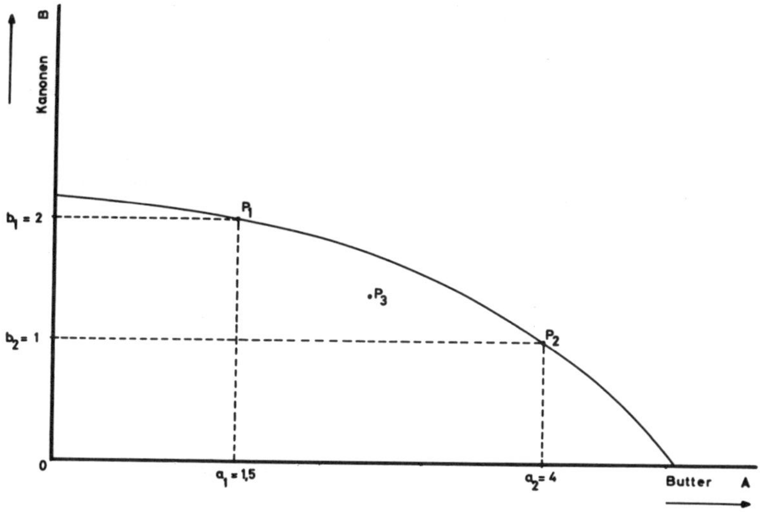

Abbildung 1. Die Kurve der Produktionsmöglichkeiten (Transformationskurve)

Um den Gedanken des Produktionspotentials bzw. des für die Planung „zulässigen Bereichs" zu veranschaulichen, denke man sich eine Volkswirtschaft, in der es nur zwei Güter gibt, etwa (einem bekannten Lehrbuch der Volkswirtschaftslehre entsprechend) Butter (A) und Kanonen (B). Die in Abbildung 1 eingezeichnete Kurve[6] verbindet alle Kombinationen von Butter- und Kanonenmengen, die (maximal) produzierbar sind. Das sind jeweils

Punkte auf dieser Kurve, etwa P_1 und P_2. Vergleicht man die Buttermengen (a_1 und a_2) sowie die Kanonenmengen (b_1 und b_2) für diese beiden Punkte miteinander, so illustriert die Kurve nur einfach die „Binsenwahrheit", daß man durch eine Umstellung der Produktion nicht gleichzeitig mehr von *beiden* Gütern erhalten kann, *wenn* man das Produktionspotential voll auslastet. Anders dagegen der Punkt P_3, woran man erkennt, daß ein *optimaler* Plan hinsichtlich der Butter- und Kanonenversorgung der Bevölkerung nur irgendein Punkt auf der durch das Produktionspotential vorgegebenen Kurve sein kann. Aber welcher? Mit dieser Frage beginnt eigentlich erst das Auswahlproblem, das für jede Entscheidung typisch ist. Offenbar hängt die Antwort davon ab, hinsichtlich welcher *Ziele* der Plan, der optimale, also der beste (von den zulässigen)[7] sein soll. Sind die Ziele, wobei es zunächst noch nicht interessieren mag, um wessen Ziele es sich dabei handelt, so geartet, daß viermal so viel Butter wie Kanonen gewünscht wird, so ist P_2 der optimale Plan (und z. B. nicht P_1, wo das entsprechende Verhältnis 1,5 : 2 ist). Das Zahlenverhältnis 4 : 1 bringt zum Ausdruck, in welcher Beziehung einzelne Bedürfnisse zueinander stehen, deren Befriedigung das Ziel ist. Da es bei der Planung im allgemeinen nicht darum geht, nur die Versorgung mit einem Gut vorauszubedenken, sondern stets für mehrere Güter, besteht das Ziel (oder die „Wünsche", die man den Möglichkeiten gegenüberstellt), das man sich bei einer Planung setzt, in der Formulierung einer solchen Bedürfnis*struktur*.

Nun zeigt schon das Beispiel mit Butter und Kanonen, daß an dieser Stelle wohl gewisse Schwierigkeiten auftreten, wenn man die Theorie anwenden will. Denn bei Butter und Kanonen handelt es sich doch um Bedürfnisse sehr verschiedener Art, und es fragt sich dann, welcher Mechanismus einem Wirtschaftssystem zur Verfügung steht, um festzustellen, ob diese Güter im Verhältnis 4:1 gewünscht werden oder in einem anderen. Jedenfalls muß ein Planer die Bedürfnisstruktur kennen, um aus den zulässigen Plänen den (im Hinblick auf diese Bedürfnisstruktur) optimalen auswählen zu können. Außerdem muß er den Bestand an Produktionsfaktoren hinsichtlich Menge und Qualität kennen, weil damit das Produktionspotential (also der Bereich zulässiger Pläne) bestimmt ist. Für ihn sind dies Ausgangstatsachen, die er als „gegeben" (und in der Regel für den Planungszeitraum als unveränderlich) behandeln muß, seine *Daten*.

Interessant ist es nun, daß unter der Annahme gegebener gesamtwirtschaftlicher Daten, also

- gegebener Bedürfnisstruktur und
- gegebenem Bestand an Produktionsfaktoren (Arbeit, Kapital, Natur) hinsichtlich Menge und Qualität (also auch der angewandten Produktionstechnik)

ein ganz bestimmtes *Optimum* zu errechnen ist. Nun ist es allerdings nicht ausreichend zu wissen, ob und unter welchen Voraussetzungen ein solches

Optimum zu *errechnen* wäre, was hier übrigens recht theoretisch gemeint ist, denn in der Praxis würde sich eine solche Rechenaufgabe (übrigens auch im Sozialismus) äußerst schwierig gestalten. Von viel größerer Bedeutung ist es, ob man sich darauf verlassen kann, daß diese Rechnung auch in die Tat umgesetzt werden kann. Anders gefragt: Welche Vorgänge könnten es bewirken, daß im Zuge der Planverwirklichung auch tatsächlich das Mögliche und Gewünschte entsteht? Gibt es Prozesse, denen zufolge eine Volkswirtschaft im Prinzip (oder: der Tendenz nach, *„tendenziell"*) zum Optimum strebt?

Die traditionelle Theorie der Marktwirtschaft versucht zu beweisen, daß der *Wettbewerb* zwischen Anbietern und Nachfragern (jeweils untereinander) an den einzelnen Märkten einer Volkswirtschaft eben ein solcher Prozeß sei, der sicherstellt, daß jeweils ein Optimum angestrebt wird. Dieser Prozeß besteht im wesentlichen aus wechselseitigen *Anpassungen,* bis das Optimum erreicht ist, das man deshalb auch das *Gleichgewicht* nennt (wenn dieser Zustand erreicht wäre, würden nämlich die Wettbewerber nicht mehr veranlaßt sein, hieran etwas zu ändern bzw. sich Änderungen anzupassen).

Die Vorstellung des Optimums bzw. des Gleichgewichts hat die Volkswirte seit jeher sehr fasziniert, und zwar mehr, als dies angesichts der recht „theoretischen" Konstruktion sinnvoll und der Volkswirtschaftslehre zuträglich gewesen wäre. Die Suche nach *dem* Optimum befriedigt nicht nur den Hang zur Perfektion, sondern man gelangt damit auch zu einer Eindeutigkeit und Bestimmtheit der Aussage und kann sehr eindrucksvolle mathematische Überlegungen anstellen, was vor allem den „Vorteil" hat, daß nicht mehr gleich jeder Laie mitreden kann und die Volkswirtschaftslehre so mathematisch-naturwissenschaftlich aussieht. Das verleitete zu der Unsitte, daß sich Volkswirte nur noch mit dem Problem beschäftigten, wie man bei gegebenen gesamtwirtschaftlichen Daten[8] zu einer optimalen Verwendung der Ressourcen gelange. Das ist das Problem der *optimalen Allokation der Ressourcen* (ein Fachbegriff, der im folgenden gelegentlich wieder gebraucht wird). Man versteht darunter die Aufgabe, sämtliche Produktionsfaktoren (also „Ressourcen") so einzusetzen (zu verwenden), daß möglichst viel produziert werden kann, und zwar im Sinne der gesetzten Ziele (bestehenden Bedürfnisse). Volkswirtschaftslehre ist so gesehen eine ganz allgemeine, formale Optimierungslehre, eine Lehre vom rationalen Handeln *(Praxeologie).* Ein Produkt dieser Betrachtungsweise ist die sog. „neoklassische Theorie", auf die wir später noch eingehen werden.

3. Arbeitsteilung, Eigentum und Wirtschaftssystem

Die Lehre vom optimalen Plan beschreibt lediglich eine *Aufgabe,* die jede Volkswirtschaft zu bewältigen hat. Sie praktisch durchzuführen, ist jedoch ein enormes organisatorisches Problem, und zwar vor allem deswegen, weil:

- jede entwickelte Volkswirtschaft arbeitsteilig produziert, so daß eine Koordination wechselseitig voneinander abhängiger Aktivitäten im Zeitablauf (das ist das Problem der „Planung“) notwendig wird und
- diese Aktivitäten und Entscheidungen von Interessen (Zielen) geleitet sind, die bei den einzelnen Menschen sehr unterschiedlich sein können, womit aber jeweils zugleich über Interessen anderer Menschen verfügt wird.

Damit entsteht das Problem, auf geeignete Art einen gesellschaftlichen Prozeß zu organisieren, die Regeln aufzustellen, mit denen Personen zu Handlungen, Entscheidungen, Verfügungen ermächtigt, verpflichtet oder angeregt werden. Es sind im einzelnen folgende Regelungen zu treffen:

1. Wer entscheidet, was produziert wird, d. h. welchen Bedürfnissen soll der Produktionsapparat dienen (was wegen der Knappheit eine Formulierung von *Prioritäten* erfordert)?
2. Wer *koordiniert* die Produktions- und Verwendungsentscheidungen, also die Lieferbeziehungen zwischen den arbeitsteiligen Produzenten?
3. In wessen *Eigentum* sind die Produktionsmittel? Wer verfügt über erwirtschafteten *Überschuß*, d. h. entscheidet darüber, wie dieser verwendet wird?
4. Wer *koordiniert* den Arbeitsprozeß in einem *Betrieb*, d. h. das Zusammenwirken der Produktionsfaktoren?

Für alle diese Fragen sind unterschiedliche organisatorische Lösungen möglich. Danach unterscheidet man verschiedene Wirtschaftssysteme: Die Fragen 1 und 2 betreffen vor allem die Koordination zwischen einzelnen Produzenten und Konsumenten. Grob gesprochen gibt es hier zwei Lösungen des Problems: die Koordinierung über *Märkte* (vorwiegend mit Preisen) und die direkte meist mengenmäßige Steuerung der Abläufe über einen zentralen Plan. In diesem Sinne unterscheidet man die *Marktwirtschaft* (Verkehrswirtschaft) und die *Zentralverwaltungswirtschaft* (Planwirtschaft). Die Fragen 3 und 4 stellen auf die Eigentumsordnung ab: im *Kapitalismus* sind die Produktionsmittel zum größten Teil in Privateigentum, weshalb auch dem Eigentümer der erwirtschaftete Überschuß (unverteilte Gewinne) zufließt und er entweder selbst oder ein von ihm beauftragter und kontrollierter „Manager“ die Leitung des Betriebes übernimmt. Im *Sozialismus* dagegen wird zum größten Teil über die Produktionsmittel durch genossenschaftliches – oder Staatseigentum verfügt. Das hat auch Konsequenzen für die Verteilung des Betriebsergebnisses und für die Organisation des betrieblichen Willensbildungsprozesses.

Sieht man in der Frage Privat- oder Staatseigentum in der Tat den entscheidenden Systemunterschied, so ist es nur konsequent, von „Kapitalismus“ und „Sozialismus“ zu sprechen, wie das im folgenden geschehen soll. Wie die Erfahrung zeigt, ist im allgemeinen, zumindest auf Dauer, auch immer nur eine bestimmte *Kombination* von Eigentumsordnung und Art der Planung (auch das Marktverhalten kann man als Planung begreifen, nicht durch eine zentrale

Behörde, sondern seitens der beteiligten individuellen Anbieter und Nachfrager) lebensfähig. In der Wirklichkeit treten die hier unterschiedenen reinen Formen nicht auf. Unsere Wirtschaftsordnung in der Bundesrepublik Deutschland ist z. B. nicht vollständig, wohl aber überwiegend marktwirtschaftlich und kapitalistisch. Es gibt einerseits die wirtschaftlichen Aktivitäten des Staates, die nicht über Märkte gelenkt werden, und andererseits konkurrieren neben privaten auch staatliche Produzenten an den Märkten. Ebenso ist in den meisten sozialistischen Ländern das Prinzip der zentralen Planung nicht bis ins letzte Detail durchgeführt; es gibt meist Konsumgüter- und Arbeitsmärkte und auch in bestimmten Bereichen etwas Privateigentum, etwa in der Landwirtschaft, im Handwerk und Handel.

Immer wieder wurden Versuche unternommen, einen *dritten Weg* zu finden, d. h. die Vorteile beider Grundtypen zu vereinen und die Nachteile zu vermeiden. In diesem Sinne verstanden die Begründer der *„sozialen Marktwirtschaft"*, die sog. Neo- oder Ordoliberalen, in der BRD ihr Konzept als einen Mittelweg zwischen der „freien" Marktwirtschaft (nach Art des Kapitalismus im 19. Jahrhundert, der zu enormer sozialer Ungleichheit und zu Massenelend geführt hat) und dem Sozialismus. Was an diesem Typ von Wirtschaftsordnung „sozial" ist, ist eine beliebte Streitfrage. Ihre Vertreter verstehen unter „sozial", daß der Staat eine Verantwortung für Wohlstandssteigerung, Vollbeschäftigung und „Sozialpolitik" übernimmt, d. h. einen Ausgleich der Einkommen über Steuern, Subventionen, Zuschüssen, Fürsorgeleistungen usw. Das ist nur eine Interpretation, denn:

> „Wenn man jedoch unter sozialer Marktwirtschaft eine Wirtschaftsordnung verstehen will, in der die Produktionsmittel nicht einseitig konzentriert sind, der erwirtschaftete Überschuß nicht automatisch in das Eigentum der Kapitaleigner übergeht und in der die unternehmerischen Entscheidungen von beiden Produktionsfaktoren gleichberechtigt legitimiert und kontrolliert werden, so muß man dem Wirtschaftssystem der Bundesrepublik den sozialen Charakter absprechen."[9]

Eine Kombination von Sozialismus und Marktwirtschaft[10] ist das also nicht. Ein derartiger Versuch wurde jedoch bzw. wird noch von einigen sozialistischen Ländern unternommen, insbesondere von Jugoslawien. Dort wurde zumindest die strenge, „administrative" Form der zentralen Planung aufgegeben und auch das „gesellschaftliche Eigentum" anders interpretiert. Die Erfahrung zeigte nämlich, daß sowohl das Privat- als auch das Staatseigentum dazu neigen, in den Betrieben hierarchische Führungsprinzipien und eine alleinige Orientierung des Managements an den Eigentümerinteressen zu praktizieren. Bei sozialistischem Eigentum ist es üblich, daß die Betriebsleitung (das Management) – bei meist geringer Mitwirkung der Belegschaft, der Gewerkschaften (die im Sozialismus andere Funktionen als bei uns haben) und anderer Gremien – direkt von Staat und Partei ein- und abgesetzt sowie kontrolliert wird (Direktorialprinzip). Das kann zu Konflikten zwischen Leitung und Belegschaft führen, zumal das System der Leistungsanreize über

Prämien, Gehaltsdifferenzierung usw.[11] oft so konstruiert ist, daß hier divergierende Interessen erzeugt werden. Demgegenüber wird in Jugoslawien die Betriebsleitung von den Arbeitern wahrgenommen, so daß das Management jeweils aus den Reihen der Arbeiter gewählt und von Arbeiterräten überwacht wird *(Arbeiterselbstverwaltung).*

Damit haben wir zwei von mehreren Formen kennengelernt, die Einsetzung und Kontrolle unternehmerischer Funktionen zu organisieren (was als Problem Nr. 4 aufgeführt war, und was eng mit dem Eigentum zusammenhängt). So erwächst aus dem Privateigentum die Praxis, daß entweder der Eigentümer selbst oder ein nur ihm (bzw. der Gesamtheit der Kapitaleigner eines Unternehmens) verantwortlicher Manager zu dieser Funktion legitimiert ist. Der erste Fall ist typisch für den Kapitalismus des 19. Jahrhunderts und für Kleinunternehmen. Man spricht deshalb auch vom „Unternehmerkapitalisten". Dagegen ist die zweite Form heutzutage häufiger, d. h. die Trennung von Eigentum (Kapital) und Management (Unternehmertum), wobei sich letzteres aus den „leitenden Angestellten" rekrutiert, hochbezahlten, aber nicht notwendig am Kapital (Wert der Produktionsmittel) des Unternehmens beteiligten Angestellten, die die Geschäftsführung des Unternehmens wahrnehmen (Direktoren, Vorstandsmitglieder usw.).

Wir kommen damit zum Begriff des *Privateigentums an Produktionsmitteln,* einer Institution, welche stets im Kreuzfeuer der Kritik stand und kennzeichnend für das kapitalistische System ist. Die Argumente zu seiner Rechtfertigung lassen sich in zwei Gruppen einteilen:

1. Das *Effizienz-Argument,* wonach das *Privat*eigentum zu größerer Leistung anspornt, weil die materielle Interessiertheit (d. h. die Aussicht auf Erfolg in Form von Geld- und sonstigen Einnahmen) größer sei, wenn man für die *eigene* Tasche wirtschaftet, und weil durch den Wettbewerb immer das Risiko des Verlustes gegeben sei.
2. Das *moralische Argument,* wonach das Eigentum Bestandteil jeder freiheitlichen Ordnung sei („Eigentum macht frei"), Sicherheit und Unabhängigkeit verleihe und zu verantwortlichem Umgang mit Sachen erziehe.

Man kann diese Argumentation nicht verstehen, ohne den Hintergrund des bürgerlich-liberalen Eigentumsdenkens zu beleuchten, auch in seiner historischen und kulturellen Dimension. Alle hier nur kurz angedeuteten Argumente können evtl. richtig sein, wenn man einige für unsere heutige Gesellschaft wesentliche Differenzierungen nicht vornimmt: Der Unterschied zwischen Eigentum an Produktionsmitteln (und nur das ist der Streitpunkt) und an Konsumgütern,[12] daß die aus dem Eigentum erwachsenden Berechtigungen und Verpflichtungen nicht mehr in der einen Person des Eigentümers vereint sind[13] und daß das Eigentum am Produktivvermögen (also an den Produktionsmitteln) sehr ungleich verteilt ist. Aber auch dann, wenn diese Umstände irrelevant wären, weil aus ihnen kein aktuelles soziales Problem erwüchse, könnte man sich fragen, ob das Privateigentum als ein allgemeines Organisationsprinzip nicht langfristige sozial und kulturell unerwünschte Folgen erzeugt: Desintegration (im Gegensatz zu der im polnischen Zitat Seite 15 gemeinten „sozialen Integration"), Konzeptionslosigkeit und Egoismus, sowie das zwanghafte Bestreben, anderen zu gefallen, sich „vermarkten" zu müssen. Zur Verdeutlichung einiger der hier nur angedeuteten kulturellen und sozialpsychologischen Aspekte:

> „Wie die wirtschaftlichen tragen auch die persönlichen Beziehungen den Charakter menschlicher Entfremdung – es sind nur noch Beziehungen zwischen Dingen . . . Der Mensch verkauft nicht nur Waren; er verkauft sich selbst und empfindet sich als Ware . . . Diese Persönlichkeit soll angenehm sein; obendrein soll ihr Träger noch einer Reihe anderer Anforderungen entsprechen; er soll Energie, Initiative . . . besitzen . . . Und wie bei jeder anderen Ware entscheidet der Markt auch über den Wert dieser Qualitäten, ja über die ganze Existenz des Menschen. Besteht für die von ihm angebotenen Qualitäten keine Verwendung, dann *hat* er keine und ist so wertlos wie eine unverkäufliche Ware."[14]

Kennzeichnend für die traditionelle liberale Eigentumsauffassung ist der Begriff des Eigentumsrechts im § 903 des Bürgerlichen Gesetzbuches:

> „Der Eigentümer einer Sache kann, soweit nicht das Gesetz oder Rechte Dritter entgegenstehen, mit der Sache nach Belieben verfahren und andere von jeder Einwirkung ausschließen."

Eigentum ist also ein Recht an einer *Sache,* die vergleichsweise umfangreichste Berechtigung, die unsere Rechtsordnung Privaten gewährt: das Recht auf Besitz, Nutzung, Veräußerung einer Sache und Ausschluß Dritter. Letzteres hängt auch zusammen mit dem bürgerlichen liberalen Freiheitsbegriff: der Freiheit *von* Eingriffen anderer, z. B. auch des Staates, der Schaffung von Freiräumen individueller Entfaltung *aufgrund* des Besitzes materieller Güter.

Die eigentümliche Verknüpfung von Eigentum und Freiheit im typisch bürgerlichen Denken wird erst verständlich, wenn man die geistes- und kulturgeschichtliche Situation bei Entstehung der bürgerlichen Gesellschaft bedenkt. Damals standen die städtischen Händler und Handwerker, eine typische „Mittelschicht" in der feudalen Gesellschaft, vor der Aufgabe, sich von der funktionslos gewordenen Herrschaft von Adel und Geistlichkeit zu emanzipieren, gleichzeitig aber den Abstand von den unter ihnen stehenden Habenichtsen zu wahren:

> „Gegenüber dem Adel (und dem König) müssen aus ‚strategischen' Gründen wirtschaftliche und bürgerliche Rechte *für jedermann* beansprucht werden; in Wirklichkeit werden sie jedoch nur von denjenigen Gruppen beansprucht, die überhaupt mit ihren Gegnern konkurrieren *konnten,* d. h. den besitzenden Nichtadligen . . . Die ganze Beweisführung endet daher folgerichtig mit der Feststellung, daß der Besitzende (d. h. Fähige!) eine Garantie für seine weitere Entfaltung brauche . . . Freiheit und damit Menschlichkeit heißt, nur dann in Beziehung zu anderen Personen zu treten, wenn man

es will. Dazu muß man die Verfügungsgewalt, d. h. das Eigentum über die eigene Person und die eigenen Fähigkeiten haben."[15]

Die Besitzbürger erzwangen sich eine weitgehende Befreiung des Eigentumsrechts von persönlichen, ständischen, moralischen Auflagen und Verpflichtungen. Es kam dadurch zu einer Entfesselung der Privatinitiative, zur Marktwirtschaft und Industrialisierung – für viele ein Beweis im Sinne des Effizienzarguments für das Privateigentum – gleichzeitig aber auch zu immer größerer Verarmung und Verelendung der Massen, zur „sozialen Frage" und zu *Unsicherheiten und Schwankungen im Wirtschaftsablauf.*

Letzteres soll uns im weiteren immer wieder beschäftigen. Wir wollen aber schon hier darauf hinweisen, denn vielen Ökonomen ist es nicht möglich, dies zu erkennen, weil sie die Beziehungen zwischen dem marktwirtschaftlichen und dem kapitalistischen Element unserer Wirtschaftsordnung nicht oder nicht richtig sehen. So wird häufig versucht, eine Theorie der Konjunkturzyklen, Arbeitslosigkeit und Inflation am Modell einer *Naturaltauschwirtschaft* zu entwickeln. Ein solches Modell einer Wirtschaft, in der Güter gegen Güter getauscht werden, soll angeblich das Charakteristische an der Arbeitsteilung wiedergeben. In einer Wirtschaft dieser Art kann es aber nicht zu den genannten Problemen wie Arbeitslosigkeit und Inflation kommen. Daraus zu folgern, daß es in modernen kapitalistischen Marktwirtschaften diese Probleme nicht gäbe, oder nur als Ausnahmen und Randerscheinungen, halten manche Ökonomen für gerechtfertigt. Angesichts dessen, was sich in der Wirklichkeit abspielt, dürfte es aber plausibler sein, anzunehmen, daß das Modell der Naturaltauschwirtschaft wesentliche Eigenschaften nicht enthält, die für den modernen Kapitalismus typisch sind. So mag man zunächst die Ursache für Konjunkturschwankungen im Geld- und Kreditsystem vermuten. In der Tat kann dadurch eine gewisse Instabilität im Wirtschaftsablauf erzeugt oder zumindest verstärkt werden. Kennzeichnend für konjunkturelle Schwankungen ist, wie wir noch sehen werden, daß die Gesamtnachfrage (nach allen Gütern) angesichts des Angebots (an allen Gütern) zu groß oder zu klein sein kann. Eine solche Situation wäre trotz Arbeitsteilung und Geldwirtschaft zumindest theoretisch vermeidbar, wenn z. B. eine zentrale Instanz Gesamtangebot und Gesamtnachfrage aufeinander abstimmen würde.

Was ist nun bei Abwesenheit einer solchen Instanz für Schwankungen und Unklarheiten im Wirtschaftsablauf verantwortlich? Es ist der Umstand der *Warenproduktion unabhängiger privater Unternehmen.* In einer „primitiven" Wirtschaft wäre es ganz unsinnig erschienen, mehr zu produzieren, als es dem eigenen Bedarf entspricht. Bei uns dagegen wird für den Markt produziert, auf das Risiko hin, daß die Waren keine Käufer finden. Die Entscheidung fällt durch den Eigentümer der Produktionsmittel und in seinem Interesse an Rentabilität (Gewinn pro eingesetzten Kapitals). Es ist im Grunde uninteressant, *was* produziert wird, sofern es sich nur mit Gewinn verkaufen läßt. Diese kaufmännische, erwerbswirtschaftliche, d. h. am Gewinn orientierte Einstellung zu Dingen kann sich auch auf das Verhalten gegenüber Menschen übertragen und deren gesellschaftliche Beziehungen prägen. Findet die Ware keine Käufer, so ist die in sie hineingesteckte Energie verschwendet. Das kann Entwertung und Verlust des Kapitals für den Eigentümer bedeuten. Es führt aber auch zu Entlassungen. Die Beschäftigung von Arbeitskräften ist insofern dem Interesse am Kapitalertrag untergeordnet, und das umso mehr, je mehr Kapital im Zuge der Industrialisierung je Arbeitsplatz aufgewendet wurde. Wo es nichts zu produzieren gibt, das mit Gewinn verkauft werden kann, *muß* Arbeitslosigkeit eintreten, obwohl es gleichzeitig genug nützliche Dinge geben kann, die von Staat und Privaten in Angriff genommen werden könnten. Dies gilt auch im internationalen Maßstab. So herrscht in vielen Entwicklungsländern Arbeitslosigkeit, weil es dort wenig gibt, was sich an Industrieländer gut verkaufen ließe.

Es wäre falsch, das Privateigentum an Produktionsmitteln zu verteufeln und von seiner Abschaffung die Lösung aller Probleme zu erwarten (die Erfahrungen der sozialistischen Länder und auch der Arbeiterselbstverwaltung zeigen das deutlich). Es hat sich zudem durch viele Staatseingriffe von seiner ursprünglichen rechtlichen und wirtschaftlichen Qualität entfernt, und die Eigentumsordnung ist nur eine von mehreren Faktoren, die den Bedingungsrahmen ausmachen, in dem wir wirtschaften. Das *Privat*eigentum hat aber eben diesen Rahmen von Institutionen, Verhaltensweisen und Interessen wesentlich geprägt, geschaffen und aufrechterhalten.

4. Die Theorie des Marktmechanismus bei Wettbewerb

Wir betrachten nun das andere Kennzeichen unseres Wirtschaftssystems, die Koordination von Angebot und Nachfrage über Märkte. Unter einem Markt versteht man den Ort, an dem sich Anbieter und Nachfrager von Gütern und Dienstleistungen (einschließlich der Leistungen von Produktionsfaktoren) treffen, um diese Güter zu tauschen. Dienstleistungen, wie z. B. die Tätigkeit eines Verkäufers, Bankangestellten, Vermieters, Transportunternehmens usw., sind wirtschaftliche Güter, die im Unterschied zu den Sachgütern nicht vergegenständlicht sind.

Der Markt soll also ein *Koordinationsmechanismus* sein, um Angebot und Nachfrage aufeinander abzustimmen und um die Produktion in die von der Nachfrage gewünschten Bahnen zu lenken.

Diese Funktionen erfüllt der Markt durch die *Preisbildung,* genauer: durch ein bestimmtes Verhalten von Anbietern und Nachfragern, welches zur Preisbildung führt. Um dieses Verhalten zu beschreiben, gehen wir von einem einzelnen Haushalt (als Nachfrager) und einem einzelnen Unternehmer (als Anbieter) aus. Es ist anzunehmen, daß sich die übrigen Haushalte bzw. Unternehmen jeweils ähnlich verhalten werden.

Im Normalfall wird ein Haushalt von einem Gut mehr oder weniger kaufen, je nachdem, wie hoch der Preis ist. Bei einem hohen Preis wird er eine geringere, bei einem niedrigeren Preis eine größere Menge kaufen wollen. Das gilt entsprechend, wenn man die Gesamtheit der Haushalte (oder auch Individuen, wenn die Kaufentscheidungen individuell gefällt werden) betrachtet. Hinzu kommt, daß bestimmte Nachfrager erst bei einem entsprechend niedrigen Preis das Gut kaufen können. Je niedriger der Preis, desto größer ist also die nachgefragte Menge. Das alles macht es plausibel, daß die *Nachfragekurve* (nachgefragte Menge x in Abhängigkeit vom Preis p) etwa so verlaufen dürfte, wie die Kurve NN' in Abbildung 2. Die gleiche Überlegung für die verkaufenden Unternehmen führt dazu, anzunehmen, daß die *Angebotskurve* entsprechend der Kurve AA' in Abbildung 2 verlaufen dürfte. Das hängt mit den Produktionskosten der einzelnen Unternehmen zusammen, damit, daß es entsprechend weniger Unternehmen gibt, die schon bei einem niedrigeren Preis bereit und in der Lage sind, das Gut anzubieten, als das bei einem höheren Preis der Fall ist. Je höher der Preis, desto mehr kommen auch die weniger leistungsfähigen Produzenten zum Zuge.

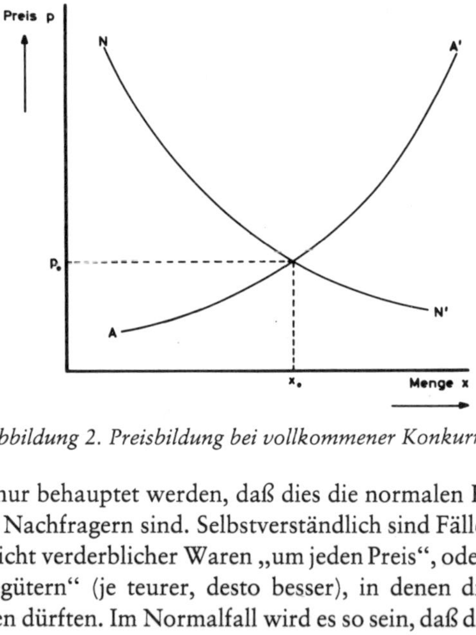

Abbildung 2. Preisbildung bei vollkommener Konkurrenz

Es soll hier nur behauptet werden, daß dies die normalen Reaktionen von Anbietern und Nachfragern sind. Selbstverständlich sind Fälle möglich, etwa das Angebot leicht verderblicher Waren „um jeden Preis", oder die Nachfrage nach „Prestigegütern" (je teurer, desto besser), in denen die Kurven ganz anders verlaufen dürften. Im Normalfall wird es so sein, daß die *Mengenreaktionen* von Anbietern und Nachfragern auf Preise *gegenläufig* sind, was dazu führt, daß es zu einem einheitlichen Preis kommen kann. Das wird auch deutlich, wenn man an das „Handeln" oder „Feilschen" um einen Preis denkt, was bei uns zumindest hinsichtlich der Alltagskäufe aus der Mode gekommen ist. Der Verkäufer hat eine Vorstellung über den Mindestpreis, unter den er nicht gehen will. Er versucht es zunächst mit einem Angebot, das je nach

Einschätzung des Kunden mehr oder weniger überhöht ist. Umgekehrt hat der Käufer eine Höchstpreisvorstellung und versucht, das Preisangebot des Verkäufers möglichst weit zu drücken. Weil das so ist, besteht die Chance, daß man sich im allgemeinen auf einen mittleren Preis einigt. Aus dem mit den beiden Kurven AA' und NN' beschriebenen Verhalten von Anbietern und Nachfragern resultiert ein einheitlicher Preis p_0, der *Gleichgewichtspreis*, denn genau die zu diesem Preis angebotene Menge x_0 wird auch nachgefragt.

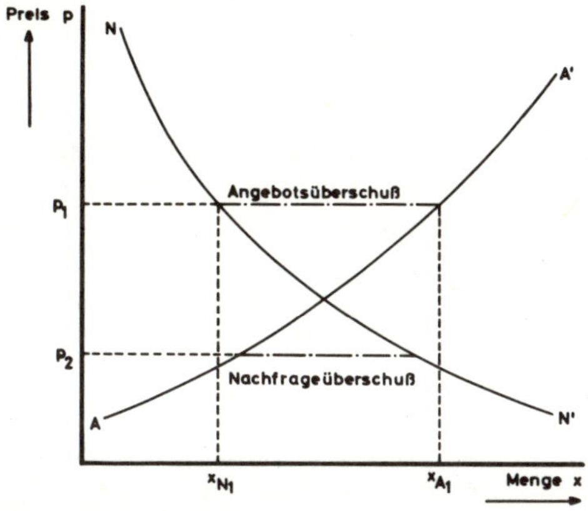

Abbildung 3. Gleichgewicht und Ungleichgewicht auf einem Markt

Das wird deutlich, wenn man zum Vergleich die in Abbildung 3 dargestellten Konsequenzen eines aus irgendwelchen Gründen (z. B. staatlich fixierter Preis[16]) über oder unter dem Gleichgewichtspreis liegenden Marktpreises betrachtet. Ist der Preis höher als der Gleichgewichtspreis (der Fall von p_1), so entsteht ein Angebotsüberschuß (Angebotsmenge x_{A1}, Nachfragemenge x_{N1}), im umgekehrten Falle (p_2) ein Nachfrageüberschuß.

Der Marktmechanismus ist zugleich eine raffinierte Art, um mit dem Problem der Knappheit fertigzuwerden: Wenn irgendwo ein Nachfrageüberhang entsteht, etwa in der Weise, daß sich Warteschlangen (in Geschäften müssen Kunden „Schlange stehen", bei Bestellungen muß man lange Lieferfristen in Kauf nehmen usw.) bilden, kann man entweder so verfahren, daß man das vorhandene Angebot durch eine Behörde verteilt, also *rationiert* (wie etwa nach dem Kriege das Wohnungsangebot durch die Wohnungsämter) oder aber den Preis entsprechend hoch ansteigen läßt. Es gäbe keine Parknot in den Städten, wenn man für einen Parkplatz pro Stunde 100 DM zahlen müßte, weil sich dies viele nicht leisten könnten. Bei einem so hohen Preis würde es aber auch für jeden Bodeneigentümer lohnend sein, aus seinen Grundstücken Parkplätze zu machen. Der Eigennutz dieser Leute würde mithin dazu führen, den Nachfrageüberhang (Angebotslücke) zu beseitigen. Umgekehrt bedeutet ein Angebotsüberschuß, daß (zumindest bestimmte) Unternehmen auf ihren

Waren sitzen bleiben oder versuchen werden, diese zu einem niedrigeren Preis zu verkaufen, oder sich entschließen, für die nächste Zeit weniger von diesem Gut zu produzieren. Vielleicht müssen sogar einige Konkurs anmelden. In jedem Fall aber wird das Angebot zurückgehen, was ja auch in dieser Situation des Angebotsüberschusses das einzig Sinnvolle ist.

Die Preisbildung auf den Märkten hat also nicht nur die Funktion, Angebot und Nachfrage ins Gleichgewicht zu bringen, sondern auch die Produktion zu steuern, und zwar so, wie es hinsichtlich Art und Umfang von den Nachfragern gewünscht wird. Dieses Ergebnis, das sich nun noch eindrucksvoll „mathematisch beweisen" ließe, ist der Stolz aller Anhänger der Marktwirtschaft.

Der Nachteil dieser Lehre ist allerdings, daß sie in den seltensten Fällen der Wirklichkeit entspricht, und daß, wenn dies doch der Fall ist, von den Beteiligten ein Ablauf in der geschilderten Art meist nicht gerne gesehen wird.

Zunächst ist festzustellen, daß es nur unter sehr einschränkenden Voraussetzungen zulässig ist, von einer „gegebenen" Angebots- und Nachfragekurve auszugehen. So hängt die Nachfrage (Menge) nach einem Gut nicht allein vom Preis *dieses* Gutes, sondern auch vom Preis vieler anderer Güter ab, zumindest derjenigen, die hinsichtlich des Gebrauchwertes, der Verwendungsmöglichkeiten ähnlich sind, also anstelle des fraglichen Gutes nachgefragt werden können, d. h. *„Substitutionsprodukte"*. Sie hängt ferner vom Einkommen der Nachfrager ab, von der Einkommens- und Vermögens*verteilung* und vielen anderen Faktoren. Es muß sogar vorausgesetzt werden, daß der Preis, dessen Zustandekommen mit diesem Modell erklärt werden soll, selbst bereits festliegt. Wäre das nicht der Fall, würde dieser Preis also schwanken, dann könnten sich auch andere Preise ändern und die Nachfrager ihre Kaufabsichten revidieren, so daß die Nachfragekurve ihre Gestalt verändert. Ähnliche Überlegungen gelten auch für die Angebotskurve. Streng genommen setzt das Modell voraus, daß alle Größen konstant sind und sich die Volkswirtschaft im Gleichgewicht (vgl. S. 36) befindet, auch auf dem Markt, bei dem wir erst zeigen wollen, wie der Gleichgewichtspreis zustandekommt. Man dreht sich also im Kreise.

Nun wäre das nicht weiter tragisch, wenn man sagen könnte, daß sich die Preise auf den Märkten „im Prinzip", „im Großen und Ganzen" doch so ähnlich bilden oder bilden sollten, wie dies hier beschrieben wurde. Aber auch bei dieser vorsichtigeren Formulierung bleiben bei genauerem Hinsehen noch viele Probleme offen.

Betrachten wir zunächst die sog. *„öffentlichen Güter"*, bzw. Kollektivgüter, wie Rechtspflege, Landesverteidigung, öffentliche Straßen, Erhaltung der Umwelt, Bildung usw. Kennzeichnend dafür ist, daß jedermann am Konsum dieser Güter beteiligt werden soll, unabhängig davon, ob und inwieweit er sich an den Kosten beteiligt. Anders gesagt, wer hierfür zahlt, erwirbt kein Recht, andere, die nicht bereit oder in der Lage sind, etwas beizusteuern, vom Konsum *auszuschließen*. Man kann öffentliche Güter nicht für sich allein beanspruchen, den Teil, den man durch seine Steuern finanziert hat, nicht nach eigenem Belieben verwenden oder wieder verkaufen. Alle diese Rechte sind, wie wir gesehen haben, Bestandteil des Privateigentums. Bei öffentlichen Gütern erwirbt man kein Eigentum oder, anders gesagt, man kann zum Genuß der Sache auch gelangen, weil *andere* dafür zahlen. Weil sich das alle so sagen, ist niemand bereit, freiwillig zu zahlen, d. h. es gibt keine Nachfragekurve, keinen Markt und damit eigentlich auch keine „Knappheit". Mithin zeigt das Modell also nicht, wie die Preisbildung aller Güter, die gebraucht werden und somit „knapp" sind, ist oder sein sollte. Es betrachtet vielmehr nur *eine* Art der Koordination von Produktion und Bedarf, die – und das zeigt das Beispiel der öffentlichen Güter – im allgemeinen dann nicht funktionsfähig ist, wenn es kein Privateigentum an dem betreffenden Gut gibt. In diesem Fall wird das Gut entweder überhaupt nicht produziert (es werden also z. B. keine Aufwendungen für das Bildungswesen, die Umwelt usw. gemacht) oder aber vom Staat.

Lassen wir aber zunächst die Frage, ob und wann es einen Markt gibt, beiseite und fragen wir stattdessen, *wie* der in dem Preisbildungsmodell angenommene Markt beschaffen sein muß, damit ein und auch nur ein Preis entsteht und dieser durch den Schnittpunkt von Angebots- und Nachfragekurve bestimmt ist. Die *Preiseinheitlichkeit* setzt voraus, daß kein Anbieter einen höheren Preis verlangen kann als die übrigen Anbieter, etwa weil zahlreiche Nachfrager auf ihn „angewiesen" sind. Er könnte dann durch Zurückhalten seines Angebots das Gut verknappen. Auch darf es nicht sein, daß bestimmte Käufer einen höheren Preis als andere zahlen, weil sie nicht wissen, daß das Gut woanders billiger zu haben ist (weil keine „Markttransparenz" besteht) oder weil sie Stammkunden bei dem betreffenden Anbieter sind (sie haben dann „persönliche Präferenzen"). Schließlich müssen alle Anbieter genau das gleiche Gut anbieten. Denn eine Differenzierung, und sei es auch nur hinsichtlich einiger Äußerlichkeiten, könnte zu unterschiedlichen Preisen veranlassen. Der Markt unseres Modells ist also dadurch gekennzeichnet, daß es keinerlei Differenzierungen in sachlicher (bezüglich Qualität und Art des Gutes), zeitlicher, räumlicher und persönlicher Hinsicht gibt und die Nachfrager vollständig über die Angebote informiert sind. Die gleiche Unterschiedslosigkeit und Markttransparenz (vollständige Information) besteht auch umgekehrt hinsichtlich der Nachfrageseite für die Anbieter. Einen solchen Markt nennt man *vollkommen.*

Was besagt schließlich die (bereits erwähnte) Annahme, daß kein Anbieter durch Änderung seiner Angebotsmenge den Preis zu seinen Gunsten beeinflussen kann, weil die Nachfrager nicht auf ihn angewiesen sind, also stets die Möglichkeit haben, auf andere Anbieter auszuweichen? Von vielen Wirtschaftstheoretikern wird genau hierin das Wesen des *Wettbewerbs* gesehen. Der Wettbewerb zwischen den Anbietern besteht darin, daß dem Nachfrager Alternativen offenstehen und ihm somit eine *Freiheit* gegeben ist, auszuwählen und sich nicht seine Handlungsmöglichkeiten diktieren zu lassen. Das bedeutet zugleich die *Machtlosigkeit* des einzelnen Anbieters, denn Macht besteht gerade darin, demjenigen, dem gegenüber sie ausgeübt wird, Entscheidungsalternativen zu nehmen, so daß er im Extremfall dem Mächtigen ausgeliefert ist und dann auch gegen seinen eigenen Willen zu einem bestimmten Tun gezwungen ist. Das alles gilt genau so für die Nachfrager: der Wettbewerb zwischen den Nachfragern bedeutet für sie Machtlosigkeit und zugleich Entscheidungsfreiheit für die Anbieter.

Im Modell ist Wettbewerb der Anbieter und Nachfrager jeweils untereinander vorausgesetzt. Die Bedingung der Machtlosigkeit der Anbieter über die Nachfrager ist dann erfüllt, wenn es sehr viele Anbieter gibt, die jeweils einen kleinen Marktanteil haben. Dann hat jeder bei einer Preiserhöhung zu befürchten, daß ihm alle Kunden davonlaufen, und entsprechend bei einer Preissenkung die Chance, alle Nachfrager auf sich zu vereinigen, weshalb diese Konstellation auch einen *Leistungsdruck* darstellt, indem von ihr ein Zwang ausgeht, jede Möglichkeit der Preissenkung auszunutzen. In diesem Sinne garantiert der Wettbewerb der Anbieter, daß dem Nachfrager jeweils das bestmögliche Angebot gegenübersteht. Man nennt diese Marktkonstellation auch *Polypol,* polypolistische – oder auch atomistische Konkurrenz.

Der andere Extremfall ist der des *Monopols,* wenn es an einem Markt nur einen Anbieter gibt. Die Nachfrager können bei einer Preiserhöhung nicht auf andere Anbieter ausweichen. Sie können nur durch Verringerung ihrer Nachfragemenge reagieren. Die Macht des Monopolisten findet also nur in dieser *Elastizität,* d. h. der Fähigkeit mit Veränderung der Nachfragemenge auf die Preisänderung zu reagieren, ihre Grenze.

5. Ist Wettbewerb möglich und wünschenswert?

Aus der Lehre vom Marktmechanismus (genauer: der Preisbildung bei beiderseitigem Polypol auf dem vollkommenen Markt) kann man den Schluß ziehen, daß es im Interesse der optimalen Güterversorgung nichts besseres geben könnte als Wettbewerb auf allen Märkten (einschließlich z. B. dem Arbeitsmarkt). Das wäre einerseits eine raffinierte Maßnahme zur Dezentralisierung von Entscheidungen, Koordinierung individueller Ziele und zur Leistungssteigerung, andererseits ermöglichte es jedem durch die Abwesenheit von Macht eine größtmögliche Freiheit. Nun kommt man allerdings mit dieser Auffassung in eine gewisse Verlegenheit, die zugleich ein grundsätzliches Problem aufwirft, wenn man bedenkt, daß

1. das Marktgeschehen in den kapitalistischen Industrieländern sehr viel eher durch erhebliche Machtkonzentration bei *wenigen* effektiv unabhängigen Entscheidungsträgern gekennzeichnet ist als durch Wettbewerb im beschriebenen Sinne.

2. einer staatlichen Wettbewerbspolitik (zur Durchsetzung bzw. Erhaltung des Wettbewerbs an den Märkten) nicht einfach nur das Modell der atomistischen Konkurrenz als Leitbild empfohlen werden kann.

Ohne hier auf die zahlreichen Formen der *Wettbewerbsbeschränkung* einzugehen, kann man feststellen, daß Wettbewerb eine Verhaltensweise auf Märkten ist, von der nicht eindeutig gesagt werden kann, unter welchen Voraussetzungen sie auftritt und wie sie aufrechtzuerhalten ist. Ein und das gleiche Erscheinungsbild kann in einem Fall Wettbewerb darstellen, in einem anderen gerade Ausdruck von Macht und *nicht*leistungsbedingtem Vorteil. Nehmen wir als Beispiel die *Preisdifferenzierung*, d. h. das Phänomen, daß bei unterschiedlichen Bedingungen etwa hinsichtlich Kosten, Ort, Zeit, Qualität usw. des Angebots auch unterschiedliche Preise verlangt werden. Man wird das im allgemeinen positiv beurteilen, wenn z. B. Kostenvorteile an den Konsumenten weitergegeben werden. Ein typischer Fall der Preisdifferenzierung ist es z. B., wenn ein Buch zunächst relativ teuer, in gebundener Form, dann als Paperback und schließlich als Taschenbuch erscheint. Die Preisunterschiede können dann kostenbedingt sein, und das Verhalten des Produzenten, nämlich der Reihe nach die Kaufbereitschaft der verschiedenen Käuferschichten auszunutzen, beginnend bei den kaufkräftigsten Nachfragern, ist eine ausgesprochen rationale Strategie.

Das gleiche gilt allerdings auch für eine Strategie, die im Interesse der Erhaltung des Wettbewerbs unerwünscht sein kann: Ein Großunternehmen versucht, durch eine gezielte regionale Preisdifferenzierung örtliche Konkurrenten aus dem Markt zu drängen. Es kann dazu evtl. in diesem Gebiet sogar „unter Kosten" verkaufen, was durch Gewinne in anderen Gebieten ausgeglichen werden kann bzw. *dann* durch entsprechend höhere Preise wieder hereingeholt wird, wenn der Einbruch in diesen Markt gelungen ist und die bisherigen Anbieter verdrängt sind. Die Strategie besteht dann darin, sich zunächst durch niedrige Preise einen Markt zu schaffen, der dann, wenn eine entsprechende Machtstellung erobert worden ist, durch hohe Preise ausgebeutet werden kann.

Man erkennt daran, daß das Verhalten, welches man Wettbewerb nennt, *ambivalent* (zweiwertig), ist, d. h. daß ein und dasgleiche Verhalten je nach den sonstigen Umständen Wettbewerb oder aber auch genau das Gegenteil (Wettbewerbsbeschränkung) darstellen kann und durchaus nicht eindeutig und in jedem Fall die positiven Beurteilungen „Leistungsanreiz" und „Freiheit" verdient. Die Formen der Wettbewerbsbeschränkungen sind sehr vielfältig, und keineswegs ist, wie es vielen erscheint, die Konzentration, die Existenz großer und oft multinationaler Konzerne die einzige Gefahr, ganz abgesehen davon, daß sich private Macht nicht darauf beschränkt, Marktprozesse umzugestalten, sondern daß sie auch erheblich die Handlungsmöglichkeiten von Staat und Gesellschaft beeinträchtigt.

Daß man diese Konsequenzen des Wettbewerbs mit dem beschriebenen Modell des Marktmechanismus nicht erkennen kann, ist kein Wunder. Denn dieses Modell beschreibt nur einen Aspekt des Wettbewerbs, nämlich den Zwang, es den Konkurrenten gleich zu tun, sie zu imitieren, wodurch die Unterschiedslosigkeit, die Neutralisation der Macht und der Anpassungsprozeß zum Gleichgewicht entsteht. Man kann aber auch als charakteristisch für Wettbewerb das genau gegenteilige Verhalten ansehen, nämlich die Durchbrechung des Gleichgewichts, Schaffung von Unterschieden, z. B. Einführung neuer Produkte, neuer Produktionstechniken sowie Begründung von Sonderstellungen und Präferenzen, etwa durch Werbung. Beides kann im Interesse der Leistungssteigerung erwünscht sein.

Der beschriebene doppelte Aspekt des Wettbewerbs macht es auch schwierig, im Einzelfall positiv zu definieren, ob und in welchem Ausmaß Wettbewerb besteht. Offenbar hängt dies nicht immer von Zahl und Größe der Anbieter bzw. Nachfrager ab. Es gibt Märkte mit wenigen Großunternehmen, an denen sehr viel intensiver um Preise und Marktanteile gerungen wird, als an manchen Märkten, die der *atomistischen Konkurrenz* nahekommen. Man kann mithin das Modell der Preisbildung bei vollkommener (atomistischer) Konkurrenz nicht als Leitbild einer Gestaltung von Marktprozessen (Wettbewerbspolitik) verwenden.

Man kann es auch nicht als „Beweis" für die Vorteilhaftigkeit von Märkten und Wettbewerb gelten lassen, zumal es nur einen der beiden Aspekte darstellt, womit viele Erscheinungen, die negativ beurteilt werden könnten, ausgeklammert werden. Dazu nur vier Beispiele:

1. Das Modell verlangt Macht- und Unterschiedslosigkeit der Anbieter und Nachfrage, oder anders gesagt: *Chancengleichheit.* Der Wettbewerb selbst führt aber im Ergebnis meist zu Ungleichheiten und Macht.
2. Wir haben bisher – abgesehen vom Fall „öffentliche Güter" – nicht betrachtet, daß aus bestimmten sozialen und politischen Gründen Wettbewerb *nicht erwünscht* sein könnte (sog. Ausnahmebereiche).
3. Zu den Voraussetzungen des Modells gehört auch die vollkommene *Markttransparenz* (Information). Tatsächlich besteht das Ziel der Produktdifferenzierung, Werbung usw. oft gerade darin, diese zu beseitigen, indem echte (oder auch nur scheinbare) Besonderheiten eines bestimmten Angebots hervorgehoben werden, die den Vergleich erschweren. Aber nicht nur dem Nachfrager, sondern vor allem den übrigen Anbietern gegenüber, ist Transparenz zu vermeiden. Man erlangt keine Marktvorteile, wenn die Konkurrenten schon vorher die Pläne durchschauen können. Wir kommen auf diese Art von *Ungewißheit,* die hier entsteht, noch zurück.
4. Zu berücksichtigen ist schließlich, daß der Wettbewerb selbst Kräfte entwickelt, dem Leistungsdruck auszuweichen, sei es durch Erlangung einer marktbeherrschenden Position, sei es durch *Absprachen* unter den Konkur-

renten, keine Vorstöße zu unternehmen, sondern sich die Marktchancen zu teilen. Solch ein vertraglich vereinbartes gemeinsames Vorgehen nennt man *Kartell.* Der Wettbewerb neigt also dazu, sich selbst zu beseitigen.

Mithin kann man die Frage, die diesem Abschnitt vorangestellt ist, ob nämlich Wettbewerb möglich und wünschenswert ist, nicht ohne Schwierigkeiten beantworten. Zumindest ist der Schluß zu ziehen, daß Wettbewerb auf den Märkten nur durch permanentes staatliches Eingreifen erzwungen bzw. erhalten werden kann und daß der Erfolg dieser „Wettbewerbspolitik" sehr unsicher ist.

6. Die neoklassische Theorie des Gleichgewichts und das Ende des laissez-faire

Die Betrachtung des Marktmechanismus, des freien Spiels von Angebot und Nachfrage, bei welchem sich dann ein Preis herausbildet, der das Gleichgewicht zwischen Angebot und Nachfrage herstellt, ist das Herzstück der „neoklassischen Schule" der Volkswirtschaftslehre. Wir werden dieser Denkrichtung noch in späteren Kapiteln, wie z. B. bei der Grenzproduktivitätstheorie der Verteilung (S. 140) oder der Theorie der komparativen Kosten (S. 176), begegnen. Trotzdem ist es ratsam, schon jetzt einmal sich einige Grundzüge dieser Betrachtungsweise klar zu machen. Die „Neoklassik" ist deshalb von besonderem Interesse, weil sie bei uns lange Zeit für die Volkswirtschaftslehre schlechthin gehalten wurde und nun zwar etwas „angeschlagen", aber immer wohl noch führend im Rennen liegt.

Es waren vor allem drei Dinge, die dieser traditionellen Wirtschaftstheorie zu schaffen machten – sozusagen ein Drama in (bisher) drei Akten – Ereignisse, die eigentlich, wenn es nach ihr gegangen wäre, gar nicht hätten auftreten dürfen (oder höchstens nur vorübergehend):[17]

1. daß während der Weltwirtschaftskrise (1929–1933) eine massenhafte Arbeitslosigkeit auftrat und auch nicht so ohne weiteres wieder verschwand,
2. daß einige Länder zu einem Wirtschaftssystem mit Kollektiveigentum und zentraler Planung übergegangen sind und daran trotz gewisser Wirtschaftsreformen noch immer festhalten,
3. daß trotz freien Außenhandels, der eigentlich für alle beteiligten Länder von Vorteil sein müßte, gewisse Länder hoffnungslos ins Hintertreffen geraten konnten, und daß man diesen Entwicklungsländern außer der marktwirtschaftlichen Ordnung, von der viele dieser Länder nur schwer zu überzeugen sind, nur wenig Ratschläge geben konnte, um ihre Lage zu verbessern.

Bevor wir auf diese Probleme[18] kurz eingehen (sie werden alle noch an späterer Stelle ausführlicher behandelt), müssen wir Ziel und Methode neoklassischen Denkens kurz charakterisieren. Das Problem, das im Vordergrund dieser Theorie steht, ist die optimale *Allokation der Ressourcen,* die angesichts der Ziele und Möglichkeiten beste (ergiebigste) Verwendung aller Produktionsfaktoren (vgl. S. 21). Etwas zu produzieren, was nicht gebraucht wird, bedeutet Verschwendung. Auch die umgekehrte Situation des Nachfrageüberhangs ist nicht optimal. Worauf es also ankommt, ist allein der Mechanismus, der Angebot und Nachfrage aufeinander abstimmt, der dafür sorgt, daß *das* angeboten wird, was die Nachfrager wollen.

Für die Neoklassik *gibt* es eine solche perfekte Welt: dann nämlich, wenn auf allen Märkten Wettbewerb herrscht. Mit den Preisen werden die Signale gesetzt, die anzeigen, daß eine Erhöhung oder Einschränkung des Angebots bzw. der Nachfrage erforderlich ist. Darauf reagieren auch die Anbieter und Nachfrager in der gewünschten Weise, weil sie im Wettbewerb stehen. Die Unternehmen (Anbieter) maximieren ihren Gewinn und die Haushalte (Nachfrager) ihren Nutzen. So führt der Eigennutz, der Egoismus jedes einzelnen dazu, daß sich Angebot und Nachfrage stets aufeinander abstimmen und damit jederzeit alle Ressourcen optimal eingesetzt sind. Das System als Ganzes funktioniert damit optimal. Denn was für den einzelnen Markt gilt, kann auch auf allen Märkten eintreten, überall ist Angebot gleich Nachfrage und man kann zeigen, daß in dieser Situation, die man auch das *allgemeine Gleichgewicht* oder den *stationären Zustand* nennt, die Unternehmen (Anbieter) ihr Gewinn- und die Haushalte (Nachfrager) ihr Nutzungsmaximum erreicht haben.

Wenn diese Theorie nicht nur eine Spielerei sein soll, muß sie auch Hinweise für eine vernünftige Wirtschaftspolitik enthalten. Nimmt man sie ohne Skrupel etwas naiv beim Worte, so folgt daraus, daß man am besten das Marktgeschehen völlig unbeeinflußt von staatlichen Eingriffen den Anbietern und Nachfragern überläßt. Man nennt das die *„laissez-faire“*-Politik, die lange Zeit, wohl bis zur Weltwirtschaftskrise, mehr oder weniger bewußt betrieben wurde. Die Neoklassik oder, wie man auch sagen kann, die „statische Gleichgewichtsanalyse“, liefert die Rechtfertigung der sich selbst überlassenen Marktwirtschaft:

„Die hauptsächliche Schlußfolgerung aus der statischen Analyse betrifft etwas, was offenkundig als außerhalb des Untersuchungsbereichs liegend betrachtet wird: die institutionellen Bedingungen der optimalen Allokation der Ressourcen. Die Logik der statischen Analyse führt unvermeidlich zu dem Schluß, daß die Bedingungen für eine optimale Allokation nur durch das freie Spiel der klassischen Marktmechanismen gegeben sind, und zwar sowohl in den einzelnen Volkswirtschaften, als auch international zwischen den Volkswirtschaften . . . Trotz ihrer scheinbaren Neutralität und ihrer Zurückgezogenheit in dem Elfenbeinturm der reinen und wertfreien Theorie, hat die statische Analyse, als generelles ökonomisches Gedankengebäude, stets bedeutenden ideologischen Zielsetzungen gedient. Dies erklärt auch, warum sie so lange bestanden hat, trotz des Abgrundes, der ihre Annahmen von der Realität trennt und der zwischen ihren Methoden und deren Verifikation liegt.“[19]

Warum wurde nun das ganze kunstvolle Gedankengebäude der Neoklassik zum ersten Male in der Weltwirtschaftskrise so heftig erschüttert? Ausgehend vom Marktmechanismus und vom Verhalten des einzelnen gewinnmaximierenden Unternehmens ist der Gedanke naheliegend, daß Arbeitslosigkeit daran liegen muß, daß die Löhne zu hoch sind. Diejenigen Arbeiter, die arbeitslos sind, brachten dem Unternehmer weniger ein, als sie ihm mit ihren Löhnen kosteten. Deshalb hat er sie entlassen. Wenn sie wieder beschäftigt werden sollen, müssen also die Löhne sinken. Das alles klappt unter marktwirtschaftlichen Bedingungen auch automatisch, weil die Arbeitskräfte ja untereinander in Konkurrenz treten und sich unterbieten werden. So kann es also wegen dieses *Lohnmechanismus,* und damit auch wegen des freien Spiels von Angebot und Nachfrage, eigentlich nicht zu dauerhafter Arbeitslosigkeit kommen.

Es kam aber trotzdem dazu. Nun wartete man damals in der Weltwirtschaftskrise zunächst einige Zeit vergeblich darauf, daß die Löhne sinken würden, und half dann von staatlicher Seite in manchen Ländern auch etwas nach. Daß dies aber genau die falsche Politik war, konnte man, befangen in der neoklassischen Theorie, nicht erkennen. Man war gewohnt, alles aus der Sicht des Verhaltens *einzelner* Anbieter und Nachfrager, also *mikroökonomisch* zu sehen, und die Gesamtwirtschaft war eben einfach die Summe aller dieser einzelnen Wirtschaftssubjekte und Märkte. Deshalb hatte man es auch völlig übersehen, daß der Anbieter nicht nur mit seinem Lohn dem Unternehmer Kosten verursacht, sondern auch mit demselben Lohn Güter nachfragt. Sinkt der Lohn, dann sinkt auch die Nachfrage und damit auch der Anreiz für Unternehmer, mehr zu produzieren und Arbeitskräfte einzustellen. Der Unternehmer wird eher im Gegenteil erneut Arbeiter entlassen.

Man erkennt daran, daß die Betrachtung der Gesamtwirtschaft, der Zusammenhänge im Wirtschaftskreislauf (siehe Kapitel II), nicht vernachlässigt werden darf. Der in neuerer Zeit wohl einflußreichste Ökonom, der Engländer J. M. Keynes (1883–1946) brachte diese *makro-ökonomische* Betrachtungsweise (wieder) in Mode und behauptete, daß in einer Marktwirtschaft *ohne* Staatseingriffe durchaus dauerhaft Unterbeschäftigung auftreten könne. Er empfahl jedoch zum Glück inzwischen recht anerkannte Maßnahmen einer staatlichen Vollbeschäftigungspolitik.

Mit dem zweiten und dritten der genannten Probleme treten für die Neoklassik weit unangenehmere Situationen auf, die noch nicht „ausgestanden“ sind. Da ist zunächst die Beobachtung, daß die Wirtschaft sozialistischer Länder irgendwie zu funktionieren scheint. Denn eigentlich dürfte sie nicht funktionieren, weil es dort praktisch keine Märkte gibt, auf denen sich die Preise bilden können. Wie will man aber ohne Preise, die sich durch Angebot und Nachfrage bilden, feststellen, welche Art von Produktion ausgedehnt und welche eingeschränkt werden soll? Wie kann man ohne Preise bzw. nur mit relativ willkürlichen und politisch motivierten Preisen zu einer optimalen

Allokation kommen? Wir kommen auf diese Fragen noch zurück (vgl. S. 111). Inzwischen beginnt man sich bei uns jedoch zu fragen, ob man sich nicht durch die neoklassische Sicht den Blick auf einige Probleme des Vergleichs von Wirtschaftssystemen versperrt.

Daß diese Frage eine gewisse Berechtigung hat, wird noch deutlicher, wenn man sich überlegt, was man, mit dem Gedankengut der neoklassischen Gleichgewichtstheorie ausgerüstet, zum Problem der *Entwicklungsländer* sagen soll. Man ist ja gewohnt, sich zu überlegen, wie eine Volkswirtschaft bei Wettbewerb aus den *gegebenen* Ressourcen den größten Nutzen zieht, was bei freier Entfaltung der Konkurrenz im nationalen und internationalen Bereich – laut Theorie – zur besten Lösung führt. Was heißt nun aber *gegebene* Ressourcen?

„In der statischen Gleichgewichtstheorie wird unterstellt, daß solche Faktoren wie der Kapitalbestand, das Niveau des technischen Wissens und das Ausmaß, in dem es verbreitet ist, die Einkommensverteilung, die Zahl und Struktur der Bevölkerung, die Präferenzen der Konsumenten usw. nicht in das Gebiet der Wirtschaftstheorie fallen, die aus dieser Sicht auf sehr spezielle Beziehungen (hauptsächlich die relativen Preisstrukturen und relativen Produktmengen betreffend) beschränkt ist."[20]

Denn nun treten Länder auf, die ihr Hauptproblem nicht einmal so sehr darin sehen, wie sie mit ihren vorgegebenen Ressourcen am besten umgehen können, sondern wie sie überhaupt erst zu diesen Ressourcen kommen sollen.

7. Zentrale Planung und Leitung einer Volkswirtschaft

Mit dem mechanischen und individualistischen Weltbild der Neoklassik kann man, wie wir gesehen haben, viele Gegenwartsprobleme nicht begreifen, oder erst gar nicht als Problem erkennen. Das weist darauf hin, daß die Welt der Neoklassik nicht die Welt ist, in der wir heute leben. Ein entscheidender Aspekt, der nämlich nicht übersehen werden darf, ist die Beziehung zwischen Politik und Wirtschaft und die Rolle des Staates in der Wirtschaft.

Betrachten wir diesen Aspekt zunächst für das sozialistische System. Schlagwortartig wird oft Sozialismus gekennzeichnet durch das Prinzip der Einheit von Wirtschaft und Politik, sowie das „Primat der Politik". Wir kommen damit zu einem kennzeichnenden Ordnungselement der sozialistischen Wirtschaften: der zentralen staatlichen Planung. Gerade hieran knüpfen sich bei vielen Menschen, je nach ihrem politischen Standort, besonders lebhaft jene Schreckens- oder Wunschvorstellungen, die sie mit „Sozialismus" und „Kommunismus" verbinden. Beide Haltungen sind sicher übertrieben und unüberlegt. Das gilt auch für jene Einstellung, die sich bei uns zu verbreiten scheint, wonach Planung stets nur ein *Instrument* zur Durchsetzung wirtschaftlicher Ziele ist, dessen sich jedes beliebige Wirtschaftssystem bedienen kann. Planung im Sozialismus und staatliche Pläne, Prognosen, Leitlinien usw. im

Kapitalismus, also ohne vergesellschaftete Produktionsmittel, sollte man jedoch streng unterscheiden.

Es ist nämlich nicht die Aufstellung von Plänen, sondern die Verwirklichung von Plänen und die Kontrolle dieser Plandurchführung das für die Praxis schwierigere Problem. Es genügt nicht, daß eine staatliche Planbehörde[21] den Betrieben bestimmte Kennziffern (z. B. Produktionsauflagen, Einhaltung bestimmter Aufwandsnormen, Umsatz, Lohnsumme, Gewinn usw.) vorschreibt, und ihnen Mittel (Arbeitskräfte, Finanzmittel, Vorprodukte usw.) zuweist, es muß auch die hiermit an die Betriebe gerichtete Leistungserwartung erfüllt werden. Zentrale Planung verlangt deshalb auch ein zentralisiertes behördliches System der *Leitung* mit Kontroll- und Sanktionsmöglichkeiten gegenüber den Betrieben.

Wie werden nun Pläne aufgestellt? Es gibt zunächst neben umfassenden nationalen Plänen auch Pläne auf anderen Ebenen: in Betrieben, auf regionaler – und Branchenebene (Vereinigungen von Betrieben des gleichen Wirtschaftszweiges). In den meisten sozialistischen Ländern sind es drei oder vier Ebenen mit unterschiedlichen Befugnissen. Diese *Organisation* der Planung wird aber häufig geändert. Die Einheitlichkeit der Planung und der mit dem Prinzip der zentralen Planung verfolgte Zweck gebietet es jedoch, daß sich alle Pläne dem zentralen nationalen Plan unterordnen, so daß eine Hierarchie von Plänen entsteht. Im allgemeinen werden zunächst von den unteren Ebenen Planvorschläge erarbeitet, die dann zentral gesammelt und koordiniert werden und schließlich in Form von Kennziffern, Auflagen, Direktiven usw., aufgeschlüsselt auf Betriebe, zurückgeleitet werden. Bei der ersten Phase kann es leicht zu Interessenkonflikten kommen: die Planbehörde ist an einer realistischen Einschätzung der Leistungsmöglichkeiten der Betriebe interessiert, während die Betriebe bewußt zu geringe Planvorschläge machen können (sog. „weiche Pläne"), damit ihnen, aufgrund dieser Unterschätzung ihres Potentials, leicht erfüllbare Plansolls vorgegeben werden. Zentrale Planung ist in jedem Fall ein organisatorisches Problem der richtigen Lenkung von Informationsflüssen und Interessenlagen.

In zeitlicher Hinsicht unterscheidet man meist

- Perspektivpläne (10–15 Jahre), welche die Hauptrichtungen der wirtschaftlichen und sozialen Entwicklung abstecken,[22]
- Fünfjahrespläne, die grundlegende Leitlinie, und
- die als Gesetz verabschiedeten Jahrespläne mit sehr detaillierten Kennziffern und evtl. noch kürzerfristige „operative Pläne".

Auf die eigentliche Berechnung der Pläne können wir hier nur kurz eingehen. Sie erfolgt meist durch Bilanzen, d. h. Gegenüberstellungen von Aufkommen und Verwendung (also Angebot und Nachfrage) für einzelne Güter oder Gütergruppen in naturalen Einheiten. Dabei wird zunächst die geplante Verwendung (für den Verbrauch in Haushalten oder als Vorprodukt usw.) größer sein als das zu erwartende Aufkommen (aus inländischer Produktion oder Import), d. h. die Ziele sind zu hoch gesteckt, und der Fehlbestand ist Ausdruck der Knappheit des betreffenden Gutes.

Es muß nun versucht werden, die Ziele zu kürzen, oder Material einzusparen, die Produktivität zu steigern, Importe zu erhöhen, Reserven anzugreifen usw. Jedenfalls sollten bei Abschluß der Planerstellung alle Bilanzen im Gleichgewicht sein (also der Gesamtplan „zulässig" sein, wie wir das im zweiten Abschnitt genannt haben). Dieses Gleichgewicht zu errechnen, ist viel schwieriger als man sich das zunächst vorstellen mag, weil die *Verflechtung* (Interdependenz) aller Produktionszweige untereinander zu beachten ist. So werden z. B. im Maschinenbau Produkte der Eisen- und Stahlindustrie benötigt, umgekehrt aber auch für die Stahlherstellung Anlagen aus dem Maschinenbau. Das besagt, daß jede Änderung an einem Einzelplan (an einer Bilanz) auch Neuberechnungen an vielen anderen Plänen erforderlich macht. Aber nicht nur das: jede Erhöhung der Versorgung mit Fertigerzeugnissen verlangt meist eine um ein Vielfaches erhöhte Gesamtproduktion (einschließlich Vor- und Zwischenprodukte).

Natürlich sind dies Probleme für Mathematiker und Statistiker, aber nicht nur: denn keine Mathematik kann den Planern verraten, welche kurz- und mittelfristigen Ziele verfolgt, welche Bedürfnisse befriedigt werden sollen. Marktpreisbildung und Umfragen in der Bevölkerung können und sollen hierfür nur begrenzte Bedeutung haben, denn es geht ja um *gesamt*gesellschaftliche Ziele. Für viele Gegner der Planwirtschaft ist es klar, daß hier allein die politische Führung nach Maßgabe ihrer politischen und militärischen Ziele entscheidet. Auch wenn die Bevölkerung eventuell sogar durch Aufstände ihren Wünschen Nachdruck verleiht, ist immerhin die Möglichkeit gegeben (und auch gewünscht), daß die Planung sich hierüber hinwegsetzen kann. Wie weit das gelingt und ob dies gut oder schlecht ist, läßt sich nicht *generell* sagen.

Ein weiteres Argument, das gegen zentrale Planung häufig vorgebracht wird, ist das fehlende Eigeninteresse der Werktätigen und Betriebe an ökonomischen Leistungen (wegen der Vergesellschaftung der Produktionsmittel). Jedenfalls ist es für die Planer wichtig und schwierig, eine materielle Interessiertheit herzustellen: Auch wenn man nicht davon ausgeht, daß die Menschen ohne Privateigentum grundsätzlich nicht zu Anstrengungen bereit sind, ist doch einzuräumen, daß mit einem Entlohnungs- und Prämiensystem große Fehler gemacht werden können. Schreibt man z. B. den Betrieben nur eine bestimmte Produktionsmenge (gemessen in Tonnen) vor, so richtet sich ihr Erfolgsinteresse auf die Herstellung möglichst schwerer Produkte („Tonnenideologie"). Die Stimulierung von Leistungen kann nicht nur nicht ausreichend sein, sie kann auch in die falsche Richtung erfolgen.

Es ist also sehr wichtig und schwierig, Größen (Kennziffern) zu finden, mit denen der Erfolg von Betrieben gemessen werden kann. Bei weitgehendem Fehlen einer Marktpreisbildung kann der Gewinn (zumindest in der Art, wie er bei uns üblich ist) diese Funktion nicht ohne weiteres übernehmen; es kann auch den Planern für bestimmte Zwecke sinnvoll erscheinen, wenn ein Betrieb „planmäßig" Verluste macht.

„Einen wichtigen Platz im Kennziffernsystem des Planes nehmen die Naturalkennziffern ein, die die materielle Seite der Produktion charakterisieren ... Die Naturalkennziffern geben die Möglichkeit, eine direkte Übereinstimmung zwischen dem Umfang der Produktion von Erzeugnissen in ihrer konkreten materiellen Form und dem Umfang des Bedarfs an diesen Erzeugnissen herzustellen ... Da in der sozialistischen Gesellschaft die Existenz von Ware-Geld-Beziehungen objektiv notwendig ist, sind in der Planung Wertkennziffern unumgänglich ... Alle grundlegenden qualitativen Kennziffern ... sind im Wertausdruck angegeben. Das sind die Kennziffern des Produktionsumfanges im Wertausdruck ..., Kennziffern der Produktionskosten, der Arbeitsproduktivität, des Gewinns, der Rentabilität ... Nach der Einführung des neuen Systems der Planung und Stimulierung in den meisten Zweigen wurde die Zahl der Kennziffern, die den Betrieben dieser Zweige verbindlich vorgegeben werden, erheblich verringert."[23]

Die praktischen Schwierigkeiten beim Finden des richtigen Systems von Leistungsanreizen und -kontrollen werfen die Frage nach den ökonomischen Ursachen des ökonomischen Egoismus auf. Vom Standpunkt traditioneller sozialistischer Doktrin ist dies ausschließlich das im Kapitalismus vorgefundene Privateigentum und die darauf gegründete Warenproduktion und Marktwirtschaft. Es läßt sich aber vermuten, daß es auch andere ökonomische Ursachen gibt, die nicht mit dem Übergang zum Sozialismus beseitigt werden können. Das könnte z. B. das Los sein, das in jedem System und hochindustrialisierten Land der Mehrheit der Bevölkerung beschert ist, nämlich eine anstrengende, monotone, entfremdete Routine- und Teilarbeit zu leisten, wobei sie an den Früchten der Gesamtarbeit immer noch zu wenig beteiligt sind.[24] Das macht sie zu wenig geneigt und befähigt, gesamtgesellschaftliche Ziele als die ihrigen anzuerkennen.

8. Markt und Plan: Dezentralisation von Entscheidungen und das Problem der Ungewißheit

In manchen sozialistischen Ländern wurde Ende der 60er Jahre zumindest vorübergehend das strenge System der administrativen Planung und Leitung der Volkswirtschaft zugunsten vermehrt zugelassener Marktbeziehungen geändert. Sieht man darin, ob gesamtwirtschaftliche Pläne aufgestellt werden oder nicht, den entscheidenden Unterschied zwischen sozialistischem und kapitalistischem System, so könnte man diese Vorgänge als Transformation des Wirtschaftssystems dieser Länder deuten, oder als einen „... Rückzug aus der Planwirtschaft ..., während sie in Wirklichkeit auf ein besseres Funktionieren der Planwirtschaft gerichtet war."[25] Umgekehrt trat zur selben Zeit in einigen kapitalistischen Ländern der Staat mit vermehrter Prognosetätigkeit auf: So haben wir sogar in der BRD seit dieser Zeit Jahres- und Zielprojektionen der Bundesregierung, einen mittelfristigen Finanzplan des Staates usw. Oberflächlich gesehen, scheinen sich somit die beiden Wirtschaftssysteme anzunähern *(Konvergenzthese),* was wohl auch für die Arbeits- und Lebensbedingungen großer Bevölkerungskreise gelten mag, ganz sicher aber auf absehbare Zeit nicht für die tatsächliche Macht- und Eigentumsstruktur der Gesellschaft.

So gesehen haben wir in der Wirklichkeit kaum eine Wirtschaft, die vollständig dem „Ideal" der reinen Markt- oder Planwirtschaft entspricht. Es gibt *nur mehr oder weniger* zentralisierte oder dezentralisierte Systeme der Verfügung über den Produktionsapparat. Diese These ist allerdings dann unbegreiflich, wenn man Markt und Plan als sich widersprechende Organisationsformen betrachtet (was sie jedoch insofern sind, als nicht *ein und die gleiche* Betätigung marktmäßig abgewickelt und zugleich minuziös von einer Behörde geplant werden kann). Eine vollständige zentrale Planung hinsichtlich aller (!) Güter und Transaktionen ist weder möglich noch notwendig.

Damit soll nur gesagt sein, daß weder Markt noch Plan ein alleiniges Organisationsprinzip der Arbeitsteilung sein können, daß vielmehr jedes von ihnen jeweils für bestimmte Aufgaben sinnvoll eingesetzt werden kann, bei anderen aber versagt. In sozialistischen Wirtschaften dominiert natürlich der Plan, d. h. bestimmte Aufgaben können nicht durch marktmäßige Koordination gelöst werden, ohne die Ziele dieses Gesellschaftssystems zu gefährden. Durch Planung sollten zumindest die folgenden Entscheidungen auf zentraler Ebene gefällt werden:[26]

1. die mengenmäßige Festlegung von Produktion und Verwendung der wichtigsten (strategischen, strukturbestimmenden) Güter,
2. die Aufteilung des Sozialprodukts auf Konsum und Investition, d. h. die Bestimmung des Gesamtvolumens und in großen Zügen auch der Struktur der Investitionen, d. h. deren Verteilung auf die Wirtschaftszweige (da dies letzten Endes eine Entscheidung über die zukünftige Wirtschaftsstruktur darstellt, gehört auch die Bestimmung der langfristigen Entwicklung der Produktionskapazität zu jenen Entscheidungen, die nur auf der zentralen Ebene gefällt werden können),
3. die finanziellen Ressourcen (Staatshaushalt, Geld) zumindest auf nationaler Ebene und die außenwirtschaftlichen Beziehungen.

Demgegenüber können die übrigen Problembereiche weitgehend auf unteren bürokratischen Ebenen sowie durch einzelne Betriebe und Haushalte entschieden und marktmäßig koordiniert werden, ohne die Dominanz des zentralen Plans zu gefährden.

Der Hauptvorteil des Marktes ist,[27] daß er rasch (theoretisch im Augenblick ihres Entstehens) und für einzelne Waren an einzelnen Orten usw. Änderungen der Nachfrage und des Angebots anzeigt (sei es durch Veränderung der

Preise oder Entstehen von Angebots- bzw. Nachfrageüberhängen). Die Anpassung ist simultan und kontinuierlich. Planung setzt hingegen voraus, daß alle diese Vorgänge für einen mehr oder weniger langen Zeitraum im voraus bedacht werden müssen, weshalb auch die Anpassung an solche Änderungen umständlicher und langsamer ist. Daraus folgt, daß Märkte für die reibungslose Abwicklung der vielen kleinen täglichen Konsumgüterkäufe geeignet sind. Die Lenkung dieser Warenströme über den Preis ist unbürokratisch und unpersönlich, quasi automatisch, und damit auch nicht so anfällig für Korruption, persönliche Privilegierungen usw., wie dies bei behördlicher Zuteilung der Fall wäre. Das alles setzt jedoch voraus, daß nicht nur der Markt bei Änderung der Angebots- und Nachfragesituation die entsprechenden Signale setzt, sondern, daß auch ein Anreiz (durch Wettbewerb) besteht, in der gewünschten Weise zu reagieren.

Demgegenüber versagt der sich selbst überlassene Markt (gemessen an bestimmten wirtschafts- und sozialpolitischen Zielen), und zwar auch oder gerade dann, wenn Wettbewerb herrscht, bei folgenden Aufgaben:

1. Versorgung mit „öffentlichen Gütern" (vgl. S. 30).
2. Förderung oder Zurückdrängung bestimmter Formen des Konsums aus sozialen Beweggründen, abweichend von der Einkommens- und Vermögensverteilung (Beispiele: Steuern auf Alkohol und Zigaretten, Unterstützung sozial schwacher Schichten, Gewährung von Bildungschancen auch für Kinder armer und/oder nicht „bildungsbewußter" Eltern durch staatliche Schulen und Schulpflicht).
3. Zutreffende Bewertung von Produkten durch den Preis, wenn bei Produkten oder Konsum dieser Güter Kosten bzw. Nutzen nicht nur für den Produzenten bzw. Konsumenten, sondern auch für andere Mitglieder der Gesellschaft entstehen (das ist das Problem der „sozialen Kosten" bzw. „- Erträge"; vgl. unten S. 119).
4. Entwicklung langfristiger Perspektiven für die mögliche oder gar wünschenswerte Änderung der Güterversorgung einer Gesellschaft.

Die ersten drei Probleme machen eine Ergänzung bzw. Korrektur des Marktgeschehens durch staatliche Dienstleistungen bzw. Erhebung entsprechender Steuern und sonstiger Abgaben erforderlich. Das könnte ohne jede Form von Planung erfolgen, obgleich auch auf diesem Gebiet wegen der zunehmenden wechselseitigen Abhängigkeit der Maßnahmen und Entscheidungen zumindest eine grobe Vorausschau der allgemeinen wirtschaftlichen Entwicklung ratsam ist. Dagegen ist die vierte Aufgabe ein typisches Problem der *Zukunfts*bewältigung. Sofern man nicht einfach rundweg die Notwendigkeit bestreitet, sich hierüber Gedanken zu machen, könnte man argumentieren, daß diese Aufgabe keine zentrale, staatliche Planung erfordert: Es besteht ja gerade die unternehmerische Leistung darin, frühzeitig mögliche Bedarfsänderungen zu entdecken, und es ist nicht einzusehen, warum bestimmte Bürokraten über eine bessere Kenntnis der Zukunft verfügen sollen als die Gesamtheit privater Unternehmer.

Dieses Argument verkennt aber wesentliche Unterschiede hinsichtlich Information und Motivation bei unternehmerischer und staatlicher Planung. Es gibt eine Form der Ungewißheit, unter der jede Art von Planung leidet, nämlich die Vorausschau bestimmter Naturereignisse, gesellschaftlicher und politischer Änderungen usw. Darüber hinaus gibt es aber noch eine zweite Form von Ungewißheit,[28] die umso stärker ins Gewicht fällt, je dezentraler geplant wird: die Unsicherheit darüber, wie sich die Konkurrenten verhalten werden. Sie spielt für unternehmerische Planungen eine entscheidende Rolle, nicht aber für eine staatliche Planung. Wichtig ist aber nicht nur die Art der Ungewißheit, sondern auch das mit der Planung verfolgte Ziel. Für das private Unternehmen sind im allgemeinen nur Informationen über die zukünftigen Tendenzen relevant, die auf *seine* kurz- oder mittelfristige Gewinnsicherung Einfluß haben. Nur diese können sich somit auch in den Marktpreisen niederschlagen. Für eine staatliche Planung können dagegen sehr viel mehr Faktoren von Interesse sein, *und* hieraus können dann auch ganz andere Schlüsse gezogen werden:

> „Planung impliziert die aktive Gestaltung der wirtschaftlichen Wachstumsfaktoren und -richtungen. Es bedeutet keine Planung, wenn mit der Absicht interveniert wird, irgendein das Funktionieren der Marktmechanismen unterbrechendes Hindernis zu beseitigen (z. B. Anti-Kartell-Gesetzgebung) oder allein zu dem Zweck, die Koordination der Marktprozesse zu verbessern. Planung zielt darauf ab, eine andere als die aus der spontanen Wirkungsweise des Marktes resultierende Allokation der Ressourcen zu erreichen, obwohl das nicht ausschließt, daß Marktmechanismen bei entsprechender Kontrolle als Planungsinstrument verwendet werden.“[29]

Entsprechend der Planaufstellung ist in sozialistischen Ländern auch das System der Planverwirklichung (Leitung) in der Regel eine Mischung von zentralen (Plan, Lenkung durch Auflagen, Befehle, Verbote, Prämien usw.) und dezentralen Methoden der Steuerung (Markt, Anreize und Kontrollen durch synthetische Erfolgsgrößen wie Gewinn, Rentabilität usw., die sog. *„parametrische“ Lenkung*).[30] Welche Lösung hierbei angewandt werden sollte, läßt sich nicht dogmatisch festlegen, und hängt auch vom Zustand des Bewußtseins, der Institutionen und Ziele der Gesellschaft ab.[31]

Bei der Gegenüberstellung von administrativer und parametrischer Steuerung ist ferner zu beachten:

1. bei parametrischer Steuerung entsteht meist eine größere Unsicherheit, dafür aber auch mehr Flexibilität und Anpassungsfähigkeit und weniger Kosten der Informationsübertragung und -verarbeitung,
2. sie verlangt ferner andere Einstellungen, Fähigkeiten und Qualifikationen der Unternehmensführung, weshalb weniger entwickelte sozialistische Länder meist zu strafferen Formen der administrativen Lenkung greifen müssen.

9. Ordnungspolitik und Globalsteuerung: die neue Rolle des Staates in kapitalistischen Marktwirtschaften

Die Überlegungen des letzten Abschnitts sollten einige herkömmliche Theorien über die Funktionsweise der beiden Wirtschaftssysteme relativieren. Derartige Theorien versuchen auf dem Boden der neoklassischen Theorie des Gleichgewichts die angebliche „Systemlogik" *reiner* Markt- und Planwirtschaften zu entwickeln, was meist zu einem vernichtenden Urteil über die Planwirtschaft führt, aber auch zu Verständnislosigkeit gegenüber Problemen der Marktwirtschaft wie Arbeitslosigkeit, Inflation, Konzentration, Unterentwicklung usw. Sie versperren nicht nur den Blick auf bestehende gesellschaftspolitische Probleme, sondern auch auf die tatsächlichen Möglichkeiten und Grenzen ihrer Bewältigung in den beiden Wirtschaftssystemen. Wir werden deshalb jeweils bei der Behandlung der genannten Probleme in den folgenden Kapiteln den Vergleich der Wirtschaftssysteme wieder aufnehmen.

Das ist eine durchaus unübliche Betrachtungsweise, denn sie täuscht – entgegen den politischen Realitäten – die Möglichkeit einer freien Wahl zwischen den beiden Systemen vor, die in „normalen Zeiten" in beiden Systemen nicht zur Diskussion steht. Sie widerspricht ferner der verbreiteten Zweiteilung der Wirtschaftspolitik in *Ordnungs-* und *Prozeßpolitik,* die bei uns aufkam, als man die Politik des „laissez-faire" aufgab und die Rolle des Staates neu definieren mußte. Die Forderung, daß der Staat die Wirtschaft sich selbst überlassen soll, wird heute allgemein als Mißverständnis der freien Marktwirtschaft aufgefaßt.

Freiheit heißt ja nicht, daß jeder tun und lassen kann, was er will, so daß sich der Stärkere auf Kosten des Schwächeren leicht durchsetzen kann. Es heißt vielmehr, daß jeder im Rahmen einer *Ordnung,* also nach bestimmten Regeln und gesetzten Bedingungen, eine Chance hat, sich zu entfalten, d. h. seine Interessen zu verfolgen. Der Gedanke erscheint zunächst plausibel: Eine gewisse Ordnung wird festgelegt, was Aufgabe des Staates ist, sozusagen die grundlegenden Spielregeln des Wirtschaftssystems, und wenn das einmal geschehen ist, bleibt es dem freien Spiel der Kräfte überlassen, welche Prozesse im einzelnen ablaufen. Wir haben also zu unterscheiden zwischen einer Ordnung, d. h. einer längerfristigen Entscheidung für ein Wirtschaftssystem, und den sich dann innerhalb dieser Ordnung laufend abspielenden Prozessen. Nehmen wir an, die Gesellschaft entscheidet sich irgendwie für eine Marktwirtschaft, dann ist es die Aufgabe des Staates, durch die entsprechenden Gesetze, Regelungen und Institutionen die hierzu passende Ordnung des Arbeits- und Tarifrechts, der Unternehmensverfassung (Gesellschaftsrecht), des Wettbewerbs- und Steuerrechts, des Geldwesens usw. zu schaffen, zu erhalten und, wenn nötig, jeweils zu verbessern und zu verfeinern. Das wird auf der ganzen Welt unstreitig als Aufgabe des Staates empfunden. Anders ist es dagegen bei den laufenden Prozessen. Wir sind gewohnt, das Charakteristische am marktwirtschaftlichen System darin zu erblicken, daß der Staat in den Prozeß selbst möglichst wenig eingreift, während er in einer Zentralverwaltungswirtschaft eben dies alles bis ins einzelne gestaltet, reguliert und kontrolliert.

Inzwischen ist allerdings auch bei uns die Bereitschaft gestiegen, Eingriffe des Staates in den laufenden Wirtschafts*prozeß* nicht nur zu akzeptieren, sondern sogar zu fordern. Ein Konzept hierfür ist die sog. Politik der *Globalsteuerung,* wonach der Staat die Aufgabe habe, bestimmte *gesamtwirtschaftliche* Größen wie Volkseinkommen, Preisniveau usw. zu beeinflussen, die Vorgänge an *einzelnen* Märkten jedoch den Unternehmen, Haushalten, Tarifpartnern usw. alleine zu überlassen. Der größte Teil der folgenden Kapitel dieses Buches beschäftigt sich mit der Theorie und Politik der Globalsteuerung.

Diese Neuabgrenzung zwischen Staat und Privatwirtschaft wirft u. a. die Frage auf, worin noch der wesentliche Unterschied zwischen Markt- und Planwirtschaft besteht und ob die Trennung zwischen Ordnungs- und Prozeßpolitik noch so sinnvoll ist. Diese Trennung weist ja nicht nur dem Staat (in einer inzwischen von der Praxis überholten Weise) eine Grenze, sondern sie suggeriert auch, daß Entscheidungen über eine Wirtschaftsordnung von anderer Art seien als solche über die laufende Wirtschaftspolitik. Mit dem Wort „Ordnung“ soll etwas als beständig, grundsätzlich, sakrosankt herausgehoben werden und offenbar nicht mit dem gleichen Maß gemessen werden wie die laufende Wirtschaftspolitik.

10. Gesellschaftliche Ziele, Pluralismus und Machtverteilung in einem System

Ein Großteil der Faszination, die der Sozialismus auf viele ausübt, beruht darauf, daß man von der Existenz gesamtgesellschaftlicher Ziele ausgeht. Es ist dies eine Vorstellung, die man auch nennen könnte

> „. . . die *kommunistische Fiktion* einer einheitlichen gesellschaftlichen Zwecksetzung und einer daran anknüpfenden objektiven Wertskala, von der alle wirtschaftlichen Vorgänge als Teilhandlungen einer gesellschaftlichen Wirtschaftsführung verstanden und bewertet werden können.“[32]

Bemerkenswert ist, daß weder die Befürworter noch die Gegner der kommunistischen Wirtschafts- und Staatsführung in diesem Punkte sehr konkret werden. Aussagen darüber, ob diese oder jene Maßnahme tatsächlich Ausfluß gesellschaftlicher Interessen ist und ob mit ihr mehr oder weniger gut zwischen verschiedenen Präferenzen vermittelt wird, bleiben stets etwas unbefriedigend.

Aber auch die ursprünglich aus der Idee des Naturrechts abgeleitete Vorstellung des Liberalismus, wonach es quasi einen natürlichen Mechanismus gibt, der eine Harmonie zwischen Einzelinteressen und Gesamtwohl herstellt, ist fragwürdig. Vielmehr ist dieser Ausgleich eine (bleibende) Aufgabe, die eine Wirtschafts*ordnung* erforderlich macht, wobei es eine einzige naturgemäße, rationale und endgültige Lösung kaum geben dürfte. Jedes konkrete Wirtschaftssystem hat seine Eigentümlichkeit und Legitimation vor allem darin, wie diese Aufgabe gemeistert wird. Somit kann man das Nebeneinander verschiedener Wirtschaftssysteme auch weitgehend als ein moralisches und politisches Problem sehen. Das gilt z. B. für den Anspruch, in einer direkteren und weniger widersprüchlichen Form gesamtgesellschaftliche Ziele zu verfolgen, den der Sozialismus erhebt:

„Die interessantesten und wichtigsten Fragen, die durch die Existenz sozialistischer Wirtschaften in der heutigen Welt aufgeworfen werden, betreffen die Politik und Moral ... Die Staaten ..., die sich selbst sozialistisch nennen, sind sehr unterschiedlich und ... alles, was sie gemeinsam haben, ist die Tatsache, daß die Wirtschaften nicht von privaten Unternehmern beherrscht werden und deshalb zentral verwaltet werden müssen ... Dies erzeugt eine Anzahl Probleme, die in einer kapitalistischen Wirtschaft nicht auftreten und verhindert andererseits viele, die dort entstehen."[33]

Aus verschiedenen Gründen fühlen sich Ökonomen heutzutage meist auf der Ebene der Politik und Moral nicht heimisch, obgleich die Volkswirtschaftslehre ursprünglich aus der Moraltheologie entstand. Es wurde deshalb versucht, die mit der Existenz zweier Wirtschaftssysteme verbundenen Fragen auf einer anderen Ebene zu diskutieren. Ein Großteil des auf diesem Gebiet aufgewendeten Scharfsinns diente dazu, nachzuweisen, daß das jeweils andere Wirtschaftssystem nicht *funktioniert.* Es ist somit egal, was man von den Zielen anderer Gesellschaftsordnungen hält, weil deren System ohnehin nicht funktioniert und zusammenbrechen wird. Gelänge es dies zu *beweisen,* so wäre es in der Tat leichter, die Leute (in Ost und West) bei der Stange zu halten.

Das Ergebnis derartiger Betrachtungen (im Westen) konnte dann auch nur lauten: Der Sozialismus ist *ineffizient,* gemessen an *unseren* Vorstellungen von Leistung, von Entfaltung individueller Interessen und Wünsche sowie davon, wie der Mensch „von Natur aus" sei. Die Wirklichkeit scheint aber doch wohl anders auszusehen, als sie in solchen *Modellen* von Wirtschaftsordnungen (idealtypischen Ordnungen) konstruiert wird. Wenn der Schein nicht trügt, scheint es jedem Wirtschaftssystem mehr oder weniger gut zu gelingen, eben *das* zu erreichen, was dort als erstrebenswert gilt bzw. das Erreichte zum Erstrebten zu deklarieren. So gesehen kommt man mit *allgemeinen* Maßstäben für Effizienz, wie sie sich angeblich aus dem „Wesen" des Wirtschaftens ergeben, nicht sehr weit So mag es z. B. unbefriedigend klingen, wenn Erich Preiser[34] schreibt. „Alles in allem kann die Verwaltungswirtschaft daher schwerlich mit rein wirtschaftlichen Argumenten abgelehnt werden." Man kann sagen, daß dies sehr wenig sei, wenn es alles ist, was man als *Ökonom* dazu zu sagen hat. Tatsächlich scheint aber dieser Standpunkt nur das Problem wieder auf die richtige Ebene zu bringen: nämlich auf die Ebene, auf der die Frage nach der Wünschbarkeit und Realisierbarkeit bestimmter *Werte* wie Freiheit, Gleichheit usw. für eine bzw. in einer Gesellschaft beantwortet wird. Das macht es erforderlich, die Prozesse der Koordinierung und Durchsetzung einzel- und gesamtwirtschaftlicher Interessen im Hinblick auf diese Werte zumindest zu beschreiben.

Während in einer Zentralverwaltungswirtschaft, wie schon der Name sagt, diese Aufgabe weitgehend, allerdings keineswegs vollständig, mit bürokratischen Mitteln mit einer unangefochtenen Vormacht des Partei- und Verwaltungsapparats gelöst wird, verlaufen die entsprechenden Prozesse in einer kapitalistischen Wirtschaft mehr auf privater Ebene. Für die Vorstellung des Wirtschaftsliberalismus war dabei der *Wettbewerb* individueller Eigentümer das Kennzeichnende dieses Systems. Man deutete diesen Prozeß als eine wechselseitige Neutralisierung und Kontrolle von Macht. Tatsächlich wird aber dieses Bild den kapitalistischen Gesellschaften unserer Zeit nicht mehr gerecht. Typisch für diese Art von Wirtschaftsordnung ist das Auftreten autonomer Gruppen (Verbände, Gewerkschaften usw.) sowie eine aktivere Rolle des Staates im Wirtschaftsleben. Man spricht auch von *organisiertem Kapitalismus,* weil hier Interessen nur artikulier- und durchsetzbar sind, wenn und insofern sie sich in mächtigen Gruppen organisieren. Das grundlegende Prinzip der Koordination ist nicht mehr der Wettbewerb, sondern das Organisieren von Macht und Gegenmacht. Oberflächlich betrachtet scheint auch hier ein Prinzip zu herrschen, in welchem sich entgegengerichtete Machtpositionen gegenseitig neutralisieren, und das umso mehr, je mehr derartige Kampf- und Interessengruppen aufgebaut werden (wobei letzteres das Ideal des *Pluralismus* ist). Das ganze erscheint also als ein durchaus geglücktes Gleichgewicht der Kräfte privater und staatlicher Macht und könnte eine liberale Vielfalt der Standpunkte garantieren.

Tatsächlich ist dieses Prinzip aber durchaus verschieden von dem, was das Ideal des Wettbewerbs ausmacht. Denn das Gegenüber von Macht und Gegenmacht schützt nicht davor, daß entgegengerichtete Interessengruppen *gemeinsam* zu Lasten schwächerer oder gar nicht organisierter und weniger „konfliktfähiger“ (d. h. für die Funktionsfähigkeit des Systems wichtiger) Interessen vorgehen. Und die im Sinne des Pluralismus geforderte *Vielfalt* der Gruppierungen allein garantiert noch nicht eine Auslese in Richtung „Gemeinwohl“, wenn gleichzeitig die Handlungsspielräume dieser Gruppen sehr unterschiedlich sind. Der durch ein Ringen solcher Kräfte um Macht erforderliche Kompromiß muß deshalb nicht notwendig allgemein als das Gemeinwohl akzeptiert werden, wie dies die Theorie des Pluralismus fordert. Vielmehr ist dabei stets für ein ausgewogenes Kräfteverhältnis der Gruppen zu sorgen. Aber durch wen?

Unter diesem Aspekt ist auch die vermehrte Aktivität des Staates zu sehen. Es wäre oberflächlich, allein hieraus ableiten zu wollen, daß unsere Gesellschaftsordnung ihren primär privatwirtschaftlichen Charakter zugunsten eines *„gemischten Systems"* verloren habe, wenn gleichzeitig geltend gemacht werden kann, daß der Staat sich nicht wirksam gegen privatwirtschaftliche Interessen durchsetzen kann und vielmehr nur in deren Diensten steht, d. h. diese als Erfüllungsgehilfe mit seinen Mitteln fördert.

Ob dies, was im Prinzip mit der Theorie des „staatsmonopolistischen Kapitalismus" behauptet wird, zutreffend ist, ist eine Frage der *Einschätzung der Machtverteilung* im System und der Handlungsspielräume dieser Gruppen. Man kann das sich in der Wirklichkeit darbietende Erscheinungsbild in diesem Punkt sehr verschieden ausdeuten. Zu welchem Ergebnis man dabei kommt, hängt weitgehend davon ab, für wie geschlossen und homogen man bestimmte gesellschaftliche Gruppen hält und wie weit man den Kreis der noch von ihnen kontrollierten Vorgänge zieht. Betrachtet man die personelle Verflechtung zwischen Konzernherren, Militärs und Politikern, deutet man deren Verhalten als das Auftreten einer *Klasse* anderen Klassen gegenüber, und sieht man in den Entscheidungen des Staates, insbesondere auch in denen, die oberflächlich gesehen gegen die kurzfristigen Interessen des Kapitals gerichtet sind, nur den Versuch der Erhaltung des bestehenden Systems, dann erscheint einem in der Tat Staat und Gesellschaft letzten Endes vom Kapital (d. h. der Klasse der Kapitalisten) beherrscht. Diese Sicht der Dinge ließe sich auch mit ökonomischen Überlegungen plausibel machen. Es fragt sich nur, ob sie nicht zu undifferenziert ist, um die wirklichen Prozesse zu begreifen. Denn es scheint bei genauerem Hinsehen erhebliche Unterschiede zu geben, je nachdem, um welche politischen Entscheidungen es geht, auf welcher Ebene diese fallen (Gemeinde, Bund, international) und in welchen (harmonischen oder disharmonischen) Zustand sich Wirtschaft und Gesellschaft jeweils gerade befinden.[35]

II. Kreislauf

In diesem Kapitel sollen einige *Begriffe* und *Methoden* der Analyse volkswirtschaftlicher Zusammenhänge geklärt werden, die für das Verständnis wirtschaftlicher Probleme unerläßlich sind. Die sog. Politik der *Globalsteuerung* in kapitalistischen Ländern und auch die Planung und Lenkung einer sozialistischen Volkswirtschaft bedient sich der im folgenden dargestellten Betrachtungsweise. Die Vorstellung des Wirtschaftskreislaufs ist eine geeignete Abstraktion (ein Modell) zum Verständnis des Wirtschaftsprozesses einer jeden Volkswirtschaft, sofern sie arbeitsteilig ist. Sie ermöglicht ferner eine zahlenmäßige, empirische Beschreibung und Analyse des Wirtschaftsprozesses (in Form etwa der sog. „Volkswirtschaftlichen Gesamtrechnung"). Gleichwohl ist die Betrachtung nicht nur formal, instrumentell, sondern sie kann als Ausgangspunkt zur Behandlung wichtiger gesamtwirtschaftlicher Probleme dienen, wie ein kurzer Blick in die Geschichte der Volkswirtschaftslehre zu Beginn des folgenden Kapitels zeigt.

1. Reichtum einer Volkswirtschaft, Klassenanalyse und effektive Nachfrage

Eine der ältesten ökonomischen Fragen war das Problem des „Reichtums" eines Landes. Warum und inwiefern ist ein Land reicher als ein anderes? Versteht man unter Reichtum (heute würde man „Volksvermögen" sagen) eine Ansammlung von Gütern, so interessiert zunächst die Frage, wodurch der Gesamt*wert* der Güter bestimmt ist. Man kann diese Frage allerdings kaum beantworten, ohne sich zu überlegen, wie diese Güter produziert worden sind. Die Frage muß also lauten: wie entsteht das Gesamtprodukt für ein Zeitintervall, z. B. das Produkt eines Jahres? Wohl die älteste Behandlung dieses Problems stammt von dem Franzosen François Quesnay (1694–1774). Die damaligen Verhältnisse hinsichtlich der Produktion stellten sich als ein Zusammenwirken von drei sozialen Klassen dar, den Pächtern landwirtschaftlicher Betriebe, den Grundeigentümern und den Gewerbetreibenden. Abgesehen von den Grundeigentümern produziert jede Klasse bestimmte Produkte, die sie an andere Klassen verkauft, wodurch sie ihr Einkommen erhält. Es ist nun für uns unwesentlich, wie groß (hinsichtlich des Verkaufswerts) diese Lieferungen waren. Bezeichnen wir sie lediglich mit einem Pfeil von der produzierenden zur empfangenden Klasse, dann ergibt sich folgendes Bild:

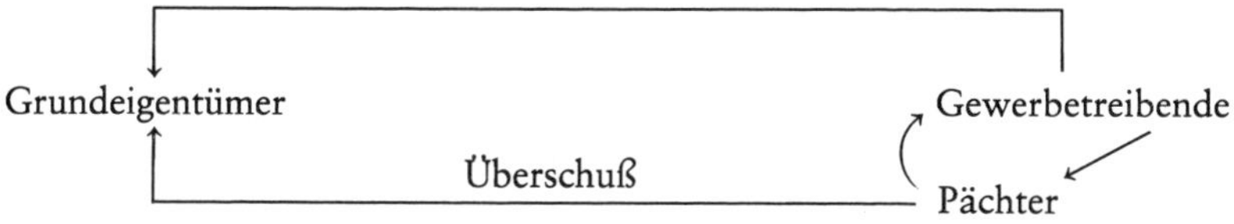

Es ist klar, daß es sich bei dem Handel zwischen Pächtern und Gewerbetreibenden um landwirtschaftliche bzw. gewerbliche Produkte handelt. Die Grundeigentümer aber produzieren keine Güter, folglich tragen sie nichts zum Gesamtprodukt, der Summe dieser Warenströme, bei. Man kann nun annehmen, daß sie diese Waren *bezahlen,* dann wäre in das Bild jeweils in (dem Warenstrom) entgegengesetzter Richtung ein Pfeil für die Geldzahlung einzuzeichnen. Nun wird das allerdings den Grundeigentümern nicht ohne weiteres möglich sein, denn woher soll das Geld kommen, wenn sie selbst keine Waren verkaufen können? Es ist deswegen anzunehmen, daß von den Pächtern zu den Grundeigentümern ein Geldstrom fließt, damit die Grundeigentümer die Waren von den Händlern kaufen können. Das ist die Pacht. Es läuft auf das gleiche hinaus, wenn die Pächter entsprechend viele landwirtschaftliche Produkte den Grundeigentümern als *Überschuß* abtreten, sich insofern also ihr Einkommen schmälert (d. h. es ist geringer als ihr Beitrag zum Gesamtprodukt).

Man erkennt daran, daß der Schlüssel zum Verständnis der Wirkungsweise einer Volkswirtschaft irgendwie in der Verteilung des Einkommens auf die sozialen Klassen liegen muß. Oder genauer gesagt, wenn man an das Erwirtschaften eines Überschusses denkt: in den Beziehungen zwischen Produktion und Einkommen. Für Quesnay war der Bauer (als Pächter) die einzige produktive Klasse, aber das ist im Grunde unwesentlich, er hätte *auch* oder *nur* den Gewerbetreibenden als produktiv ansehen können. Diese Erklärung des gesamtwirtschaftlichen Prozesses aus den Einkommen sozialer Klassen war allen Theoretikern der sog. *„klassischen Nationalökonomie"* (wozu vor allem Adam Smith und David Ricardo zählen) gemeinsam, bis einschließlich Karl Marx, der aus dieser klassischen Tradition stammt.

Die Betrachtung des Überschusses ist aber auch dann von Interesse, wenn es parasitäre Grundeigentümer nicht gibt. Für eine Volkswirtschaft, gleichgültig, ob und wie sie in Klassen eingeteilt ist, entsteht immer das Problem, einen Überschuß zu erwirtschaften, weil sonst keine *Akkumulation* des Volksvermögens (Produktionspotentials), oder was das gleiche ist, keine Investition möglich wäre.

Definiert man *Investition* als die Produktion von sachlichen Produktionsmitteln (Kapitalgütern), so muß ein Überschuß zumindest in der Weise erwirtschaftet werden, daß von ihm die in dieser Produktion beschäftigten Arbeiter bezahlt werden können. Aber was geschieht, wenn sie mit diesem Einkommen keine Konsumgüter kaufen können? Dann ist zwar Nachfrage (Einkommen), nicht aber Angebot (Güter) durch die Investition geschaffen. Das ist das Problem der *effektiven Nachfrage* (Gleichgewicht von Gesamtnachfrage und Gesamtangebot), die Frage, ob sichergestellt werden kann, daß alles, was produziert werden kann, auch verkauft wird. In unserem Fall der Überinvestition und damit (was das gleiche ist) Unterkonsumption (zu geringe Nachfrage) ist dieses Gleichgewicht gestört. Das Problem entsteht im Grunde in jeder arbeitsteiligen Wirtschaft vor allem deshalb, weil die Investitionen erst in späterer Zukunft zu einem Güterangebot führen werden (siehe auch Kap. V 6), zu einer Zeit, für die jetzt noch nicht zu überblicken ist, wie dann Umfang und Struktur der Nachfrage aussehen werden. Das gilt umso mehr, je dezentraler der Produktions- und Vermarktungsprozeß organisiert ist.

Das gleiche Problem taucht auch beim Außenhandel auf. Ein Import stellt Angebot ohne Nachfrage dar; es gibt Güter, aber es sind durch inländische Produktion keine Einkommen geschaffen worden, um diese zu kaufen. Umgekehrt liegt es beim Export; er erzeugt Einkommen und damit Nachfrage, aber das Angebot geht an andere Länder. Die sog. *Merkantilisten* hatten bereits eine richtige Ahnung davon gehabt, daß eine solche durch Exporte hervorgerufene Steigerung der effektiven Nachfrage für die inländische Wirtschaftstätigkeit belebend sein könnte. Aber sie haben sich durch die Befürwortung strenger staatlicher Lenkungsmaßnahmen des Außenhandels unbeliebt gemacht, zu einer Zeit, wo die Zeichen schon auf Liberalismus und Freihandel standen.

Die Theorie, mit der man hinfort auch das Problem der effektiven Nachfrage getrost vergessen konnte, war das sog. *Saysche Theorem* in Verbindung mit der Lehre vom Marktmechanismus. Dem Theorem von J. B. Say (1767–1832) zufolge kann es gar nicht (bzw. nur vorübergehend und in einzelnen Bereichen) zu einer Überproduktion bestimmter Güter kommen, die dann nicht abgesetzt werden kann, etwa eine Überinvestition verbunden mit einer Unterkonsumption (wie oben dargestellt). Es kann also keine Absatzkrisen geben, denn jede Produktion (jedes *Angebot*) von Gütern stellt zugleich Nachfrage nach Gütern dar und umgekehrt. Kauft man Güter, so besteht das darin, daß man andere Güter dafür hergibt. Dieses Theorem gilt stets dann, wenn eine *Naturaltauschwirtschaft* besteht, bzw. im Falle des Geldtausches, wenn das Geld vollkommen *neutral* (passiv) ist, d. h. nur als Recheneinheit fungiert und die Preisrelationen (Preise drücken ja aus, wieviel Geld für ein Gut herzugeben ist) nicht beeinflußt. Folglich glaub(t)en die Neoklassiker auch, daß (periodische) Über- oder Unterproduktionen, also das Konjunkturproblem, wenn überhaupt, dann allenfalls nur vorübergehend durch Störungen im Geldwesen auftreten und durch eine entsprechende Geldpolitik beseitigt werden kann. Das inzwischen als unhaltbar erkannte Saysche Theorem enthielt übrigens nicht die These, daß der Gesamtablauf der Produktion und Konsumption jahraus jahrein (man kann deshalb auch von beständiger *Re*produktion sprechen) notwendig nur bei *Voll*beschäftigung erfolgen könne. Aber diese zusätzliche These ergab sich für die Neoklassik aus dem Wirken des Marktmechanismus bei der Nachfrage von Arbeit und Investitionsmitteln (siehe Kap. III 4).

Folgt man diesen Lehren nicht, so muß man wieder auf das „klassische" Problem der effektiven Nachfrage zurückgreifen, wie das nach der Weltwirtschaftskrise geschah. Das verlangt, zahlenmäßig oder zumindest mit genau definierten theoretischen Größen Gesamtangebot und -nachfrage einer Volkswirtschaft sichtbar zu machen. Der zentrale Begriff hierfür ist das *Sozialprodukt,* bzw. was das gleiche ist, nur unter einem anderen Aspekt betrachtet, das *Volkseinkommen.* Aber wie wäre eine solche Größe zu definieren oder gar zu berechnen?

Betrachten wir noch einmal das zur Verdeutlichung der Theorie von Quesnay gezeichnete Bild (vgl. S. 51). Es stellt einen Güter*kreislauf* dar (von einem „im Kreise laufen" kann hier allerdings nur hinsichtlich der Warenströme zwischen Pächtern und Gewerbetreibenden gesprochen werden), und die Summe der Warenströme bezeichneten wir als das Gesamtprodukt, was dem *Sozialprodukt* bereits sehr nahe kommt.[36] Wie man daran erkennt, verlangt die Untersuchung der effektiven Nachfrage (und damit Probleme wie Konjunktur, Beschäftigung und Wachstum) die Analyse des Sozialprodukts und diese wiederum eine Darstellung des Wirtschaftskreislaufs. Letzteres hat zugleich den Vorteil, daß nur so deutlich wird, *wie* das Sozialprodukt durch das arbeitsteilige Zusammenwirken sozialer Klassen entsteht, wie mithin auch die Einkommen dieser Klassen bestimmt werden und sich daraus die Gesamtnachfrage ergibt.

2. Entstehung, Verteilung und Verwendung des Sozialprodukts

Das Sozialprodukt als Summe der in einem Jahr in einem Lande neu geschaffenen Güter und Dienstleistungen *entsteht* durch die Produktion, wird in Form von Einkommen (für Produktionsfaktoren) an Personen *verteilt* und von diesen für bestimmte Zwecke *verwendet* (gekauft). Das sind drei Aspekte ein und derselben Sache. Um das deutlich zu machen, betrachte man Abbildung 4. In diesem Bild wird davon ausgegangen, daß in den Unternehmen (und nur in diesen) die Produktion von Konsumgütern erfolgt, die an die Haushalte geliefert wird (Strom 1). Zur Bezahlung dieser Waren fließt ein gleich großer Geldstrom 2 zurück von den Haushalten an die Unternehmen. Das Geld hierfür erhalten die Haushalte in Form von Einkommen (Strom 4) für Faktorleistungen (z. B. die „Lieferung" einer bestimmten Anzahl von Arbeitsstunden, was mit Strom 3 angedeutet ist). Betrachtet man den Kreislauf an der Stelle 1, der Güterproduktion, so sieht man das Sozialprodukt von der Entstehungsseite; an der Stelle 2, den Käufen, erscheint es von seiner Verwendungsseite; und an der Stelle 4 als Volks*einkommen* wird es verteilt. Da es sich wertmäßig stets um das gleiche Produkt handelt, führen alle drei Betrach-

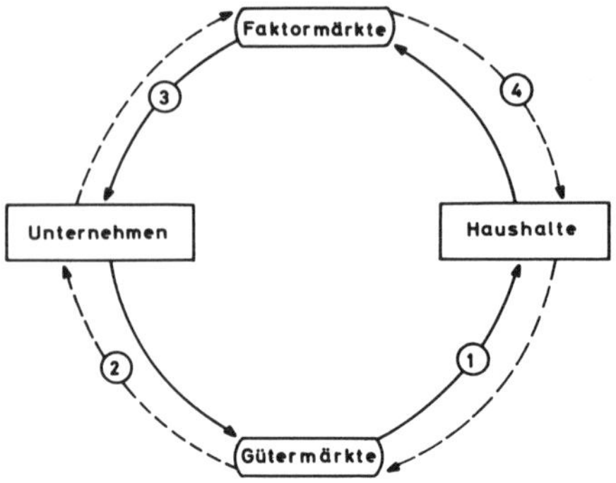

Abbildung 4. Der Kreislauf von Entstehung, Verteilung und Verwendung des Sozialprodukts

tungsweisen zum selben Ergebnis. Das ist insofern recht günstig, als sich dadurch das Sozialprodukt auf verschiedene Arten statistisch berechnen läßt. Außerdem zeigt sich so, daß der Gesamtprozeß von drei Seiten her ins Ungleichgewicht gebracht oder aber auch gelenkt, beeinflußt werden kann. So kann z. B. der Staat durch seine Steuern an zwei Stellen ansetzen, mit Steuern auf die Einkommensverwendung (Verbrauchssteuern usw.) oder die Einkommensverteilung (Lohn- und Einkommenssteuer usw.) einwirken. Schließlich ist zu beachten, daß alle Vorgänge miteinander zusammenhängen, d. h. für eine gerechte oder ungerechte Verteilung der Einkommen ist es beispielsweise nicht nur entscheidend, was in der Produktionssphäre geschieht, also etwa zwischen Gewerkschaften und Arbeitgeberverbänden ausgehandelt wird, vielmehr muß man auch die Verwendungsseite des Sozialprodukts betrachten, wo übrigens die Stellung der Arbeitnehmer wesentlich schwächer ist.

Das wird erst deutlich, wenn man hinsichtlich der Einkommensverwendung die wichtige (und in Abb. 4 noch nicht getroffene) Unterscheidung zwischen Konsum und Investition einführt. Auf der Verwendungsseite ergibt sich somit die *Gesamtnachfrage,* und auf der Entstehungsseite wird das Gesamtangebot sichtbar. Die Betrachtung der Verteilung ist demgegenüber nur die Konsequenz einer Geldwirtschaft, verbunden mit freier Konsumwahl. Gäbe es z. B. nur Naturalentlohnung, so könnte man nicht zwischen Verteilung des Einkommens auf Personen und Verwendung des Einkommens für bestimmte Produkte unterscheiden. Das Saysche Theorem würde gelten. Es sind jedoch noch weitere Komplikationen zu berücksichtigen:

1. Die *Arbeitsteilung* in der Produktion, die dazu führt, daß abgesehen von der sog. Urproduktion (z. B. in der Landwirtschaft und im Bergbau) in der Produktionsleistung eines Unternehmens stets Vorprodukte anderer Unternehmen enthalten sind. Der wertmäßige Produktionsausstoß (der „Produktionswert") kann also nicht vollständig in Form von Löhnen, Gehältern,

Mieten, Zinsen, Gewinn an die Beschäftigten und Kapitaleigner des Unternehmens verteilt werden. Es sind vom Produktionswert jeweils die *Vorleistungen* anderer Produktionseinheiten abzuziehen, damit nicht die gleiche Leistung mehrmals gezählt wird.

2. Die Aktivität des *Staates,* die u. a. darin besteht, daß er mit Steuern und sonstigen Abgaben von Privaten seine Verwaltungstätigkeit, den Bau von Straßen, Schulen usw. (was man alles auch als „*Produktion*" bezeichnen kann) finanziert und woraus er Zuwendungen an Unternehmen (Subventionen) bzw. an Haushalte (Sozialleistungen) bezahlt. Die Erhebung von Steuern einerseits und die Zahlung von Subventionen und Sozialleistungen andererseits machen den Prozeß der staatlichen *Einkommensumverteilung* (daneben gibt es auch eine private) aus, der sich zwischen Einkommensverteilung und -verwendung schiebt.

3. Die in der Produktion entstandenen Einkommen (die „Erwerbs- und Vermögenseinkommen" im Unterschied zu den durch Umverteilung entstandenen Einkommen) gliedern sich funktionell, d. h. hinsichtlich der Art der Mitwirkung am Produktionsprozeß in *Einkommen aus unselbständiger Arbeit, aus Vermögen* (Kapitaleinkünfte) *und aus Unternehmertätigkeit.* Während erstere nur an private Haushalte verteilt werden, können die Einkommen aus Unternehmertätigkeit und Vermögen *auch* von Unternehmen als solche und vom Staat bezogen werden.

4. Hinsichtlich der Einkommensverwendung ist zu unterscheiden zwischen dem *Konsum* und der Verwendung des Überschusses der laufenden Einnahmen über den laufenden Ausgaben, den man auch *Ersparnis* (genauer: Ersparnisbildung) nennt. Die Ersparnis kann zum Kauf von dauerhaften Produktionsmitteln, also von Investitionsgütern, verwendet *(Sachvermögensbildung)* bzw., wenn man nicht selber investiert, z. B. über Banken als Kredit den Investoren zur Verfügung gestellt werden, wodurch der Kreditgeber *Geldvermögen* in Form von Forderungen bildet. Ohne Vermögensbildung (Akkumulation) wäre keine Erweiterung der Produktion, keine Zunahme des Produktionspotentials möglich, die Wirtschaft wäre *stationär* (so wie das in Abb. 4 angenommen wurde).

Eine Wirtschaft ist „stationär" (der Gegensatz dazu ist „evolutorisch"), wenn in ihr wegen fehlender Investitionen kein Wachstum (vgl. Kapitel V) stattfindet. Das entsprechende Begriffspaar in der marxistischen Wirtschaftslehre lautet: einfache (stationäre) und erweiterte (evolutorische) Reproduktion.

Entscheidend ist also für eine wachsende, *evolutorische* Wirtschaft, daß das Volkseinkommen nicht vollständig konsumiert wird, sondern Ersparnisse gebildet und investiert werden. Dabei zeigt die Existenz von Kreditbeziehungen, das Nebeneinander von Sparer und Investor, von Geld- und Sachvermögensbildung, daß eine Gleichheit von Sparen und Investieren nicht jederzeit garantiert sein muß. Entscheidend ist ferner, wie und durch wen Ausmaß und

Richtung der Investitionen bestimmt werden, denn das ist eine Entscheidung über die zukünftige Produktion. Umgekehrt sind die gegenwärtigen Produktionsmöglichkeiten das Ergebnis früherer Investitionen.

5. Durch die außenwirtschaftlichen Beziehungen eines Landes wird es notwendig, hinsichtlich des Gütervolumens und des Einkommens zu unterscheiden zwischen dem im Inland und dem von Inländern (inländischen Wirtschaftseinheiten) erzeugten bzw. verwendeten Produkt (Einkommen). Deshalb unterscheidet man das Inlands- und das Sozialprodukt (= Inländerprodukt).

Aus Nr. 1 folgt, daß man aus Produktionsstatistiken durch bestimmte Abzüge vom Produktionswert, wie Tabelle 1 zeigt, das Nettoinlandsprodukt zu Faktorkosten, die gesamte durch Produktion im Inland entstandene Wertschöpfung, berechnen kann.

Tabelle 1. Entstehung des Inlandsprodukts in der BRD 1972 und 1973 in jeweiligen Preisen in Mill. DM

	1972	1973
Produktionswert (output zu Marktpreisen)	2128490	2401890
./. Vorleistungen	1293860	1471250
= Bruttoinlandsprodukt zu Marktpreisen	834630	930640
./. Abschreibungen	93550	103210
= Nettoinlandsprodukt zu Marktpreisen	741080	827430
./. indirekte Steuern	112490	123630
+ Subventionen	11330	13720
= Nettoinlandsprodukt zu Faktorkosten	639920	717520

Quelle: Statistisches Jahrbuch 1975, S. 498f., S. 508 (es handelt sich für beide Jahre um vorläufige Ergebnisse).

Der Abzug der Abschreibungen (Amortisation, capital consumption) trägt der Abnutzung und dem Verschleiß von Produktionsanlagen (Maschinen, Betriebsausrüstungen und Bauten) Rechnung. Es sind dies diejenigen Wertbeträge, die für den Ersatz von im Wert geminderten Investitionsgütern (Ersatz- oder *Re*investition) aufgewendet werden müssen, damit die Produktionskapazität erhalten bleibt. Abschreibungen und Vorleistungen stellen zusammen das eingesetzte „konstante" Kapital im Sinne der Terminologie von Karl Marx dar, sie repräsentieren nur die verbrauchten Produktionsmittel, bilden kein Einkommen, sondern ersetzen nur Kapital. Die verbleibende Wertschöpfung hingegen kann als Einkommen aus unselbständiger Arbeit und als Einkommen aus Unternehmertätigkeit und Vermögen verteilt werden (oder in den Kategorien von Marx: als variables Kapital und als Mehrwert). Zusätzlich ist noch zu berücksichtigen, daß durch das Eingreifen des Staates die Bewertung des verwendeten Produkts (zu Marktpreisen) nicht mit derjenigen des entstandenen und an die sozialen Klassen zu verteilenden Produkts (also den gesamten „Faktorkosten" einschließlich Gewinnen) übereinstimmt. Man gelangt nun vom Inlands- zum Sozialprodukt durch Hinzuzählen des Überschusses (Saldos) der Erwerbs- und Vermögenseinkommen zwischen Inländern und der übrigen Welt (Ausland). Das war 1972 ein Betrag von −30 Mill. DM und 1973 von −340 Mill. DM, so daß dem Ausland mehr Einkommen von Inländern zugeflossen sind als umgekehrt. Das gleiche Ergebnis erhält man, wenn man die Verteilung dieses Einkommens auf die Einkommensarten und die drei Institutionen bzw. *Sektoren* Unternehmen, Staat und private Haushalte betrachtet (Tabelle 2).

Tabelle 2. Verteilung des Volkseinkommens in der BRD 1972 und 1973 in jeweiligen Preisen in Mill DM

	1972	1973
Bruttoeinkommen der inländischen privaten Haushalte aus unselbständiger Arbeit	439150	498650
+ Bruttoeinkommen der inländischen privaten Haushalte aus Unternehmertätigkeit und Vermögen (abzügl. Zinsen auf Konsumentenschulden)	175580	190860
= Erwerbs- und Vermögenseinkommen der privaten Haushalte	614730	689510
+ Bruttoeinkommen der Unternehmen aus Unternehmertätigkeit und Vermögen (besteht aus unverteilten Gewinnen der Unternehmen mit eigener Rechtspersönlichkeit)	21910	23470
+ Bruttoeinkommen des Staates aus Unternehmertätigkeit und Vermögen (abzüglich Zinsen auf öffentliche Schulden)	3250	4200
= Nettosozialprodukt zu Faktorkosten (= Volkseinkommen)	639890	717180

Quelle: Statistisches Jahrbuch 1975, S. 515

Wie man sieht, stellt das eigentlich keine Verteilung auf soziale Klassen dar, es sei denn, man würde innerhalb der privaten Haushalte weiter differenzieren. Allerdings ist ein gewisser Zusammenhang mit den beiden Klassen „Abhängige" (Arbeiter, Angestellte und Beamte) und „Selbständige" (Unternehmer, Personen, die von ihren Kapitalerträgen leben, freie Berufe usw.) dadurch gegeben, daß man im großen und ganzen davon ausgehen kann, daß bei ungleicher Vermögensverteilung auf erstere nur die Einkommen aus unselbständiger Arbeit und auf letztere die restlichen Einkommen (Profite im weiteren Sinne, d. h. Gewinne und Zinsen) entfallen. Auf diesem Gedanken beruht die Berechnung der sog. Lohnquote (vgl. S. 144).

Tabelle 3. Verwendung des Sozialprodukts in der BRD 1972 und 1973 in jeweiligen Preisen in Mill. DM

	1972	1973
Privater Verbrauch	450920	496750
+ Staatsverbrauch	146500	168630
1. Verbrauch für zivile Zwecke	121910	141780
2. Verteidigungsaufwand	24590	26850
= Letzter Verbrauch	597420	665380
+ Bruttoinvestitionen	221810	239600
1. Anlageinvestitionen	217410	230000
a) Ausrüstungen	92490	96450
b) Bauten	124920	133550
2. Vorratsänderungen	+ 4400	+ 9600
= letzte inländische Verwendung (Inlandsnachfrage)	819230	904980
+ Ausfuhr	190150	226150
= Letzte Verwendung	1009380	1131130
./. Einfuhr	174780	200830
= Bruttosozialprodukt zu Marktpreisen	834600	930300

Quelle: Statistisches Jahrbuch 1975, S. 519

Tabelle 3 zeigt, daß das Sozialprodukt nur zu einem Teil für den laufenden Verbrauch verwendet wird. Etwa 25,8 vH wurde 1973 investiert. Dabei setzen sich die Bruttoinvestitionen aus Ersatz – (in Höhe der Abschreibungen) und Neu- oder Nettoinvestitionen zusammen. Letztere betrugen somit 136390 Mill. DM, etwa $^1/_5$ des Volkseinkommens.

Die Unterscheidung der einzelnen Verwendungskategorien erfolgt danach, wer am Markt als Käufer auftritt. Mithin zeigt die *Verwendungs-*, d. h. *Nachfrageseite,* durch wessen Nachfrage (Ausgaben) der Produktionsapparat vorwiegend in Anspruch genommen wurde. Das ist wesentlich von der Einkommensverteilung bestimmt. Wie aber ein Vergleich mit Tab. 2 zeigt, wären die Unternehmen (die den Großteil der Investitionen vornehmen) mit ihrem Anteil am Volkseinkommen nicht in der Lage, ihre neuen Ausrüstungen (Maschinen usw.) und Bauten zu kaufen. Das gilt entsprechend für den Staat hinsichtlich seines Staatsverbrauchs, d. h. die laufenden Käufe und Personalausgaben des Staates. Das weist darauf hin, daß zwei weitere Prozesse zu berücksichtigen sind, um von der Einkommensverteilung zu der Einkommensverwendung zu gelangen: die Einkommens*um*verteilung (vor allem durch Einnahmen und Ausgaben des Staates) und die Kreditverflechtung im Zuge der Investition.

Durch die Staatseinnahmen (vor allem Steuern) und durch die Ausgaben des Staates, die man gliedern kann in

1. Leistungsentgelte (für Produkte und Produktionsfaktoren)
   a) Käufe (laufende Käufe und Investitionen)
   b) Personalausgaben
2. Transferzahlungen (Zahlungen ohne Gegenleistung)
   a) Subventionen an Unternehmen zur Senkung der Marktpreise
   b) Sozialausgaben (Renten, Pensionen, Zuschüsse usw.),

wird eine Umverteilung des Sozialprodukts bewirkt. Ein Umverteilungseffekt (etwa zugunsten der sozial Schwächeren) kann dabei eintreten, auch wenn dieser nicht ausdrücklich beabsichtigt ist. Denn die Staatseinnahmen und -ausgaben dienen auch ganz anderen Zwecken, und sie werden z. B. gezielt zur Beeinflussung des Wirtschaftsablaufs eingesetzt, was im folgenden Kapitel dargestellt wird.

Etwa 40 v H des Bruttosozialprodukts (und über die Hälfte des Volkseinkommens) fließt durch die Kassen des Staates. Das Ergebnis dieser Umverteilung (auch „sekundäre“ Verteilung, im Unterschied zur primären durch die Produktion) sind die *verfügbaren Einkommen,* d. h. Erwerbs- und Vermögenseinkommen minus direkte Steuern plus empfangene laufende Übertragungen (= Transferzahlungen).

Den zweiten der genannten Prozesse, nämlich die Kreditverflechtung im Zuge der Investition, wollen wir nun etwas genauer betrachten.

3. Sparen und Investieren

Aus dem verfügbaren Einkommen werden zunächst die Käufe für den laufenden Konsum bezahlt. Der verbleibende Überschuß, die *Ersparnis,* kann verwendet werden zum Erwerb von Geldforderungen (z. B. gegenüber einer Bank aufgrund eines bei ihr gehaltenen Sparkontos) oder zum Kauf von produzierten Produktionsmitteln (Investitions-, Kapitalgüter, Sach- oder Produktivkapital), d. h. Werkzeuge, Maschinen, Bauten (ohne die dazu gehörigen Grundstücke), Rohstoffe usw. Man nennt das *Investition,* die Erhöhung des gesamtwirtschaftlichen Produktivvermögens (des Kapitalstocks). Nicht zum Volksvermögen gehört der Boden, ungeborgene Bodenschätze (sie sind nicht produziert) und Dienstleistungen (sie sind nicht dauerhaft, d. h. nicht akkumulierbar und damit nicht investierbar).

Sieht man von den Vermögensübertragungen ab, so kann somit die Ersparnis entweder zum Erwerb von Geldforderungen oder zur Investition verwendet werden. Wer Geldforderungen erwirbt (Gläubiger geworden ist), investiert weniger als er gespart hat. Das Umgekehrte muß dann für den Schuldner gelten. Jeder Forderung steht eine Verbindlichkeit gegenüber, und *für die gesamte Volkswirtschaft* gleicht sich das aus, wenn man von Auslandsforderungen und -verbindlichkeiten absieht. Mithin *gleichen sich auch Sparen* als Geldvermögensbildung *und Investieren* als Sachvermögensbildung *aus*. Von Bedeutung für den Ablauf des gesamten Prozesses ist es aber, *wer* vorwiegend spart und wer vorwiegend investiert. Man erkennt das am *Finanzierungssaldo*, dem Überschuß der Forderungen über die Verbindlichkeiten (genauer: der *Zunahme* von Forderungen bzw. Verbindlichkeiten). Er ist positiv bei Geldvermögensbildung und negativ bei Sachvermögensbildung. Wie Tabelle 4 zeigt, werden die (über die dort erwirtschafteten Ersparnisse hinausgehenden) Investitionen der Unternehmen und des Staates durch Geld-Ersparnisse der privaten Haushalte finanziert. Das ist nicht weiter erstaunlich, denn die privaten Haushalte können als solche nicht investieren, sondern nur die ihnen gehörenden Unternehmen.

Tabelle 4. Finanzierungssalden der Sektoren der Volkswirtschaftlichen Gesamtrechnung in der BRD 1972 und 1973

Sektor	Finanzierungssaldo in Mill. DM 1972	1973
Unternehmen	− 63 640	− 73 210
Staat (einschl. Sozialversicherung)	− 1 190	+ 15 000
private Haushalte und private Organisationen ohne Erwerbscharakter	+ 65 470	+ 66 930
insgesamt*	+ 640	+ 8 720

* Überschuß der Auslandsforderungen gegenüber den Auslandsverbindlichkeiten (Finanzierungssaldo gegenüber dem Ausland)

Quelle: Statistisches Jahrbuch 1975, S. 500 ff., 522

Die *Gleichheit von Sparen und Investieren* für die Volkswirtschaft als Ganzes (wenn man vom Finanzierungsüberschuß gegenüber dem Ausland in Höhe von z. B. 640 Mill. DM im Jahre 1972 in Tab. 4 absieht) ist einfach ein Ergebnis der zugrundegelegten Definitionen für „Sparen" und „Investieren". Zu den Investitionen gehören z. B. auch solche Ausgaben, die ursprünglich nicht geplant waren, die sog. Vorrats- oder Lagerinvestitionen.[37] Genauso enthalten auch die Ersparnisse z. T. einen unfreiwilligen Konsumverzicht.

Es ist zu unterscheiden, ob man

1. den Kreislauf für eine zurückliegende Periode *(ex post)* betrachtet, wobei

die gesamten, auch unfreiwilligen, ungeplanten Ausgaben in die Ersparnis bzw. Investition einbezogen werden; dann ist *stets*

$$\text{Sparen}_{(\text{ex post})} = \text{Investieren}_{(\text{ex post})}$$

2. den Kreislauf betrachtet, wie er den Planungen der Investoren und Sparer für die kommende Periode entspricht *(ex ante),* d. h. nur die geplanten Investitionen (also nicht die Lagerveränderungen) und freiwilligen Ersparnisse gegenüberstellt, dann ist in der Regel

$$\text{Sparen}_{(\text{ex ante})} \neq \text{Investieren}_{(\text{ex ante})}$$

also beides ungleich.

Nur dann, wenn die ex post-Größen jeweils den ex ante-Größen entsprechen, herrscht ein gesamtwirtschaftliches *Gleichgewicht.* Wir haben schon den gleichen Begriff des „Gleichgewichts" im Zusammenhang mit dem Marktmechanismus kennengelernt.

Die Vermeidung des Ungleichgewichts ist Aufgabe der laufenden Wirtschaftspolitik des Staates. Als Ausdruck dieses Ungleichgewichts gilt es, wenn bestimmte Größen wie z. B. Beschäftigung, Preisniveau usw. sich in nicht gewünschter Art entwickeln (siehe S. 64).

4. Das Geld im Wirtschaftskreislauf: die Quantitätsgleichung

Wir haben bisher den Kreislauf so untersucht, als gäbe es Geld nur als ein neutrales Wertausdrucksmittel, um die Tauschwerte der Güter verschiedenster Art als Geldpreise ausdrücken zu können. Das ist notwendig, um überhaupt eine Summe wie das Sozialprodukt bilden zu können, das ja real (hinsichtlich der Güterarten) aus sehr unterschiedlichen Bestandteilen besteht. Folglich hängt der Betrag des Volkseinkommens als Geldgröße (das *nominale Volkseinkommen* Y_n) nicht nur von den in ihm enthaltenen Mengen an Gütern und Dienstleistungen ab, sondern auch von den zugrundegelegten Preisen für diese Waren. Es kann deshalb auch steigen, wenn nur der Durchschnitt der Preise (ein problematischer Begriff, auf den wir noch zurückkommen werden; vgl. S. 90), *das Preisniveau* (P_y) ansteigt, obgleich das *reale Volkseinkommen* Y_r, also die Gesamtmenge der Güter und Dienstleistungen, gleich bleibt. Für den Zusammenhang gilt:

$$Y_n = Y_r \cdot P_y.$$

In der Statistik ist eine reale Größe stets unter der Annahme konstanter Preise eines bestimmten Vergleichszeitpunkts berechnet, eine nominelle dagegen zu den laufenden (gegenwärtigen) Preisen. Das Preisniveau P ist dann ein bestimmter Preisindex (vgl. S. 90), den man erhält, wenn man die nominale durch die reale Größe dividiert.

Nun muß der Geldwert des Volkseinkommens, also Y_n, stets gleich groß sein wie die gesamten aus dem Einkommen getätigten Geldausgaben. Das ergibt sich einfach aus den uns bereits bekannten Kreislaufbeziehungen. Die Geldausgaben G sind aber nicht gleich der Geldmenge M_y, die in den Einkommenskreislauf gelangt. Das ist schon daran zu erkennen, daß G und Y_n Stromgrößen sind (die z. B. auf ein Jahr bezogen sind), während der Geldbestand M_y eine Bestandsgröße (bezogen auf einen Zeit*punkt*) ist. Ein Geldbestand M_y führt insgesamt zu einer umso größeren Geldausgabe G, je häufiger jeweils mit dem gleichen Geldstück von irgend jemandem bezahlt wird. Man nennt dies die *Umschlagshäufigkeit des Geldes* U_y, oder auch Geldumlaufsgeschwindigkeit, bzw. in der hier dargestellten Fassung der Quantitätsgleichung[38] auch „Einkommenskreislaufgeschwindigkeit des Geldes". Es ist dann

$$G = M_y \cdot U_y$$

und wegen der Identität von G (monetäre Gesamtnachfrage) und Y_n (monetäres Gesamtangebot) gilt

$$(*) \quad M_y \cdot U_y = Y_r \cdot P_y$$

die Gleichung des nominalen Volkseinkommens oder auch Quantitätsgleichung. Das ist eine Gleichung, die notwendig stets erfüllt ist wegen der zugrundegelegten Definitionen. Sie sagt gar nichts über Ursachen und Wirkungen aus: man kann ihr z. B. nicht entnehmen, daß bei zunehmender Geldmenge M_y auch das Preisniveau P_y steigen müsse, wie das die sog. (naive) *Quantitätstheorie* behauptet. Dieser direkte Kausalzusammenhang kann unter bestimmten Voraussetzungen gelten, er gilt aber nicht allgemein.

Entscheidend dafür, ob und wie die Geldmenge M_y, das reale Sozialprodukt Y_r und das Preisniveau P_y untereinander zusammenhängen (auch in dem Sinne, daß die Veränderung einer Größe *Ursache* für die Veränderung einer anderen Größe ist), ist offenbar die Umschlagshäufigkeit U_y. Diese Größe wird vor allem dadurch bestimmt, wie und wofür die Menschen Geld benutzen. Angenommen, das Geld würde lediglich zur Auszahlung von Gehältern und zum Kauf von Waren verwendet, also für *Transaktionszwecke,* dann ist der Geldbedarf M_y nur ein bestimmter konstanter Teil des nominalen Volkseinkommens Y_n (also der Summe aller Einkommen), d. h. die Umlaufgeschwindigkeit des Geldes U_y wäre dann konstant (unveränderlich). Wie wir noch sehen werden, ist das jedoch in der Wirklichkeit nicht erfüllt.

III. Stabilität und Vollbeschäftigung

Wir greifen mit diesem und den folgenden Kapiteln wieder das Problem der „effektiven Nachfrage" auf, also die Frage, ob die Gesamtnachfrage (die sich auf alle Güter bezieht) groß genug ist für das Gesamtangebot, und setzen unsere makroökonomischen (auf derartige „Gesamt"-Größen bezogene) Betrachtungen fort. Der Grund dafür ist einmal, daß nur dadurch bestimmte aktuelle wirtschaftspolitische Sorgen wie „Stabilität", *„Konjunkturschwankungen"*, „Inflation" usw. verständlich werden. Ein weiterer Grund, sich mit der Frage der „Stabilität" zu beschäftigen, ergibt sich daraus, daß Instabilität (Ungleichgewicht) eine der Erscheinungen ist, die gerade für kapitalistische Marktwirtschaften eigentümlich ist. In sozialistischen Ländern stellt sich das Problem der Konjunkturschwankung nicht bzw. zumindest nicht in der gleichen Art (mit den gleichen Folgen). Man muß also das Problem der Stabilität und der Stabilitätspolitik begreifen, um die Funktionsweise unseres Wirtschaftssystems zu verstehen, mehr noch: um zu sehen, warum bestimmte „Reformen", Änderungen der sozialen und politischen Verhältnisse usw. nicht „möglich" sind, weil sie nicht stabilitätsgerecht wären.

Es gibt natürlich immer Ökonomen, die die Meinung vertreten, daß es das Problem der Instabilität nicht gebe oder daß dieses zumindest nichts mit der Wirtschaftsordnung zu tun habe. Ob man so denkt oder nicht, hängt weitgehend damit zusammen, welche Art der Anpassung an das Ungleichgewicht seitens der Unternehmen und Haushalte für wahrscheinlich und zumutbar gehalten wird. Man kann dann zu dem Schluß kommen, daß alles reibungslos, also ohne Instabilität, funktionieren würde, wenn man Staatseingriffe, Monopolmacht der Unternehmen, Unsicherheiten im Geldsystem, Gewerkschaften usw. abschaffen würde. Diese Erkenntnis dürfte nicht sehr nützlich sein, solange die Gesellschaft auf diese Dinge nicht verzichten will. Vielmehr haben wir einen *institutionellen Rahmen* ins Auge zu fassen, der wahrscheinlich gerade diese Instabilitäten, Schwankungen und Unsicherheiten im Wirtschaftsprozeß erzeugt.

1. Stabilitätspolitik: das magische Viereck

Unter Stabilität versteht man, daß gleichzeitig in einem wünschenswerten Maße die folgenden vier Ziele erreicht werden:

1. Vollbeschäftigung (d. h. eine „Arbeitslosenquote" von 0,7 bis 1, 2 vH[39]);
2. Preisniveaustabilität (d. h. eine Zunahme des Preisindex des privaten Verbrauchs um 2,5 bis 3 vH);

3. außenwirtschaftliches Gleichgewicht (d. h. ein Anteil des Saldos des Waren- und Dienstleistungsverkehrs mit dem Ausland am Bruttosozialprodukt von 1,5 bis 2 vH);
4. angemessenes Wirtschaftswachstum (gemessen als jährliche prozentuale Zunahme des realen Sozialprodukts von 4 bis 4,5 vH).

Sind diese Ziele erreicht, so spricht man auch vom *gesamtwirtschaftlichen Gleichgewicht.* Das hängt nicht unmittelbar mit dem Gleichgewicht im Wirtschaftskreislauf (vgl. S. 61) zusammen und schon gar nicht mit dem „totalen Gleichgewicht" im Sinne des stationären Zustands (vgl. S. 36). Man kann jedoch davon ausgehen, daß das Nichterreichen eines oder mehrerer der vier Ziele darauf zurückzuführen ist, daß der Kreislauf nicht im Gleichgewicht ist, daß also die Gesamtnachfrage für das Gesamtangebot zu groß oder zu klein ist. Der erste Fall ist typisch für den Konjunktur*auf*schwung und ist meist mit inflationärer Preissteigerung verbunden, der zweite dagegen mit Konjunktur*ab*schwung und Arbeitslosigkeit. Die vier Ziele beziehen sich also auf die Konjunkturschwankungen, d. h. die angestrebte, gewünschte konjunkturelle Situation besteht darin, daß möglichst *alle vier* Ziele erreicht werden.

Wie jedoch schon der Hinweis auf die Inflation und Arbeitslosigkeit zeigt, dürfte dies schon fast ein „magisches" Kunststück sein, weshalb man auch vom „magischen Viereck" spricht. Denn in dem Maße, in dem man versucht, eines der Ziele besser zu verwirklichen, mißlingt meistens die Wahrung anderer Ziele. So zeigt z. B. die Erfahrung und auch die Theorie, daß es durchaus möglich ist, Arbeitslosigkeit zu bekämpfen, also vom Zustand der Unterbeschäftigung zu dem der Vollbeschäftigung zu gelangen, daß dies aber oft zu anhaltender, allgemeiner Preissteigerung führt, also zur *„Inflation"*.[40]

Weil die vier Ziele (bzw. in Abbildung 5 die drei wichtigsten) kaum alle gleichzeitig[41] im gewünschten Maße erreicht werden können, ist stets eine Abwägung nötig. Die öffentliche Meinung setzt dabei oft Prioritäten, die nicht gerechtfertigt bzw. nur historisch zu verstehen sind. So hat bei uns die Preisstabilität einen besonders hohen Rang, höher als in allen vergleichbaren Industrieländern, weil wir als einziges Land in der Vergangenheit zwei *Hyperinflationen* (galoppierende Inflationen) erlebt haben. Demgegenüber hat die Zeit des Nationalsozialismus den Eindruck entstehen lassen, daß Arbeitslosigkeit kein Problem darstelle, wenn nur ein starker Staat etwas dagegen unternimmt. Eine solche Bewertung der Ziele dürfte weder ihrer tatsächlichen Gefährdungsmöglichkeit noch den Interessen des größten Teils der Bevölkerung entsprechen. Es ist eine Eigentümlichkeit gesellschaftlicher Macht, daß sie es der Minderheit, die darüber verfügt, ermöglicht, ihre eigenen Interessen als diejenigen aller erscheinen zu lassen. Bei genauerem Hinsehen verrät auch der Text des § 1 des „Gesetzes zur Förderung der Stabilität und des Wachstums der Wirtschaft" *(Stabilitätsgesetz)*, daß nicht alles Erstrebenswerte mit gleich exakten Formulierungen bedacht wird:

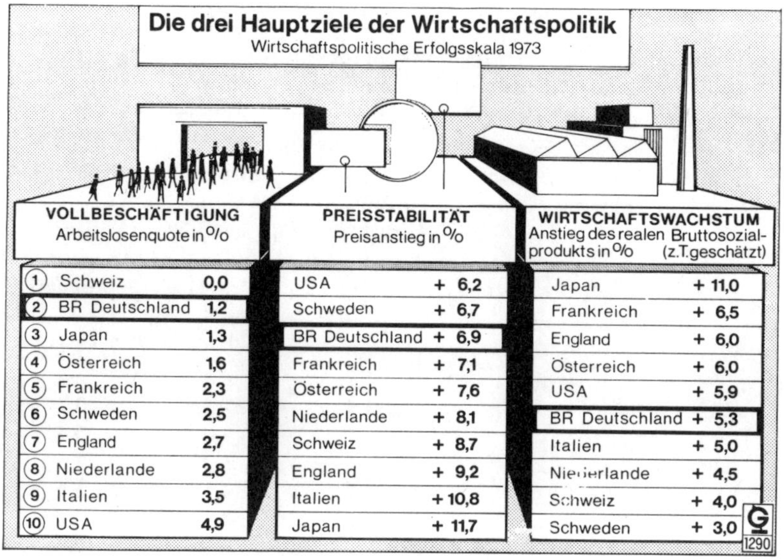

Abbildung 5

„Bund und Länder haben bei ihren wirtschafts- und finanzpolitischen Maßnahmen die Erfordernisse des gesamtwirtschaftlichen Gleichgewichts zu beachten. Die Maßnahmen sind so zu treffen, daß sie im Rahmen der marktwirtschaftlichen Ordnung gleichzeitig zur Stabilität des Preisniveaus, zu einem hohen Beschäftigungsstand und außenwirtschaftlichen Gleichgewicht bei stetigem und angemessenem Wirtschaftswachstum beitragen."

Die Ziele des magischen Vierecks werden nicht um ihrer selbst willen angestrebt. Dahinter stehen allgemeinere (finale) Ziele, deren Erreichung einer Gesellschaft erstrebenswert erscheinen (und deren Nichterreichung sie ernsthaft gefährden können), wie etwa: Wohlstand, Sicherheit, Freiheit, Gerechtigkeit usw. Inhalt und Bedeutung dieser Ziele sind für die verschiedenen gesellschaftlichen Gruppen recht unterschiedlich, weshalb auch die vier Ziele für sie nicht nur jeweils ein anderes Gewicht haben, sondern auch aus verschiedenen Motiven angestrebt werden.

Oft wird als fünftes Ziel auch die gerechte Einkommens- und Vermögensverteilung genannt. Abgesehen von Schwierigkeiten, hier „gerecht" zu interpretieren (vgl. Kap. VI), paßt es in der Tat nicht in das Stabilitätsgesetz hinein, weil dieses nur staatliche Stellen verpflichtet, während das Verteilungsproblem weitgehend eine Angelegenheit der autonomen Tarifpartner (Arbeitgeber und Gewerkschaften) ist. Wir kommen darauf noch zurück (vgl. S. 137). Diese Feststellung zum „Ziel" der gerechten Verteilung von Einkommen und Vermögen beschreibt nur die gegenwärtige rechtliche und soziale Ordnung in der Bundesrepublik. Sie besagt nicht, daß dieser Zustand gut oder schlecht ist

Tabelle 5. Die Ziele der Wirtschaftspolitik

Entwicklung des realen Bruttosozialprodukts, der Verbraucherpreise, der Arbeitslosenquote und des Außenbeitrags

Jahr	Veränderung des realen Bruttosozialprodukts gegenüber dem Vorjahr in vH	Veränderung des Preisindex für den Privaten Verbrauch gegenüber dem Vorjahr in vH	Arbeitslosenquote[2] in vH	Außenbeitrag[3] des realen Bruttosozialprodukts
1951	+ 10,4	+ 7,8	9,0	4,1
1952	+ 8,9	+ 1,7	8,4	3,4
1953	+ 8,2	— 1,5	7,5	3,7
1954	+ 7,4	+ 0,6	7,0	3,4
1955	+ 12,0	+ 1,5	5,2	2,6
1956	+ 7,3	+ 2,2	4,1	3,5
1957	+ 5,7	+ 2,5	3,4	4,1
1958	+ 3,7	+ 2,4	3,5	2,9
1959	+ 7,3	+ 1,1	2,4	2,0
1960	+ 9,0	+ 0,9	1,3	3,1
1961	+ 5,4	+ 3,2	0,9	2,3
1962	+ 4,0	+ 3,0	0,7	1,0
1963	+ 3,4	+ 2,7	0,9	1,2
1964	+ 6,7	+ 2,3	0,8	1,1
1965	+ 5,6	+ 3,2	0,7	— 0,1
1966	+ 2,9	+ 3,5	0,7	1,6
1967	— 0,2	+ 1,8	2,1	3,7
1968	+ 7,3	+ 1,9	1,5	3,7
1969	+ 8,2	+ 2,5	0,8	2,9
1970	+ 5,8	+ 3,5	0,7	1,5
1971	+ 3,0	+ 5,4	0,8	0,9
1972	+ 3,4	+ 5,4	1,1	0,8
1973	+ 5,8	+ 7,0	1,2	2,7
1974	+ 0,3[4]	+ 7,7[4]	2,4[4]	6,5[4]

[1] Bis 1959 Bundesgebiet ohne Saarland und Berlin, ab 1960 Bundesgebiet einschließlich Saarland und Berlin. - [2] Arbeitslose in vH der beschäftigten Arbeiter, Angestellten und Beamten sowie der Arbeitslosen nach den Meldungen der Arbeitsämter. – [3] Saldo des Waren- und Dienstleistungsverkehrs mit der übrigen Welt einschließlich der Erwerbs- und Vermögenseinkommen. – [4] vorläufige Ergebnisse.

Quelle: Hermann Adam: Bausteine der Volkswirtschaftslehre, 2. Aufl., Köln 1974, S. 30. Zahlen für 1973 vom Verfasser hinzugefügt und für 1971 und 1972 korrigiert (Quelle hierfür: Jahresgutachten 1974 des Sachverständigenrats, Tab. 14*, 20* und 30; z. T. eigene Schätzungen des Sachverständigenrats) ab 1971 vorläufige Ergebnisse.

und daß sich der Staat jeder Einflußnahme auf die Verhandlungen der Tarifpartner enthalten *sollte*. Man könnte im Gegenteil dazu sogar geltend machen, daß er zu einer aktiven Gestaltung der Verteilung berechtigt oder gar verpflichtet ist (etwa aus dem Prinzip des „Sozialstaats"), bzw. es sein sollte. Abgesehen von der Lohn- und Preispolitik ist ja schon seit langem der staatliche Einfluß zugunsten der Verteilungsgerechtigkeit in vielen Bereichen (z. B. sozialer Wohnungsbau) spürbar und als notwendig anerkannt.

Wie Tabelle 5 zeigt, ist Stabilität die Ausnahme, Instabilität die Regel. Bis 1960 war vor allem die Vollbeschäftigung nicht erreicht, später waren oft Wachstum oder Preisstabilität oder beides gefährdet. Ferner zeigt sich, daß typische Formen des Ungleichgewichts sich regelmäßig wiederholen. Für diese zyklische Entwicklung ist vor allem die Schwankung der Wachstumsrate des Sozialprodukts charakteristisch. Sie ist Ausdruck der *Konjunkturschwankung*, die an späterer Stelle noch genauer beschrieben wird (vgl. dazu unten S. 79).

Man könnte nun folgern, daß die Nichterreichung eines oder mehrerer Ziele nicht so schlimm sei, weil ein solcher Zustand ja stets nur vorrübergehend sei. Mit diesem Argument wird auch z. B. Arbeitslosigkeit als vergleichsweise weniger tragisch hingestellt (vgl. unten S. 84),als eine ständige Geldentwertung (schleichende Inflation). Diese Betrachtungsweise verkennt, daß Fehlentwicklungen sich gegenseitig verstärken können (d. h. sie wirken *kumulativ*) und daß es sehr lange dauern kann, bis sie „vorübergehen". So kann z. B. eine Fehleinschätzung der Nachfrage durch die Unternehmen dazu führen, daß die Produktion nicht abgesetzt werden kann. Sie muß dann für die Zukunft eingeschränkt werden, d. h. es kommt zu Kurzarbeit, Entlassungen usw. Dadurch fallen Lohneinkommen und damit auch wieder Nachfrage aus, so daß die Produktion erneut eingeschränkt werden muß usw. Natürlich hat dieser kumulative Prozeß *irgendwann* einmal ein Ende.

Das Bild vom Gleichgewicht gefällt den Ökonomen meist besser als das der kumulativen Verursachung („Teufelskreis"). Der Unterschied besteht nur darin, daß im einen Fall (Gleichgewicht) Kräfte und Gegenkräfte entgegengesetzt wirken, während sie im zweiten beide in der gleichen Richtung wirken. Bestimmte Erscheinungen, wie die Konjunkturzyklen, die Unternehmenskonzentration und die soziale Ungleichheit, unser „Umweltproblem" oder die Lage der Entwicklungsländer weisen darauf hin, daß kumulative Prozesse gar nicht so selten auftreten und auch über längere Zeit am Wirken sein können. Daraus folgt, daß durch staatliche Aktivität auf den Konjunkturablauf Einfluß genommen werden kann und muß *(Stabilitätspolitik)*. Diese Politik wird bei uns nach dem bereits erwähnten Konzept der *Globalsteuerung* betrieben. Wie das im einzelnen geschehen kann, soll in den folgenden Abschnitten behandelt werden. Danach ist es die Pflicht des Staates, geleitet von den Zielen des magischen Vierecks, auf die effektive Nachfrage einzuwirken. Das geschieht vor allem durch den Staatshaushalt (Fiskalpolitik), durch staatliche Einflußnahme auf private Konsum- und Investitionsausgaben und durch Steuerung finanzieller Ströme mit der Geldpolitik der Deutschen Bundesbank.

Betrachten wir nun die Ziele im einzelnen. Dabei ist es zunächst wichtig zu sehen, wie die Erreichung der Ziele gemessen wird, denn bei ungeeigneter Messung besteht die Gefahr, daß man dort Erfolge zu erkennen glaubt, wo es eigentlich schon gar keine mehr sind (das gilt vor allem für das Wachstum) oder wo die Schäden nur verschwiegen werden.

2. *Was heißt „Vollbeschäftigung"?*

Es ist etwas einfacher zu sagen, was Unterbeschäftigung als was Vollbeschäftigung ist. In der Volkswirtschaftslehre kann man oft in dieser Weise eher etwas negativ statt positiv definieren: So kann z. B. kaum jemand sagen, wann Wettbewerb herrscht, eher dagegen – wenngleich auch das schwierig ist – wann Wettbewerbsbeschränkung, Marktmacht usw. vorliegt. Im Alltagsgebrauch ist mit Unterbeschäftigung in einer Wirtschaft meist *Arbeitslosigkeit* gemeint, und man betrachtet zu diesem Zweck die Zahl der Arbeitslosen, bzw. die *Arbeitslosenquote* (vgl. S. 65), d. h. den Anteil der bei den Arbeitsämtern registrierten Arbeitslosen an den abhängigen (Arbeiter, Angestellte, Beamte) Erwerbspersonen (Personen, die normalerweise erwerbstätig sind, also nicht Hausfrauen, Rentner, Schüler und Studenten). Arbeitslosigkeit heißt, daß ein Überangebot auf dem „Arbeitsmarkt" besteht. Ein gefährlicher Irrtum, der nun entstehen kann, ist es – wie wir bereits (S. 37) feststellten – zu meinen, daß man nun am besten die mangelhafte Nachfrage, also das Überangebot, dadurch beseitigt, daß man für die *Gesamt*wirtschaft den Preis senkt, so wie es ja die „Logik" des Marktmechanismus verlangen würde.

Weder was ihre Ursachen noch was ihre Auswirkungen betrifft, ist die Arbeitslosigkeit eine einheitliche Erscheinung. Ein gewisses Maß an Arbeitslosigkeit wird es immer geben, schon deswegen, weil nicht jeder arbeitswillig und arbeitsfähig ist. Man kann dies als *unechte* Arbeitslosigkeit ansehen und nur dann von Arbeitslosigkeit sprechen, wenn jemand, obgleich er bereit ist zu arbeiten, keinen Arbeitsplatz findet. Es gibt dann Formen der Arbeitslosigkeit, die ihrer Natur nach vorübergehend sind wie die *saisonale* und die *friktionelle* Arbeitslosigkeit, wobei letztere durch Umstellungen innerhalb des Produktionsapparates (z. B. ein Betrieb „macht Pleite") und Fehlanpassungen entstehen. Man sieht hieran auch, daß es Arbeitslosigkeit, zumindest dieser Art, gar nicht geben dürfte, wenn die Arbeitskräfte räumlich und beruflich usw. vollkommen mobil wären und es ihnen z. B. nicht schwer fiele, ihren derzeitigen Wohnort zu verlassen oder sich umschulen zu lassen. Das ist keine unechte, sondern eine friktionelle Arbeitslosigkeit, denn der Arbeits*wille* fehlt nicht (es sei denn, man würde meinen, wer nicht bereit ist, umzuziehen, einen neuen Beruf zu erlernen usw., ist nicht ernsthaft arbeitswillig). Aber auch eine

Arbeitskraft (wie die lehrbuchmäßige), die jederzeit und überall mit einer vermarktungsfähigen Qualifikation auftreten kann, wenn dies nur gewünscht wird, kann z. B. aus *konjunkturellen* Gründen (eigentlich: weil zu wenig investiert worden ist) keinen Arbeitsplatz finden.

Das alles war bis zur Weltwirtschaftskrise wohlbekannt und oft genug durchgemacht worden. Neu war nun in der Weltwirtschaftskrise nicht nur, daß die Arbeitslosigkeit besonders große Ausmaße annahm und eine weltweite gleichzeitige Erscheinung war, sondern, daß sie offenbar auch von einem anderen Typ war: nämlich dem der *strukturellen* Arbeitslosigkeit. Man spricht von struktureller Arbeitslosigkeit, wenn es sich um Umstrukturierungen der gesamten Volkswirtschaft, nicht nur einzelner Wirtschaftszweige, Regionen usw. handelt, insbesondere umfassende Rationalisierungen, Kriegsfolgen, Flüchtlingsprobleme usw., was dazu führt, daß man nicht darauf warten kann, bis der gleiche oder ein ähnlicher Arbeitsplatz wieder besetzt werden kann, sondern, daß man völlig neue Arbeitsplätze schaffen muß. Strukturelle Arbeitslosigkeit bleibt auch in der Phase einer Hochkonjunktur. Man hatte das z. B. in den USA erlebt, wo zwischen Korea- und Vietnamkrieg niemand mit den recht einseitig ausgebildeten Soldaten, insbesondere den Schwarzen unter ihnen, etwas anzufangen wußte.

Nun ist diese Sicht des Arbeitslosenproblems noch keineswegs befriedigend. Danach wäre auch die strukturelle Arbeitslosigkeit nur ein Anpassungsproblem, das vielleicht „lediglich" etwas mehr Zeit verlangte. Die Weltwirtschaftskrise förderte das Bewußtsein, daß Unterbeschäftigung nicht nur eine periodische, sondern zumindest zum Teil eine *chronische* Erscheinung sein kann, die *systembedingt* ist, die in einem Wirtschaftssystem begründet ist, in welchem die Beschäftigung von Arbeitskräften eher ein Nebenprodukt als ein Ziel ist: Arbeitslosigkeit muß nicht sein, sobald eine zentrale staatliche Stelle genügend wirtschaftliche Macht hat, um Arbeitsplätze zu schaffen, sei dies direkt, indem sie selbst als Arbeitgeber fungiert, sei es indirekt, indem sie durch vermehrte Güternachfrage eine entsprechende Expansion des privaten Bereichs veranlaßt.

Bevor wir dies im einzelnen betrachten, werfen wir noch einen Blick auf die Art, Arbeitslosigkeit statistisch zu erfassen (die neben dem Glauben, man habe die Vollbeschäftigung aufgrund der nach der Weltwirtschaftskrise neu gewonnenen Erkenntnisse jederzeit im Griff, nicht unwesentlich dazu beiträgt, das Problem der Unterbeschäftigung im Bewußtsein der Bevölkerung zu verharmlosen).

Unsere Arbeitslosenzahlen stammen aus der Statistik der Arbeitsvermittlung, wie sie durch die Arbeitsämter durchgeführt wird. Wer zum Arbeitsamt geht, um sich dort innerhalb der nächsten drei Monate in ein Beschäftigungsverhältnis vermitteln zu lassen, zählt als *Arbeitssuchender.* Ein Teil dieser Arbeitssuchenden (wozu auch Ausländer gehören können) zählt als arbeitsloser Arbeitssuchender oder kurz als *Arbeitsloser.* Bei uns ist niemand gezwungen, zum Arbeitsamt zu gehen, wenn er eine Stelle sucht. Von einem Großteil der Stellenwechsel erfährt das Arbeitsamt überhaupt nichts, weil der Arbeitnehmer in der Zeitung ein Stellengesuch aufgegeben hat oder durch Freunde, Bekannte oder auf andere Art recht schnell einen Arbeitsplatz gefunden hat. Es bleiben also offenbar nur die schwieriger zu vermittelnden Fälle in der Statistik, wobei dann zu fragen ist, ob mit der Definition tatsächlich *nur* solche Personen gezählt werden, die wirklich arbeitsfähig und arbeitswillig, aber unfreiwillig arbeitslos sind (alle anderen Fälle sind ja Fälle unechter Arbeitslosigkeit).

Nun gibt es Leute, die meinen, nicht die Anzahl der Arbeitslosen sei das Maß der Unterbeschäftigung, sondern die Differenz oder das Verhältnis zwischen dieser und der Zahl der *offenen Stellen.* Zur „Logik“, die dahinter steht, folgender Fall: Ein (ehemaliger) Bäckerlehrling, der in München „stempeln geht“, ist deswegen „an sich“ kein Arbeitsloser, weil man zur gleichen Zeit in Hamburg einen Automechaniker sucht. Aber abgesehen davon ist zu beachten, daß die Statistik der offenen Stellen noch viel weniger die Nachfrage am Arbeitsmarkt korrekt mißt, wie es vielleicht die Arbeitslosenstatistik hinsichtlich des Angebotes am Arbeitsmarkt vermag. Wenn Stellen knapp sind (für die Arbeitnehmer), ist die Zahl zu niedrig, wenn sie dagegen reichlich sind, ist sie zu groß. Genau umgekehrt dürfte es sich mit der Arbeitslosenzahl verhalten. Wenn einem also daran gelegen ist, die Schwankungen des Beschäftigungsniveaus etwas ausgeglichener erscheinen zu lassen, als sie in Wirklichkeit sein dürften, wäre die Gegenüberstellung von Arbeitslosen und offenen Stellen wohl genau das Gegebene. Die beiden Zahlen entwickeln sich, abgesehen von ihrem wohl kaum zu beseitigenden Fehler, ohnehin gegenläufig. Gäbe es gleichzeitig viele Arbeitslose und viele offene Stellen, so wäre dies auch ein schlimmes Zeichen für die Qualifikationsstruktur der Bevölkerung (und damit die früher einmal betriebene Bildungspolitik), oder deren Mobilität, für die Wendigkeit des Managements und andere (vermeidbare) Umstände.

Der wahre Sachverhalt der Unterbeschäftigung ist aber auch mit der Arbeitslosenquote nicht zutreffend beschrieben, denn:

1. das *Beschäftigungsvolumen* schwankt stärker als die Arbeitslosenquote und
2. Unterbeschäftigung betrifft alle zur Produktion heranzuziehenden Produktionsfaktoren, nicht nur die Arbeitskraft, obgleich wegen ihrer untrennbaren Verbindung mit der arbeitenden Person, die unvollständige Nutzung der Arbeitskraft die bedeutsamste und sozial und politisch folgenreichste Form der Unterbeschäftigung ist. Entscheidend ist, daß weniger produziert wird, als an sich (bei der gegebenen Technik und Ausstattung mit Produktivkräften aller Art) produziert werden könnte.

Wir hatten z. B. in der BRD 1967 eine Arbeitslosenquote von etwa 2,5 vH, was etwa 459000 Personen waren (auch damals gab es immerhin noch

300 000 offene Stellen). Der Sachverständigenrat[41] weist aber darauf hin, daß in diesem *bis damals* schärfsten Konjunkturrückgang (1966–1968) der BRD die wahre Beschäftigungseinbuße wesentlich größer war, wenn man berücksichtigt, daß wir 1967 etwa 200 000 „Gastarbeiter" weniger hatten als 1966, viele Personen früher, als ursprünglich beabsichtigt, aus dem Erwerbsleben ausschieden bzw. die jüngeren Personen erst später eintraten, daß ferner viele auf Arbeitsplätze gelangten, für die sie eigentlich von ihrer Ausbildung her überqualifiziert waren (man nennt solche Erscheinungen *verdeckte Arbeitslosigkeit*), und daß in vielen Betrieben Kurzarbeit war.

Worauf es wirtschaftlich gesehen ankommt, ist, ob die bei gegebener Ausstattung einer Volkswirtschaft mit Arbeit und Kapital an sich mögliche Produktionsleitung, das sog. *Produktionspotential,* erreicht wird oder nicht. Unterbeschäftigung besagt, daß das Produktionspotential nicht voll ausgelastet ist. 1967, als das Bruttoinlandsprodukt zu jeweiligen Preisen immerhin noch um 4,8 Mrd. DM stieg (dasjenige zu konstanten Preisen aber um 20 Mill. DM zurückging) ist uns, gemessen am potentiellen Volkseinkommen – wie der Sachverständigenrat es nannte – ein „Streitwert von 7 bis 10 Mrd. DM" verlorengegangen, und zwar – wegen der deshalb unterlassenen Investitionen – für *immer* verlorengegangen.[42]

3. Warum staatliche Vollbeschäftigungspolitik?

Die Bemerkung mit dem „Streitwert" sollte nicht den Eindruck erwecken, als ginge es nur um „rein wirtschaftliche", kommerzielle Dinge, wenn verlangt wird, daß der Staat im Rahmen der Stabilitätspolitik für Vollbeschäftigung zu sorgen habe. Vielleicht noch wichtiger sind politische und moralische Gründe: Einmal ist zu befürchten, daß Arbeitslosigkeit zu politischen Unruhen führt und, wie man aus Erfahrung weiß, zur Radikalisierung der Massen, und zum anderen gilt es den demoralisierenden, jede Menschenwürde verletzenden Zustand zu vermeiden, in dem ein Arbeitnehmer für jede Art von Arbeit unterwürfig dankbar sein muß, und sei es auch die schäbigste, weil es um seine Existenz geht. Von Ökonomen werden solche Aspekte meist einfach als nicht im engeren Sinne zur Wirtschaftswissenschaft gehörende Probleme vom Tisch gekehrt.

Die Systemkritiker haben stets die Auffassung vertreten, daß der Kapitalismus über periodisch wiederkehrende, sich verschärfende Wirtschaftskrisen zusammenbrechen werde. Bei jeder Krise kann deshalb diese Systemkritik eine Basis in der Bevölkerung finden. Aus diesem Grunde war jede Wirtschaftspolitik willkommen, die eine Beherrschung des Konjunkturzyklus bei weitgehender Wahrung der marktwirtschaftlichen Ordnung und des Privateigentums an Produktionsmitteln versprach.

Das ist die im wesentlichen auf die „Beschäftigungstheorie" von Keynes fußende *Stabilisierungspolitik,* die heutzutage überall betrieben wird. Sie zeigte in den Jahren der Aufrüstung zum Zweiten Weltkrieg ihre ersten Früchte und überzeugte dann sogar mehr und mehr die Wirtschaftstheoretiker. Sie beruht auf:

„. . . der Idee, die dem gesunden Menschenverstand schon immer einsichtig gewesen war: daß in einer Marktwirtschaft, wenn Arbeitskräfte und Produktionskapazität nicht ausgelastet sind, eine Erhöhung der Ausgaben in Form von Geld auch den Ausstoß von Gütern erhöht. Warum brauchte man eine Theorie, um etwas so Handgreifliches zu beweisen, und weshalb war eine lange und heftige Auseinandersetzung nötig, ehe sie sich durchsetzte? Wie kam es, daß die gegenteilige Ansicht, die nicht nur im Gegensatz zum gesunden Menschenverstand stand, sondern auch überhaupt keinen Bezug zur Wirklichkeit hatte, Einfluß und Macht einer festgefügten Orthodoxie hatte annehmen können? Wenn wir die Antwort wüßten, würden wir den Mechanismus begreifen, durch den eine Gesellschaft sich mit der Ideologie versorgt, die sie braucht.“[43]

Die gegenteilige Ansicht, um die es hier geht, war die Doktrin des laissez-faire und die diese stützende neoklassische Theorie. Das Zitat betrifft natürlich größtenteils Historie, denn die Lehre von Keynes ist inzwischen selbst schon Teil der Orthodoxie geworden. Aber es zeigt doch, wie schmerzlich die Geburt eines Wirtschaftssystems war, in dem trotz des Marktmechanismus der sogenannten antizyklischen Finanzpolitik des Staates und sogar Anfängen einer staatlichen Prognose- und Planungsaktivität ein Platz eingeräumt werden mußte.

4. *Einführung in die Beschäftigungstheorie*

Wir haben bereits gesehen, daß es der Neoklassik zufolge keine dauerhafte Arbeitslosigkeit geben darf. Diese Theorie macht dazu vor allem zwei Mechanismen verantwortlich, den *Lohnmechanismus* und den Zinsmechanismus. Auf den Lohnmechanismus sind wir bereits eingegangen (siehe oben S. 37). Der *Zinsmechanismus* sollte erklären, warum Sparen und Investieren stets im Gleichgewicht sind, also keine unfreiwilligen Ersparnisse oder Investitionen auftreten, d. h. stets genauso viel effektiv gespart und investiert wird, wie dies von den Wirtschaftssubjekten beabsichtigt war. So wie der Lohnmechanismus über den Preis „Lohn“ das Gleichgewicht auf dem Arbeitsmarkt garantiert, so der Zinsmechanismus über den Zins auf dem Kapitalmarkt. Wir haben uns wieder das gleiche Schema wie in Abb. 2 zu denken, nur daß jetzt als Angebot das Sparen fungiert (man spart umso mehr, je höher der Zins ist) und als Nachfrage die Investition (umso mehr, je niedriger der Zins ist).

Die Sache hat bloß zwei Haken: Einmal ist zu fragen, ob sich wirklich Sparer und Investor in bezug auf den Zins so verhalten, wie das soeben vorausgesetzt wurde, und zum zweiten, ob man, auch wenn das der Fall wäre, solche Aussagen so unbesehen vom einzelnen Haushalt (Sparer) und Unternehmer (Investor) auf gesamtwirtschaftliche Zusammenhänge übertragen darf. Betrachten wir zunächst die erste Frage. Was die Investoren betrifft, also Unternehmen, so ist unsere Kenntnis des Investitionsverhaltens immer noch recht unbefriedigend. Es ist sicher von Wirtschaftszeig zu Wirtschaftszweig sehr verschieden. Nur in wenigen Bereichen dürfte der Zins eine entscheidende Rolle spielen, etwa beim Wohnungsbau oder bei sehr kapitalintensiven (wo also pro Arbeitskraft relativ viel Kapital eingesetzt wird) Zweigen, wie etwa Kraftwerken. Im allgemeinen sind der gegenwärtige Output, die Ertrags- und Gewinnerwartungen sowie der bereits bestehende Kapitalbestand mindestens ebenso wichtig wie der Zins.

Auch das Sparen ist nicht notwendig in der angegebenen Weise zinsabhängig, es sei denn, man spart um des Zinsertrags willen. Es gibt aber neben diesem „Ertragssparer" ganz andere Verhaltensweisen. Beim Anschaffungssparer z. B., der für einen bestimmten Kauf Geld bei einer Bank oder Sparkasse „anspart", könnte genau das Gegenteil gelten: Je höher der Zins, desto weniger muß er sparen, um zu seiner Anschaffung zu kommen. Oder der „Notgroschensparer" legt einfach ganz regelmäßig jeden Monat einen bestimmten Betrag zur Seite, egal wie hoch der Zins ist, einfach für seine Sicherheit oder was er dafür hält.

Für die Kreislaufbetrachtung (effektive Nachfrage!) ist der soweit gebrauchte Sparbegriff als freiwilliges Kontensparen bei einer Bank auch viel zu eng. Wir haben *Sparen als Nichtkonsum* definiert. Das umfaßt auch das Horten, also das Anlegen des berühmten Sparstrumpfs, wo jemand Geld nicht zur Bank trägt oder direkt investiert und deshalb auch keine Zinsen erhält. In jedem Falle fällt Nachfrage aus. Es gilt also, wie wir bereits festgestellt haben (S. 61): Ist das Sparen (S) größer als das Investieren (I), so fällt ein Teil der Gesamtnachfrage aus, das Sozialprodukt wird sich also, wenn sich das Angebot entsprechend anpaßt, verringern. Ist dagegen I größer als S, so haben wir zusätzliche Nachfrage im Kreislauf, und das Sozialprodukt wird steigen. Sparen wirkt also tendenziell kontraktiv, Investieren dagegen expansiv (den Kreislauf ausweitend).

In einer Geldwirtschaft können beide Fälle leicht eintreten: $S > I$ entsteht durch *Geldhorte* und $I > S$ kann durch *Geldschöpfung* auftreten. In einer Naturaltauschwirtschaft wäre das natürlich nicht möglich, weshalb dort auch – wie wir gesehen haben – das Saysche Theorem gilt.

Man mag sich nun fragen, was das alles noch mit dem Thema „Arbeitslosigkeit" zu tun hat. Nun, es geht hier um Sparen und Investieren und die Wirkungen der Gesamtnachfrage auf das Sozialprodukt oder Volkseinkommen. Es geht um die Bestimmungsgründe des Volkseinkommens, und das sind die gleichen wie diejenigen der Beschäftigung, des Beschäftigungsvolumens. Denn Anteil am Volkseinkommen, der Summe der Erwerbs- und Vermögenseinkommen, erhält nur, wer einen Arbeitsplatz (Erwerbseinkommen!) hat, bzw. wer Kapital (Vermögenseinkommen!) beschäftigt (oder beschäftigen läßt). Sieht man vom letzteren ab, also von den Vermögens- oder Besitzeinkommen, so gilt einfach: das Volkseinkommen ist die Summe der Löhne und Gehälter. Man könnte auch sagen, es beträgt X Arbeitsstunden, statt, wie es üblich ist, Y DM. Steigt das Volkseinkommen, so ist das – abgesehen von Preis- und damit auch Lohnerhöhungen – gleichbedeutend damit, daß die Beschäftigung steigt. Also kann eine Volkswirtschaft den Beschäftigungsgrad dadurch erhöhen, daß sie mehr investiert, als sie spart.

Nun bleibt noch die Frage, ob und warum Unterbeschäftigung in einer sich selbst überlassenen Marktwirtschaft eine systembedingte Erscheinung sein kann. Keynes zeigte, daß es in einer solchen Wirtschaft zum *Gleichgewicht bei Unterbeschäftigung* kommen kann. Obgleich dieses Ergebnis heute weitgehend akzeptiert wird, ist die Art, wie Keynes dies begründete, nicht unbestritten. Wir wollen deshalb nur sehr kurz darauf eingehen.

Wichtigste Bausteine seiner Theorie sind drei oft kritisierte und belächelte „psychologische Gesetze“:

1. Der Konsum (C) hängt von Einkommen (Y) ab und zwar so, daß stets ein gewisser Prozentsatz des Einkommens konsumiert wird, aber mit zunehmendem Einkommen ein geringer werdender.

Der Zusammenhang zwischen (privatem) Konsum und Einkommen wird meist mit der *Konsumfunktion* beschrieben. Abbildung 6 zeigt eine Schätzung dieser Funktion für die BRD aufgrund statistischer Daten (die eingezeichneten Punkte) der Jahre 1964 bis 1970. Als Konsumfunktion wurde dort eine Gerade angenommen. Sie zeigt, wie hoch jeweils bei einem bestimmten Wert des Volkseinkommens[44] Y der Konsum C ist, also (wie der Abbildung zu entnehmen ist): für Y = 100 Mrd DM ist C etwa 90 Mrd DM, für ein Y von 300 Mrd DM (also Y = 300) ist C etwa 210 usw.

Angenommen das Volkseinkommen Y steige um einen bestimmten Betrag, den wir ΔY nennen wollen, dann steigt auch, wie an der Geraden in Abbildung 6 abzulesen ist, der Konsum um einen bestimmten Betrag, den wir mit ΔC bezeichnen. Wenn Y beispielsweise von 300 auf 400 Mrd DM ansteigt (also $\Delta Y = 100$), dann nimmt auch der Konsum zu, von (was man in dieser Genauigkeit aus der Zeichnung nicht so leicht ersehen kann) 209,7 zu 268,4 Mrd DM, also um $\Delta C = 268{,}4 - 209{,}7 = 58{,}7$. Das Verhältnis $\frac{\Delta C}{\Delta Y}$ heißt *marginale Konsumquote*, ist konstant (an allen Punkten der Geraden gleich groß) und beträgt 0,587. Wir wollen diese Größe in Zukunft b nennen (also b = 0,587).

Natürlich hängt der Konsum nicht allein vom Volkseinkommen ab, sondern auch vom Preisniveau, von der Verteilung des Volkseinkommens oder statt vom Volkseinkommen von anderen Einkommenskategorien, wie z. B. dem verfügbaren oder permanenten Einkommen (das durchschnittliche Einkommen der letzten Jahre), den Einkommenserwartungen usw.

2. Bei den Investitionen können wir der Einfachheit halber davon ausgehen, daß sie *autonom* (nicht beeinflußt von anderen Größen) sind, also einmalig

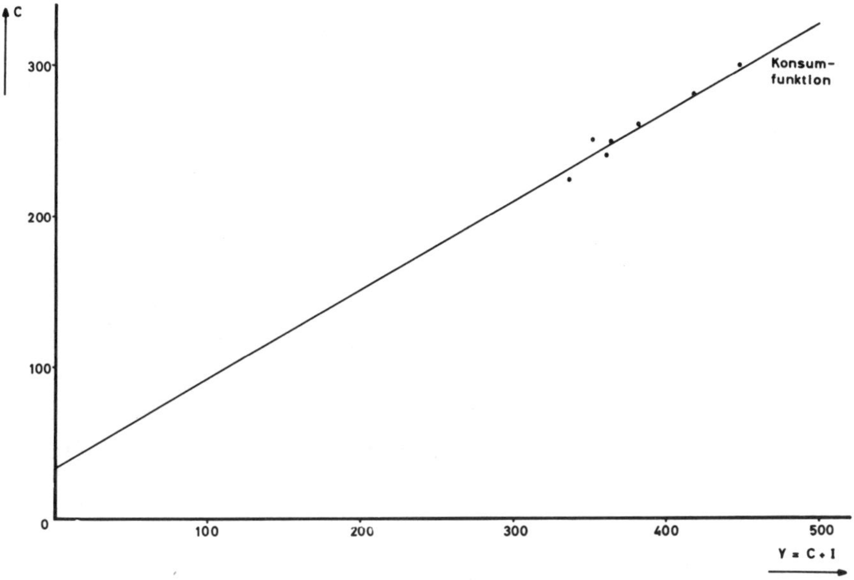

Abbildung 6. Schätzung der Konsumfunktion für die BRD

oder mehrere Jahre nacheinander jeweils ein bestimmter Betrag (den wir mit der Größe I bezeichnen wollen) für Investitionen ausgegeben wird. Das Gegenstück zu „autonom" ist in der Volkswirtschaftslehre stets „induziert": Die Investitionen können z. B. von der Höhe oder der Zunahme des Einkommens induziert (abhängig, hervorgerufen) sein, oder sie sind zinsabhängig (-induziert). Keynes nahm folgendes Investitionsverhalten an: die Unternehmen vergleichen die Ertragsfähigkeit (Grenzleistungsfähigkeit) des Kapitals mit dem Zinssatz, also praktisch Ertrag und Aufwand einer Investition. Dabei nimmt die Ertragsfähigkeit mit zunehmendem Wohlstand ab (die erste Eisenbahnlinie zwischen London und Glasgow bringt mehr ein als die zehnte zwischen den gleichen Städten), so daß der Zins in einer reichen Volkswirtschaft immer weiter sinken müßte (theoretisch sogar negativ werden müßte), damit der Investitionsanreiz erhalten bleibt. Das ist aber nicht möglich, denn

3. der Zinssatz wird bestimmt durch das Zusammenspiel zwischen Geldangebot und Geldnachfrage, und zwar so, daß eine Vermehrung der Geldmenge (nicht wie das sonst beim Angebot anderer Güter der Fall ist) den Preis, also den Zins, nicht beliebig herunterdrücken kann.

So kommt Keynes zu dem zunächst paradox erscheinenden Ergebnis:[45] Bei allen anderen Waren, außer dem Geld, würden die sich selbst überlassenen Marktprozesse dazu führen, daß der Preis soweit sinkt, daß das Gleichgewicht bei Vollbeschäftigung entsteht. Weil aber der Geldbesitz unter anderem ein gewisses Sicherheitsbedürfnis[46] befriedigt, kann man durch Geldvermehrung den Zinssatz nicht genügend senken, um die Investitionen zu vergrößern (der Anreiz zum Investieren läßt ja wegen der abnehmenden Ertragsfähigkeit nach). Andererseits steigen die Ersparnisse mit wachsendem Einkommen. Alles deutet also darauf hin, daß zumindest in einer entwickelten Marktwirtschaft nicht das erforderliche Maß an Investitionen erzielt werden kann, das notwendig ist, um den Nachfrageausfall durch Sparen zu kompensieren.

Somit kann es durchaus dauerhaft zu Unterbeschäftigung kommen. Das ist in unserem Modell die Situation, daß die freiwilligen Ersparnisse größer sind als die geplanten Investitionen. Man kann sie nicht beseitigen, indem man versucht, durch Erhöhung der Geldmenge (des Geldangebots) den Zins zu senken. Wir kommen darauf zurück, wenn wir den Mechanismus besprechen, mit dem eine Volkswirtschaft mit Geld versorgt wird (S. 98). Es wird dann auch deutlich, daß durch Erhöhung der Investitionen die Geldmenge steigt, nicht aber umgekehrt mehr Geld auch zu mehr Investitionsausgaben führt.[47] Das zusätzliche Geld gelangt nämlich in irgendwelche Kassen und *bleibt* dort, weil man nicht den Mut hat, es auszugeben. Denn in einer *Depression,* d. h. bei Unterbeschäftigung und allgemein pessimistischen Erwartungen will niemand investieren. Die Gewinnchancen sind gering.

Es müßte nun in dieser Situation jemand investieren und damit die Lücke zwischen Investitionen und Ersparnissen (die *deflatorische Lücke*) schließen, für den die Gewinnerwartungen keine so große Rolle spielen. Das ist für Keynes der Staat. Die Hauptsache ist, daß jemand bereit ist, zu investieren (oder allgemeiner: Geld auszugeben), denn das stellt Nachfrage dar, regt die Produktion an und schafft damit Einkommen, Konsum und Ersparnisse. Die Investitionen schaffen sich also die erforderlichen Ersparnisse selbst, nicht umgekehrt.

Fassen wir zusammen: Unterbeschäftigung bedeutet, daß die Investitionen in Anbetracht des Sparens (Nachfrageausfalls) zu gering sind. Man kann nicht durch Zinssenkung abhelfen. Wegen pessimistischer Erwartungen will niemand investieren, und es besteht die Gefahr, daß sich die Einflüsse gegenseitig verstärken, d. h. der Prozeß *kumulativ* wirkt, Nachfrage, Einkommen und Beschäftigung sich also unaufhaltsam nach unten bewegen. Damit das nicht passiert, muß der Staat die Nachfragelücke ausfüllen; er muß, wie man auch sagt, als *„Ersatznachfrager“* (das Wort „Ersatz“ in diesem Zusammenhang steht für ein Programm und ist nicht zufällig gewählt worden) auftreten.

Das alles mag manchem als Verwilderung volkswirtschaftlichen Denkens erscheinen. Hier war nicht mehr die Rede von Preisrelationen, von optimaler Allokation usw., und es wurde nur mit ganz globalen Größen, makroökonomisch argumentiert. Besonders ärgerlich erscheint auch die neue Sicht des Sparens, was hiernach keineswegs etwas Gutes ist, und der Sparer gar nicht mehr Umfang und Richtung der Kapitalbildung (Investition) bestimmt. Wenn das richtig ist, erscheint auch ein Hauptargument für die Ungleichheit der Einkommensverteilung in einem anderen Licht: das Argument, daß zur Kapitalbildung stets eine kleine wohlhabende Schicht notwendig ist, die mehr verdient (und deshalb auch sparen kann), als die bloß konsumierende Masse.

5. Der Konjunkturzyklus: Schwankungen der Gesamtnachfrage

Wir haben bereits oft von der Konjunkturschwankung gesprochen, ohne diese genauer zu definieren. Weil der Begriff sehr allgemein ist, läßt er sich auch schwer exakt fassen. Man versteht darunter ein periodisches (wiederkehrendes) oder zyklisches (d. h. regelmäßig wiederkehrendes) Auf und Ab der wirtschaftlichen Aktivität im weitesten Sinne, also hinsichtlich Produktion, Einkommen, Beschäftigung usw. Das ist soweit noch recht grob bezeichnet, und auch die „Erklärung" dieses Mechanismus, wie wir sie abgeben[48] wollen, ist recht pauschal. Es ist aber die fundamentale Vorstellung, von der man im allgemeinen ausgeht.

Sie lautet: Die Schwankungen bestehen darin, daß die monetäre Gesamtnachfrage im Verhältnis zum realen (gütermäßigen) Gesamtangebot zu groß oder zu klein ist. Übersteigt die Gesamtnachfrage das Gesamtangebot, so haben wir es mit einem Konjunktur*aufschwung* zu tun. Diese Konstellation legt es nahe, daß nun verstärkt produziert wird, wodurch dann Umsätze, Beschäftigung, Einkommen und auch die Preise steigen. Die umgekehrte Situation ist der Konjunktur*abschwung,* wobei die Gesamtnachfrage so gering ist, daß die Produktion stagniert oder gar eingeschränkt wird und Unterbeschäftigung droht. Das *Gesamtangebot* ist das bereits erwähnte „Produktionspotential". Es ist kurzfristig als konstant anzunehmen. Das längerfristige Problem der Zunahme des Produktionspotentials gehört nicht zum Konjunktur-, sondern zum Wachstumsphänomen. Somit geht es, kurzfristig, nur darum, Umfang und Struktur der Gesamtnachfrage an das Angebot anzupassen. Die *Gesamtnachfrage* (effektive Nachfrage) besteht aus den gesamten geplanten Ausgaben für die in einer Volkswirtschaft produzierten Güter und Dienstleistungen, d. h. aus:

- Konsumausgaben (private und staatliche),
- Investitionen (private und staatliche),
- Außenbeitrag (Export minus Import),

also den Komponenten der „Verwendung des Sozialprodukts" (S. 58). Auf diese Komponenten mit staatlichen Maßnahmen einzuwirken ist das Ziel der *Globalsteuerung („demand management")*.

Das ist eigentlich schon alles. Bevor wir diese Betrachtung vertiefen und daraus Konsequenzen für die Wirtschaftspolitik ziehen, wollen wir versuchen, die Konjunkturschwankungen in der BRD darzustellen.

Die oben gegebene allgemeine Definition der „Konjunktur" hilft wenig bei der Frage, welche Statistik zur Messung der Konjunkturbewegung (vorrangig) herangezogen werden sollte. Es kommt ja auf das Zusammenwirken vieler

Faktoren (was mit dem Wort „Konjunktur" gemeint ist) an. Soll man sich nun die Entwicklung des Sozialprodukts, der Investitionen, der Verbrauchsausgaben, der Arbeitslosenquote, des Geldvolumens, bestimmter Preisindices, der Exporte, der Auftragseingänge ansehen? Soll man die einzelnen Zahlenreihen jede für sich betrachten, oder kann man sie alle zu einer Gesamtgröße, etwa einem „Konjunkturindikator", zusammenfassen? Letzteres wurde immer wieder versucht; in neuerer Zeit auch durch den Sachverständigenrat[49] mit seinem Gesamtindikator zur Konjunkturdiagnose (siehe Abb. 7). Dieser zwischen den Werten 1 und 4 schwankende Indikator soll anzeigen, in welchem Bereich des Konjunkturzyklus (z. B. an der „unteren Gefahrenschwelle" der Arbeitslosigkeit oder an der oberen der Preissteigerung) man sich gerade befindet. Eine solche Aussage ist für kurzfristige Betrachtungen durchaus informativ, um zu sehen, wie es vielleicht in den nächsten Monaten weitergehen könnte.

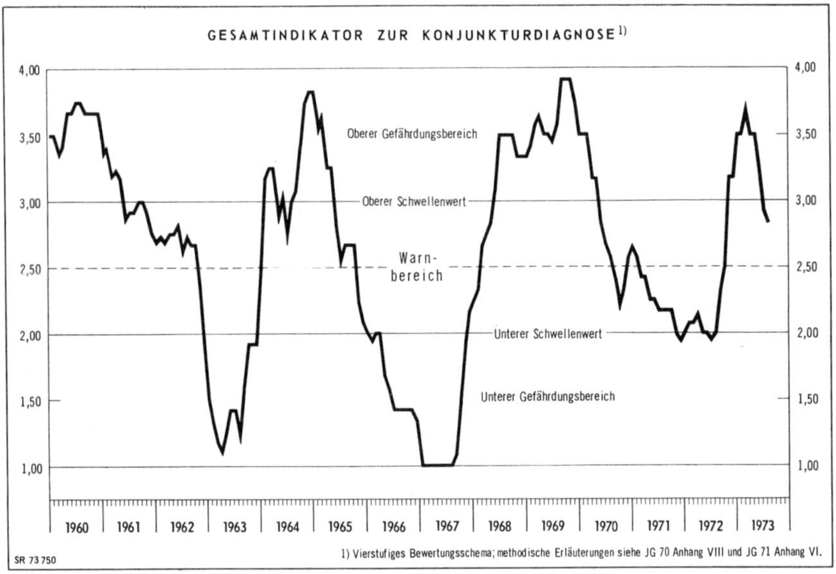

Abbildung 7. Quelle: Jahresgutachten 1973, Schaubild 33

Man unterscheidet üblicherweise folgende Phasen des Konjunkturzyklus (der Sprachgebrauch ist hier jedoch nicht einheitlich):

Depression: starke Arbeitslosigkeit, geringe Auftragseingänge, unausgelastete Kapazitäten, Pessimismus (z. B. in der BRD 1967 und 1974)

Unterer Wendepunkt und danach *Aufschwung* (zunehmende Nachfrage, Beschäftigung usw.; z. B. im Jahr 1968)

Boom (oder: *Hochkonjunktur*), die Phase des sich beschleunigenden Aufschwungs, wenn die Kapazitäten voll ausgelastet sind und bereits Engpässe entstehen, Vollbeschäftigung und Preissteigerung (z. B. im Jahr 1969). Nach dem *oberen Wendepunkt* (auch: Krise) setzt der

Abschwung, bzw. die *Rezession* (z. B. 1970/71) ein. Man spricht auch von Talsohle. Eine schwere Rezession ist die bereits genannte „Depression".

Für längerfristige Betrachtungen, insbesondere um den Verlauf über viele Jahre nachzuzeichnen, ist es üblich, die Zyklen anhand der Zuwachsraten des realen Sozialprodukts abzustecken. Wie Abbildung 8 zeigt, erleben wir in der BRD bis 1971/72 fünf Zyklen (man kann, wegen der Verwendung der Zuwachsrate des Sozialprodukts, die auch als Maß des Wirtschaftswachstums benutzt wird, als Kriterium für die Zyklen, auch von Wachstums- statt Konjunkturzyklen sprechen), mit einer eindrucksvollen Regelmäßigkeit von jeweils 4 bis 5 Jahren. Bei genauerem Hinsehen stellt sich heraus, daß die Zyklen hinsichtlich ihres Erscheinungsbilds und ihrer Ursachen durchaus recht unterschiedlich waren. Wir können hierauf jedoch nicht eingehen[50] und wollen statt dessen den Begriff *monetäre Gesamtnachfrage* etwas genauer fassen, auf den es für die Erklärung und Gestaltung des Konjunkturphänomens wesentlich ankommt.

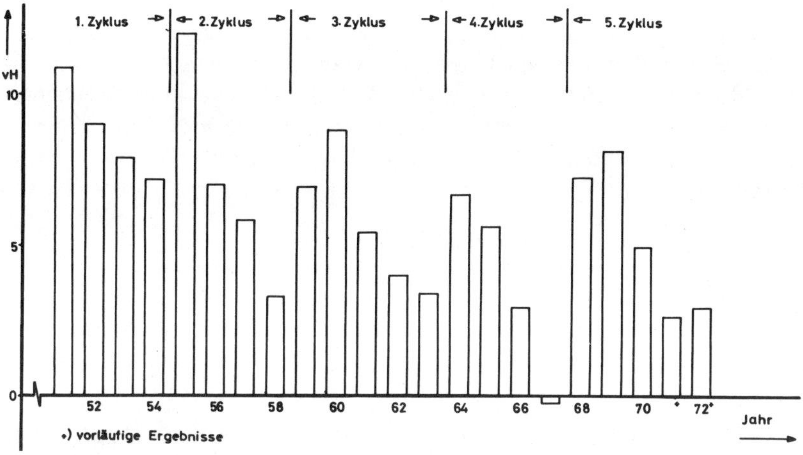

Abbildung 8. Wachstumsraten des realen Bruttosozialprodukts der BRD in vH von 1951 bis 1972

Um den Zusammenhang zwischen Ausgaben (Nachfrage) und Einkommen sowie Beschäftigung der Inländer herzustellen, ist zu fragen: Welche Ausgaben stellen Nachfrage nach inländischen Produkten dar und erhöhen damit Einkommen und Beschäftigung der Inländer, welche Ausgaben haben hingegen keinen Einfluß auf die Einkommen der Inländer? Bei Ausgaben für den privaten Konsum ist der Zusammenhang mit dem Einkommenskreislauf unmittelbar gegeben. Das Sparen dagegen ist, wie wir gesehen haben, zunächst ein

Nachfrageausfall, und das Investieren eine Ausweitung dieses Ausgaben-Einkommen-Kreislaufs. Dabei kommt es nur auf die geplanten Ausgaben und auf den Akt des Ausgebens an, ganz gleich, was mit dem Geld später einmal geschieht (daß z. B. die Ersparnisse investiert werden und somit nicht endgültig „ausfallen"). Unsere Überlegungen zu Sparen und Investieren lassen sich dann wie folgt verallgemeinern:

Die monetäre Gesamtnachfrage wird erhöht durch	Die monetäre Gesamtnachfrage wird gesenkt durch
Investitionen (I)	Sparen, einschl. Horten (S)
Staatsausgaben (G)	Staatseinnahmen, insbesondere Steuern (T)
Exporte (X)	Importe (M)

Somit kann dadurch, daß (I + G + X) größer ist als (S + T + M) eine Expansion (Ausweitung) der Nachfrage entstehen.[51] Im umgekehrten Fall tritt eine Kontraktion (Restriktion, Verringerung) der effektiven Nachfrage ein.

Wie groß ist nun die Wirkung einer Erhöhung der effektiven Nachfrage (aggregierten Ausgaben) auf Volkseinkommen und Beschäftigung? Zunächst ist jedoch die Vorfrage zu behandeln: Wann kommt es überhaupt zu einer Erhöhung des Volkseinkommens und der Beschäftigung durch Ausgabensteigerung? Unter folgenden Voraussetzungen kann ein direkter Zusammenhang bestehen:

1. die Produktionsfaktoren sind unterbeschäftigt,
2. alle Preise sind konstant (d. h. das Preisniveau und die Preisrelationen),
3. das Arbeitsangebot ist konstant, so daß durch Nachfragesteigerung die Arbeitslosigkeit (mit Punkt 1 vorausgesetzt) behoben werden kann,
4. kurzfristig ist keine Ausweitung des Produktionspotentials (realen Angebots) möglich.

Unter diesen Voraussetzungen kann man die Schwankungen des Einkommens und der Beschäftigung mit Schwankungen der Nachfrage erklären. Wir haben also eine Situation, wie sie mit dem Punkt P_3 in Abbildung 1 (Seite 19) veranschaulicht ist.

Bei Vollbeschäftigung dagegen kann eine Erhöhung der effektiven Nachfrage ganz andere Konsequenzen haben. Wir haben bisher die Möglichkeit der Preissteigerung noch nicht in Erwägung gezogen. Das war auch richtig, weil wir von der Unterbeschäftigung der Produktionsfaktoren ausgingen. Man kann dann den Arbeits- und Kapitaleinsatz noch eine gewisse Zeit erhöhen, ohne deswegen gleich höhere Löhne und Zinsen bezahlen zu müssen. Anders ist es nun, wenn die monetäre Gesamtnachfrage weiter ansteigt, und zwar auch dann noch, wenn das Produktionspotential bereits ausgeschöpft ist. Dann haben wir erst die Situation, daß „zu viel Geld hinter zu wenig Gütern herjagt“, was man sich als ein vielleicht primitives, aber recht anschauliches Bild für die sog. „Inflation“ vor Augen halten kann. Genau genommen handelt es sich dabei nur um einen bestimmten Typ von Inflation. Jedenfalls kann man *dann* im Sinne der bereits erwähnten These der naiven Quantitätstheorie (Seite 62) argumentieren: Eine (weitere) Vermehrung der Geldmenge führt zu einer Anhebung des Preisniveaus.

Kehren wir zurück zur Frage, wie *groß* die Wirkung einer Erhöhung der effektiven Nachfrage (z. B. durch Investitionen, Staatsausgaben oder Exporte) auf Volkseinkommen und Beschäftigung ist, wenn die eben genannten vier Voraussetzungen erfüllt sind. Das ist die Fragestellung der sog. *Multiplikatortheorie.*

Angenommen, es werden die Staatsausgaben G um einen bestimmten Betrag ΔG erhöht, d. h. der Staat gibt entsprechend mehr Geld aus für Käufe, Personalausgaben usw. Dadurch entsteht zunächst (man nennt das den *Primäreffekt*) bei den betreffenden Unternehmen und Haushalten (Beamten-, Unternehmerhaushalte usw.) eine Einkommenserhöhung im Betrag von ΔG. Wie unsere Bemerkungen zur Konsumfunktion (vgl. S. 74) zeigten, wird von einem zusätzlichen Einkommen $\Delta Y = \Delta G$ ein bestimmter Betrag zusätzlich konsumiert, nämlich $\Delta C = b \cdot \Delta Y$, wobei b die marginale Konsumquote ist, und fließt damit wieder in den Kreislauf zurück.[52]

Durch diese zusätzlichen Konsumkäufe im Werte von $b \cdot \Delta G$ entstehen wieder neue Einkommen, von denen wieder ein Anteil b konsumiert wird (also der Betrag $b \cdot (b \cdot \Delta G)$ fließt wieder in den Kreislauf), wodurch wieder Einkommen entstehen usw. So treten also immer wieder neue Einkommenszuwachsraten auf, was man die *Sekundäreffekte* nennt. Die gesamte Einkommenssteigerung ist dann[53]

$$\Delta Y = \Delta G + b \cdot \Delta G + b^2 \cdot \Delta G + b^3 \cdot \Delta G + \ldots = \frac{1}{1-b} \Delta G$$

Ausgehend von einer marginalen Konsumquote von $b = 0{,}587$ (siehe Abbildung 6) wäre danach von zusätzlichen Staatsausgaben in Höhe von $\Delta G = 10$ Mrd DM eine Zunahme des Volkseinkommens um $\Delta Y = 24{,}2$ Mrd DM zu erwarten, d. h. der Multiplikator ist 2,42.

Das Multiplikatorprinzip gilt ganz allgemein bei Kreislaufzusammenhängen. In gleicher Weise kann man einem Investitions-, Export-, Geldschöpfungsmultiplikator (Seite 100) usw. ableiten. In jedem Fall ist der Effekt ein *Mehr*faches (deshalb: Multiplikator) der ursprünglichen Ausgabensteigerung (Zunahme der Staatsausgaben beim Staatsausgabenmultiplikator, der Investitionen beim Investitionsmultiplikator usw.), es sei denn, die Ausgabensteigerung fließt voll aus dem Kreislauf wieder heraus. Das wäre der Fall, wenn das ganze zusätzliche Einkommen gespart wird (bzw. zu Importen und Steuern führt), so daß b = 0 wäre. Für b = 0 erhält man ja $\frac{1}{1-b} = 1$. Die Ausgabensteigerung würde dann nur zu einem Primäreffekt führen, alle Sekundäreffekte blieben aus.

Es gibt verschiedene Gründe, die dafür sprechen, daß eine Zunahme der Staatsausgaben um 10 Mrd DM nicht zum vollen Multiplikatoreffekt (also in unserem Modell zu einer Einkommenssteigerung um 24,2 Mrd DM) führt, sondern zu einem geringeren Effekt, denn:

- die Einflußgrößen werden nicht (wie im Modell unterstellt) konstant bleiben, sondern sich ändern, zumal
- der ganze Prozeß lange Zeit beanspruchen würde
- die Wirkung könnte durch entgegengerichtete Maßnahmen, z. B. eine Steuererhöhung kompensiert werden und schließlich
- hängt die Wirkung wesentlich davon ab, wie die zusätzlichen Staatsausgaben finanziert werden (siehe Seite 85).

Jedenfalls kann von einer Erhöhung der Staatsausgaben, der Investitionen und der Exporte eine Konjunkturbelebung erwartet werden, und zwar in der Regel über das ursprüngliche Maß der Ausgabensteigerung hinausgehend. Umgekehrt ist durch eine Ausgabenkürzung ein negativer Multiplikatoreffekt zu erwarten.

Das liefert ein weiteres Argument für die bereits angedeutete Theorie, wonach der Staat in der Depression als „Ersatznachfrager" auftreten sollte und seine Ausgaben erhöht, indem er Kredit aufnimmt, sich also verschuldet *(deficit spending)*. In der Hochkonjunktur dagegen soll er seine Nachfrage einschränken, Budgetüberschüsse bilden und diese horten *(surplus saving)*. Das ist das Prinzip der *antizyklischen Fiskalpolitik* (Fiskus = Staatskasse), was in der Theorie leicht zu verstehen ist, aber nicht immer leicht in die Praxis umzusetzen ist. Das wirft bereits ein Licht auf das Problem, daß Unterbeschäftigung einerseits und Inflation andererseits nicht einfach parallel zu behandeln sind. Während die erste Situation ziemlich allgemein als Übel empfunden wird und alle sie vermeiden wollen, ist es bei der zweiten mit der Eintracht schlechter bestellt. Es gibt durchaus Gruppen wie z. B. das Kredit- und Baugewerbe sowie Grundeigentümer, deren Interesse es widersprechen könnte, wenn man eine inflationäre Entwicklung allzu drastisch stoppen wollte.

6. Möglichkeiten und Grenzen der Stabilisierung durch Fiskalpolitik

Erst mit dem 1967 verabschiedeten *Stabilitätsgesetz* wurde die Bundesregierung verpflichtet, eine *antizyklische Finanzpolitik* zu betreiben. Dabei sind im einzelnen folgende Maßnahmen vorgesehen:

1. Mittelfristige (fünf Jahre) *Finanzplanung* sowie die Planung von staatlichen Investitionen in mehrjährigen Investitionsprogrammen mit der Möglichkeit der konjunkturgerechten Variation von Zeit, Umfang und Struktur der Ausgaben (Sonderhaushalte, Eventualhaushalte usw.).
2. *Variation der Steuersätze* der Einkommens- und Körperschaftssteuer um maximal 10 vH für maximal ein Jahr (nicht zu verwechseln mit einem Konjunkturzuschlag, der zurückzuzahlen ist) und Änderung der Abschreibungsmodalitäten (was sich auf das zu versteuernde Einkommen und damit auf die Höhe der zu zahlenden Steuern auswirkt).
3. Haushaltsüberschüsse können als *Konjunkturausgleichsrücklage* bei der Notenbank stillgelegt werden und in einer Rezession wieder ausgegeben werden. Das gilt auch für die Arbeitslosenversicherung, wodurch sich deren automatische Stabilisierungswirkung verbessert.
4. Der Bund kann die *Kreditaufnahme* von Ländern und Gemeinden beschränken.

Dieses Instrumentarium enthält, wie man sieht, mehr grundsätzliche Maßnahmen, wozu auch die Erstellung des Jahreswirtschaftsberichts, der Jahres- und Zielprojektionen, des Subventionsberichts usw. sowie die „Konzertierte Aktion" (siehe Seite 148) gehören sowie Maßnahmen zur Beeinflussung der staatlichen und privaten Nachfrage. Auf die private Nachfrage soll vor allem mit der Abschreibungsregelung (Wirkung auf Investitionen) und der Änderung der Steuersätze (Konsum und Investition) eingewirkt werden.

Der Einsatz solcher Maßnahmen ist durch viele Umstände erschwert. Erwähnt sei zunächst das Problem der Prognose. Weil mit erheblichen Verzögerungen bis zum Wirksamwerden von Maßnahmen zu rechnen ist (vgl. unten S. 105), können die Entscheidungen nur auf der Grundlage einer *Vorausschätzung* des Konjunkturablaufs gefällt werden. Gerade auf diesem Gebiet lassen jedoch unsere Fähigkeiten sehr zu wünschen übrig. So wurde z. B. 1968 das Wirtschaftswachstum um die Hälfte unterschätzt mit der Konsequenz entsprechend zurückhaltender Lohnpolitik der Gewerkschaften.

Die Wirkung von Manipulationen der Steuersätze ist weniger sicher als die der Ausgabenvariation, weil sie sehr von der Reaktion der privaten Steuerzahler abhängt. Zur Konjunkturbelebung kann man eine Steuersenkung[54] durchführen, wobei sich eine progressive Steuerentlastung empfiehlt, weil die Bezieher niedriger Einkommen eine höhere durchschnittliche Konsumquote haben. Bei einer gleichmäßigen oder regressiven Steuersenkung wäre der Effekt für den Konsum geringer, d. h. es würde die Steuersenkung zu einem größeren Teil durch zusätzliche Ersparnisse unwirksam werden.

Der wichtigste Einfluß des Staates auf die Wirtschaftsaktivität besteht darin, daß er Umfang und Struktur seiner Einnahmen und Ausgaben variieren kann. Er kann durch Ersparnisbildung im Staatshaushalt die effektive Nachfrage verringern und durch Kreditaufnahme erhöhen. Und das soll antizyklisch, erfolgen. Nun ist allerdings, wie bereits betont wurde, diese Lehrbuchweisheit nicht so leicht in die Tat umzusetzen. Denn eine Regierung ist weitgehend von der Reaktion des Wählers abhängig und deshalb geneigt, die Bevölkerung nicht mit ihren Steuern zu sehr zu belasten und möglichst vielen Interessengruppen entgegenzukommen. Der Staatshaushalt kann also nicht allein im Interesse der Konjunktursteuerung geplant werden, weil er auch anderen Zwecken dienen muß (auf das Umverteilungsziel wurde bereits hingewiesen), nur zu einem geringen Teil manövrierfähig ist und sehr wesentlich den politischen Erfolg einer Regierung bestimmt.

Am ehesten lassen sich diese divergierenden Erfordernisse für die Budgetpolitik kombinieren, wenn man sich in der Abschwungphase befindet, weil dann Ausgaben und Kreditaufnahme gewünscht sind und Beschäftigung und Investitionen angekurbelt werden sollen. Besonders wichtig ist es in dieser Zeit auch, daß die Regierung in der Privatwirtschaft das Vertrauen weckt und bestärkt, daß es wieder aufwärts geht und sich Investitionen lohnen.

Schwieriger ist dagegen die umgekehrte Situation der inflationären Übernachfrage, in der die Staatsausgaben gekürzt und/oder die Einnahmen erhöht werden müssen. Soll man dann Sozialleistungen, Bildungsreformen usw. streichen oder begonnene Bauvorhaben unfertig stehen lassen, weil sonst der Haushalt nicht „konjunkturneutral" wäre?

Es gibt immer Leute, die das empfehlen, weil sie grundsätzlich davon ausgehen, daß der Staat mit Geld nicht umgehen kann, und deshalb für einen möglichst kleinen Staatshaushalt plädieren. Auch halten sie meistens die von ihren Gegnern heraufbeschworene Gefahr der Arbeitslosigkeit, die eintreten könnte, wenn der Staat durch Kürzung der Ausgaben und/oder Erhöhung der Einnahmen die Konjunktur *zu sehr* bremsen sollte, nicht für so gravierend wie die Gefahr der Inflation. Ein Beispiel für diese Haltung:

> „In unserer Gefälligkeitsdemokratie ist offenbar vergessen worden, daß optimale Wirtschafts- und Konjunkturpolitik nicht nur eine Gratwanderung um die Vollbeschäftigung herum sein kann, die mit Rücksicht auf Geldwertstabilität und wirtschaftliche Effektivität vorübergehend auch Unterbeschäftigung in Kauf nimmt. Da die Regierungen gerade dies nicht mehr riskieren wollen und das aus wahltaktischen Überlegungen auch immer wieder lauthals verkünden, ist die Sorge von Produzenten und Konsumenten um Absatz und Arbeitsplatz, die wichtigste Bremse allzu großer Investitions- und Konsumfreudigkeit, bei uns abhanden gekommen. Doch haben wir diese kurzfristige Sorglosigkeit dafür gegen eine Sorge auf Zeit eingetauscht.
>
> Ist es denn richtig, eine 8- bis 12prozentige Inflation, die sich noch weiter zu beschleunigen droht, gegenüber einer vorübergehend 3- bis 5prozentigen Arbeitslosigkeit für das sozial kleinere Übel zu halten? Die Inflation trifft alle, wenn auch unterschiedlich, die Schwächsten am stärksten. Unterbeschäftigung trifft zwar auch die Schwächsten, die meisten aber nur vorübergehend. Sobald aber die Inflation selbst zur Ursache von Unterbeschäftigung wird, sind Arbeitslose schlimmer dran als je zuvor, und jede Rationalität wirtschaftlicher Entscheidungen geht zum Teufel."[55]

Es ist sicher nicht so, daß die „Gefälligkeitsdemokraten" dies nicht wüßten, die meisten glauben sich diese Haltung nicht erlauben zu können, und einige halten sie wohl auch für falsch. Im Jahre 1967 hatten wir in der BRD nahezu Preisstabilität. Trotzdem war das wirtschaftlich kein sehr glückliches Jahr.

7. Wann ist der Staatshaushalt „konjunkturneutral"?[56]

In der öffentlichen Diskussion wird oft sehr verwirrend von Haushaltsdefiziten oder -überschüssen sowie von deren Wirkung gesprochen. Was heißt nun eigentlich „Defizit" (des Haushalts, d. h. des „Budgets"?) oder „Überschuß"; was heißt „konjunkturneutral" oder „konjunkturgerecht"?

In einem sehr allgemeinen Sinne kann es keinen unausgeglichenen Haushalt geben, denn alle Einnahmen müssen irgendwie finanziert und alle Ausgaben für irgendwelche Zwecke verwendet werden. Hinsichtlich der Geldgeber bzw. -nehmer gegenüber dem Staat nimmt jedoch die *Notenbank* eine Sonderstellung ein. Ihre Kreditgabe an den Staat ist die einzige Art der Staatseinnahme, die nicht zum Liquiditätsentzug an irgendeiner Stelle des Wirtschaftskreislaufs führt, sondern zur Geldschöpfung. Umgekehrt ist die Rückzahlung des Kredits oder „Stillegung" einer Konjunkturausgleichsrücklage bei der Notenbank die einzige Staatsausgabe, die nicht irgendwo Liquidität zuführt. Für den antizyklischen Effekt des Staatshaushalts kommt es also auf das Budgetdefizit bzw. den -überschuß in *diesem* Sinne, auf den Saldo der Transaktionen zwischen Staat und Notenbank an. Man nennt dies auch den *Finanzierungssaldo* (nicht identisch mit dem gleichnamigen Saldo und der „Ersparnis" in Abschnitt II 3).

An der Höhe dieses Saldos ist nicht erkennbar, ob vom Staat weder kontraktive noch expansive Wirkungen ausgegangen sind, d. h. der Haushalt *konjunkturneutral* war. Denn ein gleich hoher Überschuß kann im Boom ganz anders wirken als in der Rezession. Was hier fehlt, ist der Maßstab für die angesichts der Konjunkturlage wünschenswerte Höhe der Staatsausgaben und -einnahmen.

Das Kriterium hierfür ist nach Auffassung des *Sachverständigenrats*,[57] ob der *Auslastungsgrad des Produktionspotentials* mittelfristig durch die Staatseinnahmen und -ausgaben verändert wird oder nicht. Im letzteren Falle ist der Haushalt konjunkturneutral. Damit wäre er aber nur in einer solchen Zeit zugleich *konjunkturgerecht* (stabilisierend, stabilitätsgerecht, antizyklisch), in der das Potential gerade voll ausgelastet ist, in allen anderen Situationen müssen die tatsächlichen Ausgaben größer oder kleiner sein, als es dem konjunkturneutralen Haushalt entspräche. Wie dieser berechnet wird, kann hier nicht gezeigt werden. Jedenfalls setzt dieses Konzept nicht voraus, daß der Anteil des Staates an der Gesamtnachfrage gleich groß ist. Die viel diskutierte „Erhöhung des Staatsanteils" ist durchaus möglich, bloß muß sie so erfolgen – um stabilitätsgerecht zu sein –, daß jeweils im gleichen Maße der private Anteil zurückgedrängt wird. Keineswegs ist schließlich ein mittelfristiger oder gar jährlich ausgeglichener Haushalt zu fordern. Auch wirkt nicht jeder Überschuß in der Rezession oder jedes Defizit im Boom notwendig stabilisierend. Die Beurteilung der konjunkturellen Wirkungen eines Staatshaushalts ist sehr viel schwieriger, als es die Selbstverständlichkeit vermuten läßt, mit der meist Oppositionspolitiker der Regierung bescheinigen, *sie* habe die Inflation angeheizt.

8. Wohin führt die Vollbeschäftigungspolitik?

Die Keynessche Lehre wurde von Regierungskreisen in den meisten westlichen Ländern dankbar aufgenommen. Mit der Zuversicht, daß man nun durch Staatsausgaben die Schwankungen der Beschäftigung in den Griff bekommen könne, entstand eine gewisse Unbekümmertheit bei der Frage, wohin sich der Kapitalismus mit Vollbeschäftigungspolitik entwickelt, wenn die Machtverteilung zwischen Arbeitgebern und Arbeitnehmern im großen und ganzen unverändert bleibt. Michał *Kalecki* (polnischer Wirtschaftswissenschaftler, 1899–1970), der übrigens die Grundgedanken der Keynesschen Lehre gleichzeitig und unabhängig von Keynes entwickelte,[58] vertrat die These, daß bei den gegebenen Machtverhältnissen trotz einer staatlichen Vollbeschäftigungspolitik der Konjunkturzyklus erhalten bleibt. Er ändert lediglich seinen Charakter und wird zu einem *politischen Konjunkturzyklus.* Wir wollen gleich sehen, wie Kalecki das begründet.

Es ist unschwer zu sehen (was auch schon Keynes tat), daß die Vollbeschäftigungspolitik bei gegebener Machtverteilung in unserem System und bei den konkurrierenden Ansprüchen der Gruppen („Verteilungskampf") einen enormen Inflationsdruck erzeugt. Die Aufrechterhaltung einer leichten Übernachfrage erzeugt auf allen Stufen des Produktionsweges einen Verkäufermarkt, der es erleichtert, Kostensteigerungen in höheren Preisen fortzuwälzen. Die Vermachtung der Märkte (Unternehmenskonzentration) tut ihr übriges dazu, die Wirksamkeit des Preismechanismus außer Kraft zu setzen.[59] Hinzu kommt die internationale Verflechtung, die es ermöglicht, den Inflationsdruck fast weltweit auszubreiten. So haben sich die führenden Länder der „westlichen" Welt über die Flaute der Weltkonjunktur Mitte der 60er Jahre[60] mit Keynesscher Politik hinweggerettet, so daß gegen Ende der 60er Jahre die Preise in einem seit dem Zweiten Weltkrieg nicht mehr gekanntem Maße zu steigen begannen. Jetzt sind einige Länder über die Ohren verschuldet und nicht zuletzt wegen des Steigens der Rohstoffpreise praktisch zahlungsunfähig.

Bemerkenswert ist aber nicht nur die Ratlosigkeit hinsichtlich dieser kurz- und mittelfristigen Aspekte der Vollbeschäftigungspolitik, sondern das Fehlen eines langfristigen Konzepts. Offenbar sind bei uns auch einige unorthodoxe Spekulationen, die Keynes selbst hierüber anstellte, weitgehend in Vergessenheit geraten.[61] Das Dilemma, in dem wir heute stehen, läßt sich vereinfacht so ausdrücken: Wir wissen zwar, wie man das Beschäftigungsniveau kurzfristig durch kreditfinanzierte Staatsausgaben anheben kann, sind uns aber nicht genügend darüber klar, *wofür* diese Arbeitskräfte eigentlich eingesetzt werden sollen.[62] So ist es z. B. möglich, Vollbeschäftigung durch den Bau von Autobahnen, Panzern und Kampfflugzeugen zu schaffen, worin bekanntlich Hitlers Methode, die Arbeitslosigkeit zu beseitigen, bestand. Oder man kann, was früher aus den verschiedensten Gründen geschah, Pyramiden, Kathedralen und Schlösser bauen lassen, ohne daß man sich dabei bewußt gewesen wäre, daß man damit im Effekt Vollbeschäftigungspolitik betrieb. Die Frage „Beschäftigung wozu?" wirft nun auch das Problem auf, ob nicht zumindest indirekt der Keynesianismus die Rüstungswirtschaft gefördert hatte. Dann würde, ganz im Gegensatz zu Keynes' eigener Meinung,[63] die Vollbeschäftigungspolitik eher den Krieg als den Frieden fördern.[64] Ein indirekter Einfluß ist deswegen denkbar, weil Keynes' Lehre den Finanzministern die Skrupel nahm, die sie früher vor Budgetdefiziten hatten:

„Es waren die sogenannten Keynesianer, die erfolgreich Präsidenten überzeugten, daß ein Budgetdefizit nicht schädlich ist, und es dem Rüstungskomplex überließen, daraus Vorteile zu ziehen ... Trotz Vergeudung und Vernichtung gab es in der Tat ein großes Ansteigen des ökonomischen Wohlstandes innerhalb der fünfundzwanzig Jahren ohne Zusammenbruch. Dies traf insbesondere zu in Ländern, denen ursprünglich nicht erlaubt war, Ressourcen für Rüstung freizumachen und die daher ihre gesamten Investitionen in produktiven Bereichen tätigen konnten, so daß sie jetzt der überlasteten US-Industrie mit ‚unfairem Wettbewerb' drohen. Aber tatsächlich stieg sogar in den Vereinigten Staaten der Wohlstand. Auch in Großbritannien, das hinkend das Spiel einer Großmacht spielte, nachdem das Spiel vorbei war, stieg der Wohlstand. Die sozialistischen Länder begannen, die Konsumgesellschaften zu beneiden. Kapitalismus mit nahezu Vollbeschäftigung war ein beeindruckendes Schauspiel. Jedoch ist ein Anwachsen des Reichtums durchaus nicht dasselbe wie ein Zurückgehen der Armut. Ein universeller Lobgesang wurde angestimmt, um *Wachstum* zu preisen. Wachstum war im Begriff, alle Probleme zu lösen."[65]

Damit wäre eine Verbindung zu den Problemen Wachstum und Verteilung gezogen, auf die wir später noch eingehen werden. Bei den hiermit angedeuteten längerfristigen Problemen wollen wir noch kurz auf eine der etwas in Vergessenheit geratenen Keynesschen Spekulationen hinweisen. Er glaubte, daß es im Zuge des Wachstumsprozesses möglich sein müsse, die Knappheit des Kapitals soweit zu beseitigen, daß es beträchtliche Kapitaleinkünfte nicht mehr geben könne. Der Kapitalist bezieht, wie er glaubte, nicht deshalb einen Kapitalertrag, weil das Kapital produktiv, sondern nur weil es knapp sei.[66] Diese Knappheit sei aber nicht naturnotwendig[67] und könne allmählich überwunden werden, was ein „sanfter Tod des Kapitalisten" (euthanasia of the rentier) wäre, womit dann auch ein besonders häufig kritisierter Aspekt des Kapitalismus, nämlich die Ausbeutung der Kapitalknappheit durch den Kapitalisten, beseitigt wäre.[68]

Zu den Spielregeln des marktwirtschaftlichen Systems gehört es auch, daß die Macht der Gewerkschaften einerseits und der Arbeitgeberverbände andererseits recht unterschiedlich ist, je nachdem, in welcher Phase des Konjunkturzyklus man sich befindet. So ist es z. B. einleuchtend, daß beim oberen Wendepunkt, wenn der Boom beendet ist und die Nachfrage nachläßt, Streikdrohungen der Gewerkschaften die Unternehmer nicht sonderlich erschüttern werden, denn sie dachten ohnehin bereits wegen der nachlassenden Konjunktur daran, Kurzarbeit einzuführen und Arbeitskräfte zu entlassen. Ganz anders sieht dagegen die Sache in der Hochkonjunktur aus. Dann wird „krankgefeiert", und überhaupt läßt die „Arbeitsdisziplin" nach, weil die angeblich leistungsfördernde Angst um den Arbeitsplatz nicht mehr so groß ist. Wenn nun der Staat praktisch eine Vollbeschäftigungsgarantie gibt, dann wird dieser Zustand chronisch.

Aus alle dem kann man wohl folgern, wie Kalecki es tat:[69] daß andauernde Vollbeschäftigung keinesfalls nach dem Geschmack („is not at all to their liking") der Unternehmer ist. Das erklärt auch zum Teil die von Kalecki gemachte Beobachtung, daß in den 30er Jahren in allen Ländern, die die neue Keynessche Politik betrieben, die Großunternehmen die Regierungen an der Durchführung dieser Politik hinderten (außer in Deutschland, *nachdem* Hitler die Macht ergriffen hatte), obgleich die Hebung der Gesamtnachfrage auch in *ihrem* Interesse gelegen haben dürfte. Die Abneigung gegen diese Politik resultiert hauptsächlich aus den bereits aufgeführten Umständen. Wenn sich ein Konjunktur*zyklus* ergeben soll, bleibt noch zu erklären, wie es das „big business" schafft, in der Hochkonjunktur den Staat zum Bremsen zu bewegen (die umgekehrte Situation, die Konjunktur wieder anzukurbeln, ist hier kein Problem, weil dafür der Staat schon selber sorgt). Nach Kalecki wird die Regierung dazu gezwungen, weil die Preise steigen und ein Protest der Verbraucher und der Bezieher fester Einkommen, also der Rentner und Sparer, einsetzt. Die Preissteigerung ist unschwer durchzusetzen, nicht nur wegen der Marktmacht, sondern auch, weil der Staat ja ständig die nötige Nachfrage schafft. Man kann dann auch nachher leicht sagen, daß die Regierung selber mit ihrer übertriebenen Ausgabenpolitik die Inflation verschuldet hat; hätte sie nicht Vollbeschäftigung um jeden Preis haben wollen, dann wäre es auch nicht passiert. Unter einem faschistischen Regime sehen die Dinge dagegen etwas anders aus, weil es für die Großunternehmer aus verschiedenen Gründen (z. B. Rüstungswirtschaft) unklug wäre, die Regierung zu verärgern, und weil vor allem für eine ausreichende Kontinuität der politischen Ordnung gesorgt ist. Ein gewisses Risiko ist bei dieser politischen Konjunktur allerdings, ob die üblicherweise bei Arbeitslosigkeit einsetzende Radikalisierung der Bevölkerung mehr nach rechts oder mehr nach links erfolgt.

IV. Preisstabilität, Geld- und Bankwesen

Die gegenwärtig in allen kapitalistischen Marktwirtschaften (nicht nur den hochentwickelten Industrieländern) zu beobachtende Preissteigerung um fast 10 vH oder mehr jedes Jahr beunruhigt die Öffentlichkeit zunehmend. Zudem hat sich auch gezeigt, daß diese sog. *schleichende Inflation* kaum oder nur unter Preisgabe anderer stabilitätspolitischer Ziele zu bekämpfen ist. Mithin ist zu vermuten, daß unter den gegenwärtigen institutionellen Bedingungen eine beständige, langsame, also schleichende[70] (oder: säkulare) Inflation unvermeidbar ist.

Inflation heißt „Aufblähung", wobei an eine Vermehrung der Geldmenge (des *Geldvolumens*) gedacht ist. Dieser Begriff der Inflation ist aber nicht nur unscharf, er kann auch irreführend sein. Denn die Inflation hat kein einheitliches Erscheinungsbild (es gibt verschiedene Inflationstypen), und der Zusammenhang zwischen einer Zunahme des Geldvolumens und einem Ansteigen des Preisniveaus ist keineswegs eindeutig. Insbesondere ist es fraglich, ob eine Ausweitung des Geldvolumens die *Ursache* für die Preissteigerung ist (was in bestimmten Fällen zutreffen kann), oder aber nur eine Begleiterscheinung. Letzteres ist immer dann gegeben, wenn die Inflation mit einer Hebung des allgemeinen Preisniveaus verbunden ist. Diese sog. *offene* Inflation ist aber nur ein Inflationstyp, wenngleich bei uns der verbreitetste. Bei einer sog. *gestoppten* Inflation dagegen führt der für die meisten Inflationen kennzeichnende Nachfrageüberhang und/oder Kostendruck *nicht* zu Preissteigerungen, sondern zur Reduzierung der Mengen, Verschlechterung der Qualität usw.

Jedenfalls gilt es die Ordnung und Funktionsweise unseres Geldwesens zu betrachten. Denn das verhilft nicht nur zu einem besseren Verständnis der Ursachen und Konsequenzen der Inflation, sondern es ist auch eine Voraussetzung, um Möglichkeiten und Grenzen der bei uns betriebenen Wirtschaftspolitik einschätzen zu können. Für Marktwirtschaften ist nämlich der mehr indirekte Einfluß des Staates über den Staatshaushalt und das Geldvolumen typisch, im Unterschied zu den direkten, mengenmäßigen Eingriffen in die Produktionssphäre bei zentraler Planung.

Die Wirtschaftspolitik der Globalsteuerung ist geleitet von den Zielen des magischen Vierecks. Inflation bedeutet Verletzung des Ziels der „Preisstabilität". Bevor wir auf die Inflation und ihre Bekämpfung zu sprechen kommen, müssen wir daher klären, was Preisstabilität heißt und warum sie überhaupt wünschenswert ist.

1. *Was heißt „Stabilität des Preisniveaus"?*

Unter einem stabilen Preisniveau könnte man verstehen, daß die Preise nicht (zu stark) steigen oder sinken. Aber was heißt „die" Preise? Dabei kann es sich offenbar nicht um *alle* (!) Preise in ihrer Gesamtheit handeln, denn es werden täglich viele Millionen Preise verlangt und bezahlt, ohne daß man alle diese Preise statistisch feststellen könnte (das wäre weder möglich noch notwendig). Es kann sich auch nicht um *einzelne* Preise handeln, denn es wäre unsinnig, die Stabilität einzelner Preise zu verlangen, wenn in einem marktwirtschaftlichen System doch gerade die Veränderung einzelner Preise die Funktion erfüllen soll, die Nachfrage bzw. das Angebot zu lenken oder in bestimmte Richtungen umzulenken. Mit dem Wort „Niveau" soll also auf eine Art Durchschnitt vieler Preise oder genauer: der Preise vieler ausgewählter Güter angespielt werden. Nun ist es allerdings wenig sinnvoll, den Durchschnitt zu bilden, etwa aus dem Preis für 1 kg Tomaten, 1 Stück Krankenhaus, 1 t Stahl usw. Eine absolute Zahl, wie etwa 2 Mill. DM würde dann wenig aussagen, schon deswegen, weil die Güter von unterschiedlicher Bedeutung (Gewicht) sind. Es ist also zu fragen, wieviel eine ganz bestimmte, genau definierte Auswahl von Gütern, ein Güterbündel oder „Warenkorb" heute im Vergleich zu einem früheren Zeitpunkt kostet, wenn man z. B. auf den zeitlichen Vergleich abstellt. Das geschieht bei einem sog. *„Preisindex"*. Ein Index in der Statistik hat stets eine Basis, z. B. das Jahr 1962 (man schreibt 1962 = 100). Wenn nun der Index z. B. im Jahr 1974 den Wert 160 annimmt, besagt dies, daß die Preise des betreffenden Güterbündels von 1962 bis 1974 um 60 Prozent gestiegen sind.[71]

Jeden Monat wird eine ganze Reihe solcher Indices von den Statistikern berechnet, wie etwa die folgenden (eine Auswahl):

- Index der Erzeugerpreise industrieller Produkte
- Index der Grundstoffpreise
- Index der Großhandelsverkaufspreise
- Preisindex des Bruttosozialprodukts
- Preisindex des Privaten Verbrauchs
- Preisindices für die Lebenshaltung (fünf Indices)

Wie man daran sieht, kann man nicht so ohne weiteres von *dem* Preisniveau sprechen, es gibt vielmehr sehr viele Preisniveaus. Auf welchen Preisindex sollte man abstellen, wenn man ein stabiles Preisniveau anstrebt? Wie bereits erwähnt (Seite 66) kann man den Preisindex des Privaten Verbrauchs hierzu heranziehen. Er ist, wie Tabelle 6 zeigt, von 1962 bis 1973 um 47,3% gestiegen. Umfassender hinsichtlich des Güterbündels ist der Preisindex des Bruttosozialprodukts, der um 57% gestiegen ist. Auch auf ihn wird bei der Definition von Preisstabilität Bezug genommen. Wie Tabelle 6 übrigens auch zeigt, hat der Staat (insbesondere durch das Ansteigen der Bezüge der öffentlich Bediensteten) wohl am meisten unter der Inflation zu leiden. So gesehen lohnt es sich für ihn nicht, den Inflationsprozeß zu unterstützen oder gar selbst im wesentlichen zu verursachen.

Tabelle 6. Preisniveau der Komponenten des Sozialprodukts 1972 und 1973 (Index 1962 = 100)

Komponente	1972	1973
Privater Verbrauch	137,5	147,3
Staatsverbrauch	190,3	210,6
Bruttoanlageinvestitionen	144,4	151,1
darunter: Bauten	163,2	173,8
Ausfuhr	112,3	114,9
Einfuhr	106,2	110,8
Bruttosozialprodukt	148,1	157,0

Quelle: Statistisches Jahrbuch 1974, S. 518

Bekanntlich ist das Preisniveau, welches praktisch jeden Verbraucher betrifft, wenn es um die *Kaufkraft* des Geldes (oder, was das gleiche ist, um den Geldwert, den Tauschwert des Geldes) geht, der *Preisindex für die Lebenshaltung.* Falsch, wenngleich sehr verbreitet, ist es, von „Lebenshaltungskosten“ zu sprechen, denn nicht die Kosten, d. h. der Aufwand, der auch von den Verbrauchsmengen abhängt, sondern die Veränderung der *Preise* eines (im Zeitablauf konstant gehaltenen) Warenkorbes werden mit diesem Index gemessen.

Es gibt mehrere Preisindices für die Lebenshaltung, jeweils für verschiedene Haushaltstypen. Der Vergleich dieser Indices zeigt, daß von inflationärer Preissteigerung bei uns die ärmeren Schichten in der Regel härter getroffen werden als die wohlhabenderen. Das ist nur eine der unangenehmen sozialen Folgen der Inflation.

Dieser Aspekt weist aber auf ein grundsätzlicheres Problem hin. Man könnte nämlich den Standpunkt vertreten, daß ein leichtes Ansteigen des Preisniveaus solange nicht tragisch ist, solange auch die Einkommen entsprechend ansteigen. Es wird dann alles einfach mit größeren Zahlen belegt, und irgendwann wird man den Pfennig abschaffen. Diese Betrachtungsweise ist aber oberflächlich und falsch, denn ganz abgesehen davon, daß am Einkommensanstieg nicht alle Gruppen im gleichen Maße beteiligt werden, ist auch zu beachten, daß sich die in jedem Preisniveau enthaltenen Preise einzelner Waren- und Gütergruppen recht unterschiedlich entwickeln, d. h. mit dem Preis*niveau* kann sich das Preis*gefüge* (Preisstruktur) ändern.

Will man ein konstantes Preisniveau, so ist eine derartige Änderung der Relationen zwischen den Preisen ohnehin notwendig. Denn dann müßten Preiserhöhungen in einigen Bereichen durch entsprechende Preissenkungen in anderen ausgeglichen werden. Das hätte z. B. bei uns in der letzten Zeit dazu führen müssen, daß Automobile, Fernsehgeräte, Waschmittel usw., die sog. industriellen Gebrauchs- und Verbrauchsgüter, wegen der Kostenentwicklung in diesen Bereichen erheblich billiger geworden wären. Das war aber nicht der Fall,[72] was darauf hinweist, daß Produktivitätsfortschritte durch verbesserte Technik usw. – anders als die Theoretiker des Wettbewerbs und der optimalen Allokation in ihren Modellen voraussetzen – nicht durch sinkende Preise an die *Verbraucher* weitergegeben werden, sondern in den Gewinnspannen der Unternehmer oder aber auch (bei sehr gezielter Tarifpolitik) in den Lohntüten der Arbeitnehmer des betreffenden Wirtschaftszweiges sich niederschlagen. Wettbewerbsbeschränkungen und der Machtkampf um die Verteilung führen also nicht nur dazu, daß das Preisniveau laufend angehoben wird, sondern auch, daß das Preisgefüge (gegenüber dem theoretischen Modell) verzerrt wird, was dann wieder Rückwirkungen auf das Preisniveau hat.

Tabelle 7. Steigen die Preise schneller als die Löhne?

Jahr	Bruttomonatsverdienst[1] DM	Preisindex Preisindex für d. Lebenshalt.[2] 1970 = 100	Realeinkommen absolut in DM	Realeinkommen 1970 = 100
1957	598	74,4	804	52,9
1960	717	77,8	922	60,7
1962	848	81,9	1035	68,2
1965	1055	89,3	1181	77,8
1966	1134	92,4	1227	80,8
1967	1175	93,8	1253	82,5
1968	1234	95,0	1299	85,5
1969	1356	96,9	1399	92,1
1970	1519	100	1519	100
1971	1690	105,1	1608	105,9
1972	1842	110,7	1664	109,5
1973	2062	118,2	1745	114,8

[1] durchschnittlicher Bruttomonatsverdienst der männlichen (kaufmännischen und technischen) Angestellten (alle Leistungsgruppen) in Industrie und Handel

[2] Preisindex für die Lebenshaltung von 4-Personen Arbeitnehmerhaushalten mit mittlerem Einkommen des alleinverdienenden Haushaltsvorstands

Quellen: Statistisches Bundesamt, Bevölkerung und Wirtschaft 1872–1972, Stuttgart u. Mainz 1972, S. 250, 256 und Statistisches Jahrbuch 1973, S. 465, 484 sowie 1974, S. 455

Es ist ein verbreitetes Mißverständnis zu glauben, daß es bei sinkender *Kaufkraft* den Menschen schlechter gehen müsse. Über dieses sog. Lebensniveau (oder: Wohlstand, Lebensqualität) wird mit dem Preisindex für die Lebenshaltung nur wenig ausgesagt, genau genommen nur ein Aspekt hiervon. Mindestens genau so bedeutsam ist es, zu betrachten, wie sich die *Einkommen* entwickeln oder die Verbrauchsmengen, die Vermögensbildung, die Versorgung mit Kollektivgütern, nichtkäufliche Lebensbedingungen usw. Aus Umfragen[73] ist bekannt, daß in der Bevölkerung die Meinung vorherrscht, die Preise stiegen schneller als die Löhne, es gleichwohl aber den Menschen besser ginge als früher. Das ist natürlich ein Widerspruch,[74] aber die öffentliche Meinung kann durchaus in vielen Fragen aus mangelhafter Kenntnis der Zusammenhänge widersprüchlich sein. Tabelle 7 zeigt die Entwicklung der Realeinkommen, d. h. der Einkommen unter Berücksichtigung der Preissteigerung (des Geldwertschwunds). Man erhält die realen Bruttomonatsverdienste (dritte Spalte), indem man die nominalen Bruttomonatsverdienste (erste Spalte) durch einen Preisindex (in diesem Fall ein Preisindex für die Lebenshaltung) dividiert und mit 100 multipliziert.

2. Ursachen der Inflation

Von Wirtschaftstheoretikern werden fein säuberlich verschiedene Inflationstypen unterschieden. Das Kriterium dabei ist die Art der Verursachung. In der Praxis kann man damit allerdings wenig anfangen, weil meist viele Ursachen zusammenwirken, ohne daß sie statistisch sauber zu trennen wären. Das Thema „Ursache und Wirkung" ist überhaupt, wie wir noch sehen werden, die große Streitfrage bei allen Inflations- und Geldproblemen. Es ist üblich zu unterscheiden:

1. *Nachfrageinflationen* (monetär oder güterwirtschaftlich verursachtes zu starkes Ansteigen der Gesamtnachfrage)
2. *Angebotsinflationen* durch Lohnkostendruck oder Gewinnexpansion, also „Lohn-Preis-" oder „Preis-Lohn-Spirale", und eng damit verwandt
3. Inflationen aus *institutionellen* und *strukturellen* Gründen, wobei meist der Verteilungskampf und das Anspruchsdenken der Sozialpartner oder auch Änderungen der Nachfragestruktur als Ursache aufgeführt werden.

Selbstverständlich treten in der Realität kaum solche reinen Inflationstypen auf. Aus dem Kreislaufzusammenhang ist es verständlich, daß auf das Preisniveau von Seiten der Einkommensentstehung (Angebots-, Kosten-, cost-push-Inflation), der Einkommensverteilung (Verteilungskampf zwischen Arbeitgebern und Gewerkschaften) oder der Einkommensverwendung (Nachfrage-, demand-pull-Inflation) eingewirkt werden kann. Dabei ist es oft schwer zu sagen, wer hier zieht (pull) oder drückt (push). Gleichwohl ist die wenig praktikable, theoretische Unterscheidung wichtig, weil je nach der Ursache andere Methoden der Inflationsbekämpfung angebracht sind.

Das *fiskalpolitische* Instrumentarium des Stabilitätsgesetzes (vgl. Seite 83) und die Maßnahmen der Bundesbank *(Geldpolitik)* sind in erster Linie für die Eindämmung der Nachfrageinflation geeignet. Dagegen könnte einem anhaltenden Kostendruck (Angebotsinflation) evtl. wirksam nur durch bisher bei uns nicht vorgesehene staatliche Eingriffe in die Preis- und Lohngestaltung begegnet werden.

Die Preissteigerung kommt bei einer *Nachfrageinflation* dadurch zustande, daß – wie bereits gesagt (Seite 81) – mit zu viel Geld zu wenig Güter nachgefragt werden, so daß eine *Güterlücke* (einschließlich Produktionsfaktoren-Lücke) entsteht. Das tritt vor allem in der Hochkonjunktur auf. Nach den Komponenten der Gesamtnachfrage kann man unterscheiden, ob die Inflation primär durch den privaten Verbrauch (steigende Löhne und Gehälter!), die Investitionen, den Staatshaushalt[75] oder die Auslandsnachfrage (importierte Inflation!) verursacht wurde. Eine offene Inflation, also das Steigen des Preisniveaus ist natürlich nur möglich, wenn das *Geldvolumen* ausgedehnt worden ist.

Preissteigerung bedeutet stets Verminderung des Geldwerts (der Kaufkraft des Geldes). Für das gleiche Geld erhält man weniger Güter. Der Geldwert hängt somit irgendwie mit der Seltenheit des Geldes zusammen, genauer gesagt, mit der relativen (im Vergleich zur Gütermenge) Seltenheit. Wenn das Geld, das ja kein Naturprodukt ist, nicht künstlich verknappt wird, besteht immer die Gefahr der Inflation. Die Erfahrungen aus der Geschichte haben das oft genug deutlich gezeigt. Mancher Staatsmann rettete sich aus seiner Finanznot einfach dadurch, daß er Druckereien beauftragte, neues Geld zu drucken. Er konnte damit z. B. die „Arbeitskraft" seiner Söldner bezahlen, die allerdings mit dem Geld oft wenig anfangen konnten, besonders dann, wenn es noch dazu dem Gegner gelang, das Warenangebot zu verringern oder unbrauchbar zu machen. Man begegnet diesem Verfahren z. B. wieder bei den Kriegsanleihen, die viele Bürger im Glauben, es gäbe keinen seriöseren Schuldner als den Staat, kauften, um sich dann bei einer Währungsreform sagen zu lassen, daß das Papier nun kaum noch etwas wert sei.

Man kann daraus den Schluß ziehen, daß streng geregelt werden muß, durch *wen* und *wie* das Geld in Umlauf gebracht wird, und zwar so, daß dabei ein Mißbrauch staatlicher und auch privater Macht weitgehend ausgeschlossen wird. Es ist also eine *Währungsordnung* erforderlich. Denn durch eine bewußte Ausweitung der Geldmenge kann eine Inflation ausgelöst werden. Wir werden aber im übernächsten Abschnitt sehen, wie unsere Geldverfassung dieser Gefahr Rechnung trägt. Dabei zeigt sich zugleich, daß die Geldmenge nicht notwendig die Ursache sein muß, sondern auch nur eine passiv reagierende Größe sein kann; denn eine erhöhte Nachfrage seitens des Staates, des Auslands und der inländischen Privaten kann eine Erhöhung des

Geldvolumens quasi erzwingen. Die Inflation hat dann eine reale (güterwirtschaftliche) und nichtmonetäre Ursache. Dahinter steht der Versuch der Gruppen, sich einen höheren Anteil am Sozialprodukt zu erkämpfen (Verteilungskampf).

Die Argumentation mit der Geldmenge ist aber auch aus anderen Gründen problematisch. So gilt z. B. nicht notwendig die Umkehrung des Schlusses, mit dem Inflation erklärt wird: In der Weltwirtschaftskrise hatte Deutschland neben anderen Ländern versucht, durch *Deflationspolitik* (also Verringerung der Geldmenge) die Preise zu senken, um mehr exportieren zu können. Die Sache ging damals schief, was auch einsichtig ist, wenn man bedenkt, daß bei einer geringeren monetären Nachfrage eine Preissenkung nicht die einzig mögliche Reaktion der Unternehmen ist. Viel sinnvoller kann es in einer solchen Situation den Unternehmen erscheinen, einfach weniger zu produzieren, was dann Arbeitslosigkeit zur Folge hat.

Wir kommen nun zur Erklärung von Inflation aus Kosten-, institutionellen und sozialen Gründen. Solche Erklärungsversuche haben den Vorteil, Inflation als dauerhafte, systembedingte und nicht nur konjunkturelle Erscheinung deuten zu können.

Mehr und mehr Menschen sind darüber beunruhigt, daß es offenbar nicht gelingt, den weltweiten Prozeß der zunehmenden jährlichen Inflationsraten zu stoppen. Die Regierungen versuchen im allgemeinen durch den Hinweis auf die *importierte Inflation* (also eine Art Nachfrageinflation, die auch durch unser Währungssystem begünstigt wird) die Wähler zu beruhigen. Es ist auch unmittelbar einsichtig, daß bei Inflation im Ausland unser Land realtiv billiger wird und somit unsere Exporte steigen, was Einkommen (Nachfrage) und Beschäftigung erhöht, aber nicht das Güterangebot. Man kommt aber damit nicht sehr weit, wenn man sich fragt, warum sich solche inflationären Prozesse in fast *allen* entwickelten westlichen Ländern als unaufhaltsam erweisen. Eine Vermutung, wie dies zu erklären sei, ist die Theorie der *Stagflation*. Danach tritt gleichzeitig ein Rückgang oder ein *Stag*nieren von Gesamtangebot und -nachfrage ein, ohne daß die Preise deswegen sinken oder die In*flation* nennenswert abgebremst wird. Das setzt voraus, daß bei Rückgang von Nachfrage und Beschäftigung kein Prozeß dergestalt einsetzt, daß die Unternehmer ihre Preise und die Arbeitnehmer ihre Löhne unterbieten. Anders gesagt: Es herrscht kein Wettbewerb auf den Produkt- und Faktormärkten, sondern es wird vielmehr von den Unternehmen und Arbeitnehmern versucht, den sozialen Besitzstand zu wahren und eine Existenzgefährdung durch sinkende Preise und Löhne zu verhindern. Dazu sind sie dank der Vermachtung der Wirtschaft, d. h. durch Marktbeherrschung und kollektives Handeln gegenüber dem Marktpartner auch in der Lage.

Mithin ist es auch fraglich, ob die traditionelle Deutung des Konjunkturzyklus aus Gesamtangebot und -nachfrage (in Analogie zur Preisbildung durch den Marktmechanismus) nicht Wesentliches übersieht: daß nämlich dieser

Prozeß überlagert ist durch zunehmende Konzentration und Verteilungskämpfe, was es erst verständlich macht, warum die Politik der Globalsteuerung zumindest bei der Bekämpfung der weltweiten schleichenden Inflation versagt. Aus dieser Erkenntnis heraus wird immer häufiger gefolgert, daß das traditionelle, keynessche Instrumentarium der Globalsteuerung, nämlich Fiskal- und Geldpolitik, nicht ausreichend sei. Die „offene Flanke" des Systems sei die Einkommenspolitik (vgl. Kapitel VI), man könne den Gewerkschaften nicht weitgehende Freiheiten der Lohnfindung lassen, ohne daß diese nicht auch das Beschäftigungsrisiko trügen. Denn wenn der Staat quasi eine Vollbeschäftigungsgarantie übernimmt, wird die Tarifpolitik zu einem risikolosen Geschäft. Um die Inflation einzudämmen, müßte man also an dieser Stelle etwas eingreifen. Aber nach Meinung von Gewerkschaftlern nicht nur an dieser: Man könne nicht durch Disziplinierung der Gewerkschaften die Inflation bekämpfen und gleichzeitig den Unternehmern die freie Preisgestaltung und Investitionsentscheidung lassen. So gesehen ist nicht nur die Einkommenspolitik, sondern auch die Preispolitik[76] und die fehlende Investitionssteuerung eine offene Flanke des Systems. Anders gesagt: Die Unfähigkeit der Inflationsbekämpfung wäre danach nicht nur Ausdruck sich verschärfender Klassenkämpfe, sondern sie könnte auch einen Verfallsprozeß der marktwirtschaftlichen Ordnung einleiten.

3. Wem nützt, und wem schadet die Inflation?

Wir brauchen nicht gleich die Marktwirtschaft in Gefahr zu sehen, um zu erkennen, warum die schleichende Inflation schädlich und zugleich schwer zu bekämpfen ist. Letzteres gilt vor allem deshalb, weil für die Gruppen der Gesellschaft der Schaden zumindest nicht gleich groß ist, wenn nicht sogar einige von ihnen kurz- oder auch längerfristig Nutzen daraus ziehen.

Bei steigenden Preisen ist es besser, Schuldner zu sein als Gläubiger, denn eine Geldschuld verliert bis zur Rückzahlung real (d. h. hinsichtlich der Kaufkraft) an Wert. Wenn nicht ein Ausgleich durch steigende Zinsen eintritt, führt Inflation stets zu einem Kaufkraftverlust der Besitzer von Geldvermögen (also der Sparer). Dagegen nehmen Sachvermögen, wie z. B. Beteiligungen an Unternehmen, Grundbesitz, Wertgegenständen usw., an der allgemeinen nominellen Wertsteigerung teil. Die für die Inflation kennzeichnende *Flucht in die Sachwerte* ist mitverantwortlich für Bodenspekulation, leerstehende Neubauten (es lohnt sich eher zu warten, als die Wohnungen zu vermieten) und Fehlentwicklungen in der Vermögensbildung und Güterversorgung. Das Geld wird nicht dorthin gelenkt, wo real die größten Erträge, sondern die höchsten Inflationsraten zu erwarten sind. Es erfüllt nicht mehr seine Funktion als Wertaufbewahrungsmittel:

„Müssen die Menschen anfangen, sich Häuser bauen zu lassen, um ihr Vermögen auch nur aufzubewahren, geschweige denn es rentierlich anzulegen, so wird ein elementares Bedürfnis, das sich bei stabilem Geldwert volkswirtschaftlich außerordentlich billig befriedigen läßt, ebenso außerordentlich teuer befriedigt ... Nur die schädlichen Wirkungen einer Inflation auf die Einkommens- und Vermögensverteilungen sind allgemein bewußt. Daß der Geldwertschwund auch auf Art und Menge der produzierten Güter und damit auf den Wohlstand im ganzen zurückwirkt und dies in einer Weise, die das Problem verschärft, wird leicht übersehen."[77]

Das „elementare Bedürfnis", von dem hier die Rede war, ist der Versuch, seinen Besitz im Zeitablauf zu erhalten (Wertaufbewahrung). Eine massenhafte Neigung, sich zu verschulden, um Spekulationsobjekte zu erwerben, kann zu einer gefährlichen, labilen Situation führen. Der berühmte Börsenkrach 1929 in New York hatte u. a. deshalb so weite Konsequenzen, weil damals viele Menschen in der Erwartung, die Aktienkurse würden steigen, Aktien per Kredit gekauft hatten. Als dann die Kurse stürzten und die Gläubiger (Kreditgeber) ihr Geld zurückforderten, löste dies eine Kettenreaktion aus, und viele Menschen standen vor dem Ruin. Nicht viel anders als diese Aktionäre verhalten sich heute viele Unternehmen und (im internationalen Maßstab) sogar ganze Staaten.

Unternehmer sind meist zugleich Geldschuldner und Besitzer von Sachwerten. Sie sind also durch die Inflation begünstigt,[78] zumindest gegenüber den Bevölkerungsteilen, deren Einkommen dem Preisanstieg nicht rasch genug angepaßt werden kann (das waren in der Regel bisher die Rentner und Sozialhilfeempfänger), die unter der Preissteigerung wegen ihres geringen Einkommens relativ stärker zu leiden haben, und die ein kleines Geldvermögen angespart haben. Abgesehen davon kann die bereits erwähnte Veränderung des Preisgefüges nicht nur das Angebot fehllenken, sondern auch eine Umverteilung zugunsten der besserverdienenden Schichten bewirken.

Dieser Umverteilungsaspekt macht es verständlich, daß eine zunehmende schleichende Inflation auch den Verteilungskampf zwischen Gewerkschaften und Arbeitgebern verschärft, so daß sich der Inflationsprozeß fortlaufend verstärkt. Dafür spricht auch die *„Inflationsgewöhnung"*, d. h. die Neigung, „sich bei Dispositionen, die in die Zukunft reichen, von der Erwartung künftiger Preissteigerungen leiten zu lassen",[79] z. B. in Löhnen, Mieten, Zinsen usw. bereits einen entsprechenden Zuschlag einzukalkulieren, Renten zu dynamisieren (gemäß der Entwicklung eines Preisindex zu erhöhen) usw. Unter diesen Voraussetzungen erscheint es schwierig, die Inflation zu stoppen oder wenigstens die Inflationsmentalität zu brechen. Das alles läßt es auch vermuten, daß Inflation nicht nur systembedingt, sondern bei der bestehenden Machtverteilung sogar systemnotwendig ist: Ohne Wachstum und schleichende Inflation würden evtl. soziale Konflikte offener ausbrechen. Längerfristige Stagflationen (USA, Großbritannien) lassen den Schluß zu, daß eine Art Patnerschaft zwischen den Tarifparteien besteht, auf Kosten weniger konfliktfähiger Gruppen Preissteigerungen zuzulassen. Ein Pakt mit umgekehrter Zielrichtung, ein „Stabilitätspakt" zwischen dem Staat und den Tarifpartnern zu einem abgestimmten inflationshemmenden Verhalten, kam dagegen bisher kaum zustande und wäre wohl auch für die Partner nicht zumutbar.

4. Das Geldvolumen und die Instrumente der Notenbank

Abgesehen von den bereits erwähnten Einschränkungen läßt sich vermuten, daß durch eine gezielte Beeinflussung des Geldvolumens auf inflationäre Prozesse eingewirkt werden kann. Um eine aktive Inflationierung durch Geldvermehrung zu vermeiden, sollte die Geldversorgung ohne Mißbrauch privater oder staatlicher Macht erfolgen (vgl. S. 94). Ein Versuch, die Geldmenge quasi automatisch ohne Einflußmöglichkeit bestimmter Institutionen zu regulieren, war die Goldwährung, die heutzutage praktisch überall abgeschafft ist. Der Gedanke war dabei, die Geldmenge nur in einem bestimmten Verhältnis zur nationalen Goldreserve anwachsen zu lassen, d. h. mehr Geld setzt eine Erhöhung der Goldreserve voraus. Das hat den Vorteil, daß Gold nicht beliebig und ohne Kostenaufwand vermehrt werden konnte, relativ wertbeständig war und außerdem im internationalen Warenverkehr für Ausgleich sorgte, denn alle Länder hatten ja letzten Endes die gleiche Währung (nämlich das Gold). Andererseits waren aber auch die Nachteile erheblich. Denn es ist nicht anzunehmen, daß die Goldproduktion stets genau Schritt hält mit der Produktion aller anderen Waren. Außerdem war es gerade der Umstand, daß die Geldversorgung quasi automatisch erfolgte, der mit der Zeit immer mehr als beengend empfunden wurde.

Heutzutage ist praktisch keine Währung mehr an bestimmte Edelmetallreserven gebunden, durch diese „gedeckt“, d. h. wir haben freie, „manipulierte“, also nicht gebundene Währungen. Gleichwohl spielen die Gold- und Devisenreserven eines Landes für dessen Zahlungsfähigkeit noch eine gewisse Rolle, und zwar deshalb, weil es üblich ist, derartige Mittel im internationalen Waren- und Kapitalverkehr als Zahlungsmittel zu benutzen. Sie sind somit zwar keine Deckung des inländischen Geldvolumens, und sie sind schon gar nicht ein Zeichen für den Reichtum und die Leistungsfähigkeit eines Landes, wohl aber können sie für die Aufrechterhaltung von Außenhandelsbeziehungen erforderlich sein, weil unser Geld im Ausland nicht notwendig akzeptiert werden muß (es ist ja dort kein gesetzliches Zahlungsmittel).

Entscheidend ist also, ob das Geld als Zahlungsmittel akzeptiert wird, was davon abhängig ist, ob das Geld etwas wert ist. Man kann diese „Massengewohnheit der Annahme“ nicht erzwingen. Unser Bargeld besteht aus Münzen und Papiergeld, wobei letzteres Scheine sind, die von der Deutschen Bundesbank ausgestellt sind. Das besagt, daß diese Banknote eine Forderung des Inhabers gegenüber der Notenbank (Zentralbank) verbrieft. Aber was veranlaßt eine Notenbank dazu, Forderungen gegen sich selbst auszustellen?

Das geschieht heutzutage in zwei Fällen: Die Bank kauft Waren (allerdings nur ganz bestimmte Waren, nämlich Gold und Devisen, wobei Devisen Bargeld bzw. Guthaben in fremder Währung darstellen), die sie mit solchen Forderungen bezahlt, oder sie gibt Kredit. Dadurch kommt Geld in den Umlauf. Entsprechend verschwindet das Geld wieder durch Verkauf seitens einer Bank bzw. durch Rückzahlung des Kredits.

Unter *Kredit* versteht man die zeitweilige (mit vereinbarter Rückzahlung) Überlassung von Geld. Wenn nun, wie gesagt, jedes Geld eine Forderung gegenüber einer Bank darstellt, ist es das Entscheidende bei der Geldschöpfung, daß der Kreditgeber eine Bank ist. Ein Kredit unter Privatleuten (genauer: „Nichtbanken") kann demgegenüber keine Geldschöpfung, sondern nur eine Umverteilung des bereits bestehenden Geldes bewirken.

Neben dem Bargeld besteht unser Geldvolumen noch aus einer im Umfang weit bedeutsameren Geldart, dem *Buchgeld.* Während die Notenbank das Monopol der Ausgabe von Banknoten hat, ist ihr Einfluß auf das Buchgeld nur indirekt. Denn das Buchgeld (Giralgeld) besteht in Form von Konten, die von jedermann bei den üblichen Banken (*Geschäftsbanken,* das sind alle Banken außer der zentralen, staatlichen Notenbank) unterhalten werden.

Die Funktion der Geschäftsbanken besteht u. a. darin, Geldeinlagen in Konten entgegenzunehmen, den Zahlungsverkehr zu regeln und Kredite zu geben. Wenn jemand Geld in ein Konto einlegt, gibt er damit der Bank einen Kredit. Man kann nun davon ausgehen, daß dieser Bankkunde, und erst recht die Gesamtheit der Bankkunden, dieses Geld für eine gewisse Zeit auf dem Konto beläßt und nicht wieder sofort abhebt, sonst hätte es ja keinen Sinn, das Geld statt zu Hause in der Bank zu halten. Dadurch ist die Bank in der Lage, einen Teil des bei ihr eingelegten Geldes zu verleihen, d. h. an Personen zu geben, die bei ihr einen Kredit aufnehmen. Eine Geschäftsbank nimmt und gibt somit Kredite. Sie zahlt bzw. nimmt dafür Zinsen.

Wichtig für das Verständnis der Geldversorgung ist es, zu erkennen, daß dieses hier beschriebene Kreditgeschäft der (meist privaten) Geschäftsbanken eine Geldschöpfung neben derjenigen durch Ausgabe von Banknoten und Münzen darstellt. Das war sogar selbst vielen Bankpraktikern lange nicht klar. Dabei ist es leicht einzusehen, wenn man bedenkt, daß bestimmte Einlagen (Konten) bei Geschäftsbanken genau so Geld sind wie das Bargeld, also die Banknoten und Münzen. Gemeint sind diejenigen Konten, die jederzeit abgehoben werden können (täglich fällige Gelder, *Sichteinlagen),* und über die mit Scheck und Überweisung verfügt werden kann (man spricht deshalb auch von Scheck- oder Girokonten).

Das auf den Sichtkonten eingezahlte Bargeld kann von der Bank *zum Teil* als Kredit an andere Bankkunden weitergegeben werden, wodurch die Bank Zinsen erwirtschaftet. Die Konten müssen also nicht voll durch Bargeld gedeckt sein, weil – wie erwähnt – nicht die Gefahr besteht, daß die Kunden ihre Einlagen sofort wieder abheben. Eine Bank kann also zahlungsfähig (liquide) bleiben, obgleich sie im Interesse ihrer Rentabilität (Zinsertrag!) einen Großteil des eingezahlten Bargeldes als Kredit weitergegeben hat. Von dem weitergegebenen Geld kann sie oder eine andere Bank wiederum einen Teil als Kredit weitergeben usw., so daß (für das Banksystem insgesamt) ein Multiplikatorprozeß (vgl. S. 81) abläuft. Entscheidend hierfür ist es, zu welchem Teil die eingezahlten Gelder in den Kassen der Banken verbleiben müssen (im Interesse ihrer Liquidität), wie groß also die *Barreserve* für die Einlagen sein muß. Wie bereits erwähnt, hängt dies von den Zahlungsgewohnheiten der Bankkunden ab.[80] Angenommen die Barreserve sei r = 20 vH, dann besagt der Geldschöpfungsmultiplikator $\frac{1}{r}$, daß insgesamt aus einer Einlage von 100 DM das fünffache Kreditvolumen, also 500 DM „geschöpft" werden kann.

Wie Tabelle 8 zeigt, ist das Geld- und Kreditvolumen in der BRD nicht nur beständig gestiegen, was angesichts des zunehmenden Gesamtumsatzes und Sozialprodukts auch nicht erstaunlich ist, sondern es wurden 1972 etwa sechsmal so viel Kredite gegeben, wie Sichteinlagen bestanden. Das Geldvolumen setzt sich zusammen aus dem Bargeldumlauf und den Sichteinlagen (das waren also 1972 95,53 Mrd DM), also aus Bar- und Buchgeld.

Nun bestimmen also über den größten Teil des Geldvolumens die privaten Geschäftsbanken. Ihr Ziel ist aber nicht die konjunkturpolitisch richtige Steuerung der Geldmenge, sondern ihnen ist an möglichst hohen Zinseinlagen aus einem möglichst großen Kreditvolumen gelegen. Wird dadurch nicht das

Tabelle 8. Zahlungsmittelbestände und Kredite in der BRD in Mrd DM

Jahr	Geldvolumen insgesamt	Geldvolumen darunter: Bargeldumlauf	Kredite der Kreditinstitute an inländische Untern. u. Privatpersonen
1955	31,48	14,04	63,27
1960	51,08	20,83	116,25
1965	78,53	29,85	259,27
1966	79,62	30,88	280,74
1967	87,92	31,51	298,88
1968	93,47	32,59	334,55
1969	99,43	34,69	385,95
1970	108,22	36,89	430,54
1971	121,52	40,29	490,57
1972	139,30	45,77	569,33
1973	142,86	47,43	631,28

Quelle: Sachverständigenrat Jahresgutachten 1974, Tabelle 29

Prinzip gefährdet, daß die Geldmenge zu verknappen ist, wenn eine inflationäre Entwicklung herrscht? In der Tat gibt es diese Gefahr, aber es ist zu bedenken, daß der ganze Prozeß nicht ohne Bargeld abläuft, welches nur von der Notenbank ausgegeben werden kann. Die entscheidende Frage ist also, wie sich die Geschäftsbanken bei der Notenbank Bargeld beschaffen können, d. h. sich refinanzieren.

Aus dem Charakter der Banknote als Forderung gegen die Notenbank folgt, daß auch im Geschäftsverkehr zwischen der Notenbank und den Geschäftsbanken Geld auf zwei Arten entsteht: Ankauf von Waren (d. h. in diesem Falle insbesondere Gold und Devisen) und Kreditgabe seitens der Notenbank *(Kreditpolitik).* Für die richtige Steuerung des Geldvolumens, d. h. eine Geldversorgung im Sinne der Ziele des magischen Vierecks, ist es wichtig, daß die Notenbank bei der Refinanzierung der Geschäftsbanken das Heft in der Hand hat. Denn die Notenbank ist für die stabilitätsgerechte Geldversorgung verantwortlich und, anders als die Geschäftsbanken, kein erwerbswirtschaftlich betriebenes Unternehmen.

Eine Erschwernis, wenngleich nicht die einzige, für die Inflationsbekämpfung, ist es, daß diese Voraussetzung heutzutage (bzw. zumindest bis vor kurzem) kaum erfüllt ist, d. h. die Notenbank hat nicht das Geldvolumen und das Kreditvolumen (Spalte 3 in Tabelle 8) ausreichend unter Kontrolle, so daß ihre Maßnahmen im Zuge der Refinanzierung der Banken nicht genügend „greifen". Der Grund hierfür liegt vor allem darin, daß sich die Geschäftsbanken aus vielen von der Notenbank nicht zu kontrollierenden Quellen (wie z. B. internationale Geldmärkte) refinanzieren können, jedenfalls nicht allein auf ihre Notenbank angewiesen sind.

Kreditpolitik betreibt die Notenbank vor allem in Form des *Diskont-* und *Offen-Markt-Geschäfts.* Dabei wird mit zumeist kurzfristigen Krediten gehandelt, die in Form von Wechseln oder Wertpapieren verbrieft sind. Das Diskontgeschäft besteht darin, daß die Notenbank Handelswechsel erwirbt und dem Gläubiger diesen vor Fälligkeit auszahlt. Das Geld fließt dann (später) zurück, wenn bei Fälligkeit der Schuldner bezahlen muß. Bei dieser vorzeitigen (und damit kreditären) Überlassung des Geldes wird ein Zins abgezogen, der *Diskontsatz,* den die Notenbank autonom festlegen kann. Je höher er ist, desto geringer wird der Anreiz sein, der Notenbank Wechsel zum Diskontieren anzubieten, und desto weniger erhöht sich kurzfristig die Geldmenge. Eine Erhöhung des Diskontsatzes dient also der Bekämpfung der Inflation. Außerdem soll dieser Zins eine Signalwirkung auf alle anderen Zinsen ausüben, so daß damit ganz allgemein die Bereitschaft, Kredit aufzunehmen, durch Verteuerung der Kredite gesenkt werden soll. Diese restriktive Geldpolitik kann die Notenbank auch durch Verschärfung der Auswahlkriterien und Verringerung des Höchstbetrags (Kontingents) der anzukaufenden Wechsel unterstützen. Das ganze Kreditgeschäft wird fast ausschließlich zwischen der Notenbank und den Geschäftsbanken (die ihrerseits mit dem Publikum dieses Diskontgeschäft betreiben) abgewickelt, weshalb man auch von *Re*diskontierung spricht.

Auf die Geldmengen- und auch Zinsregulierung durch den Ankauf (Erhöhung der Geldmenge) und Verkauf (Verringerung der Geldmenge) bestimmter Wertpapiere auf dem „offenen Markt" soll hier nur kurz eingegangen werden. Die Bundesbank kann die An- und Verkaufssätze dieser Wertpapiere variieren und so je nach der währungspolitischen Lage die Geschäftsbanken zum Kauf oder Verkauf anregen. Man nennt solche Maßnahmen *Offenmarktpolitik.*

Auf die technischen Einzelheiten anderer der Notenbank zur Steuerung von Geldvolumen, Bankenliquidität und Zinssätzen zur Verfügung stehender Instrumente muß hier verzichtet werden. Erwähnt sei nur die *Mindestreservepolitik,* mit welcher unmittelbar die Liquidität der Geschäftsbanken beeinflußt werden kann. Mindestreserven sind nach Banktypen, Einlagearten usw. differenzierte Bargeldbeträge, die von Geschäftsbanken unverzinslich bei der Notenbank gehalten werden müssen. Sie dürfen nicht angetastet werden. Zur Sicherung ihrer Liquidität müssen die Geschäftsbanken also über die Mindestreserven hinaus zusätzliche Barreserven halten. Es ist klar, daß eine Anhebung der Mindestreservesätze den Kredit (Geld-)schöpfungsspielraum verengt (bzw. bei einem Satz von 100% ganz beseitigt). Alle Maßnahmen wirken indirekt auf die Kreditschöpfung der Banken, indem sie nämlich die Rentabilität und das Liquiditätsrisiko der Kreditgabe durch die Geschäftsbanken beeinflussen. Direkter kann die Notenbank einwirken, indem sie die Kreditschöpfung der Banken über eine Obergrenze (Kreditplafonds) hinaus untersagt, oder indem sie nicht nur für die Einlagen, sondern auch für die Kreditgabe der Banken die Hinterlegung einer Mindestreserve vorschreibt. Die Erfahrung in der BRD zeigt, daß auch solche drastischen Maßnahmen von den Banken unterlaufen werden können und diese sich immer noch irgendwie (meist aus dem Ausland) Bargeld verschaffen konnten.

Zusammenfassend läßt sich sagen, daß die Geldversorgung bei uns letzten Endes durch die Kreditnachfrage der Bankkundschaft bestimmt wird und die Notenbank dabei durch die Refinanzierung der Banken mit Bargeld eine gewisse, wenngleich zu geringe Einflußmöglichkeit hat. Das gesamte Geld- oder gar Kreditvolumen hat sie nicht voll unter Kontrolle, es sei denn nach einer längeren Phase restriktiver Kreditpolitik.

Das wirft die Frage auf, ob eine solche restriktive Geldpolitik überhaupt sinnvoll betrieben werden kann, d. h. ob sie wirksam ist und nicht eventuell mehr schadet als nützt.

5. Wie wirkt eine restriktive Geldpolitik?

Die Notenbank kann in der Hochkonjunktur versuchen, durch Verringerung und Verteuerung des Geldangebots die monetäre Gesamtnachfrage zu senken.

Es ist fraglich, ob das gelingt, ganz abgesehen davon, ob dadurch auch das Preisniveau gesenkt wird. Die Strategie der Notenbanken ist darauf gerichtet, die Refinanzierungsmöglichkeiten der Geschäftsbanken zu beschneiden. Der Erfolg bleibt jedoch meist aus, bzw. der Bremsweg ist sehr lang, wenn dies in einer Situation geschieht, in der die Banken noch hinreichend liquide sind, also *freie Liquiditätsreserven* haben. Zu ihnen gehören die über die Mindestreserven hinaus gehaltenen Kassenbestände, bestimmte Geldmarktanlagen sowie unausgenutzte Rediskontkontingente.

Darüber hinaus ist zu beachten, daß es einige Ausgleichsoperationen innerhalb des Systems der Geschäftsbanken gibt, um, ohne die Notenbank einschalten zu müssen, zu Bargeld zu kommen. Der Spielraum der Kreditschöpfung ist also oft beträchtlich, ohne daß die Notenbank diesen rasch einengen könnte. Besonders wichtig ist dabei das Auslandsgeschäft: durch Präsentieren von Devisen können sich die Banken jederzeit Geld beschaffen. Auf die Gründe hierfür gehen wir im Kapitel VII ein (Seite 167). So kann vor allem bei spekulativen Devisenbewegungen eine Restriktionspolitik gänzlich unwirksam werden. Problematisch sind auch Versuche, über den Preis, d. h. den Zinssatz das Kreditvolumen, zu steuern. Durch Heraufsetzen des Diskontsatzes hebt sich über kurz oder lang auch das Niveau der übrigen Zinsen (auch für längerfristige Anlagen). Ein hohes inländisches Zinsniveau verteuert zwar die Kredite, kann aber gerade Ausländern Anreiz zur Geldanlage bieten. Man holt somit ausländisches Geld herein und bewirkt dadurch genau das Gegenteil von dem, was man wollte. Bei andauernd *hohem Zinsniveau* (als Ergebnis langer erfolgloser Inflationsbekämpfung) kann sich auch das Anlageverhalten der Sparer ändern. Nicht nur, daß die Inflation grundsätzlich die Sparneigung verringert, sie kann auch dazu führen, daß in Erwartung steigender Zinsen Geld nicht gleich längerfristig angelegt wird, sondern zunächst noch in kürzerfristigen Anlagen gehalten wird. Dadurch entsteht ein *Anlagestau,* der nicht nur zu einer Verzerrung von Niveau und Struktur der Zinsen führt, sondern auch dazu, daß das freiwillige, gewollte Sparen nicht ausreichend den Geldumlauf verringert und verlangsamt (weil die Ersparnisse ja noch in relativ flüssiger Form gehalten werden).

Man kann die Restriktions- und Hochzinspolitik aber auch noch unter einem anderen Aspekt, nämlich dem der Kredit*nachfrage,* als schädlich oder zumindest unwirksam bezeichnen. Ob von den Unternehmern mehr oder weniger Kredit (also *fremdes* Geld) nachgefragt wird und ob diese deshalb auf das Zinsniveau mit ihren Investitionen mehr oder weniger reagieren müssen, hängt weitgehend davon ab, wie groß die Finanzmasse, die eigenen Mittel und die Möglichkeiten der Beschaffung zusätzlicher eigener Mittel sind. Dabei zeigt die Statistik (Tabelle 9), daß sich die Unternehmen mit zunehmender Größe[81] weniger fremdfinanzieren und somit unabhängiger vom Bankkredit und Zinsniveau werden. Dagegen trifft die Kreditverknappung und -verteuerung durch die Notenbank vorwiegend die kleinen Unternehmen in voller

Tabelle 9. Kapitalstruktur und Struktur des Mittelaufkommens von Unternehmen des Verarbeitenden Gewerbes nach Rechtsformen in der BRD 1969–1971
Ergebnisse der Bilanzanalysen und Kapitalflußrechnungen der Deutschen Bundesbank*)

Rechtsform und Jahr		Kapitalstruktur (Bilanzanalyse) in vH der Bilanzsumme			Mittelaufkommen (Kapitalflußrechnung) in vH des gesamten Mittelaufkommens		
						Kapitalerhöhung bei	
		Eigen-mittel	darunter: Kapital	Verbindlich-keiten	Innenfinan-zierung	Personenge-sellschaften	Kapitalge-sellschaften
Aktiengesellschaften	1969	36,1	18,7	45,9	54,3		7,1
	1970	34,4	17,7	48,5	50,6		5,5
	1971	33,5	17,8	48,4	60,9		10,1
Gesellschaft m. beschr. Haftung	1969	28,4	18,4	56,2	42,2		4,5
	1970	28,4	17,7	56,0	41,1		6,1
	1971	28,3	17,4	55,9	52,5		9,2
Personengesellschaften	1969	26,5	24,2	60,6	43,1	7,1	
	1970	25,0	22,8	61,8	48,3	6,2	
	1971	25,6	23,2	61,5	62,2	15,3	
	1972	20,7	18,9	68,9			
Einzelkaufleute	1969	30,1	29,4	59,6	45,6	13,8	
	1970	26,1	25,4	60,6	49,1	10,3	
	1971	25,4	24,7	62,7	48,2	11,7	
	1972	21,2	20,6	72,2			
insgesamt	1969	27,5	19,6	54,9	43,8	3,6	3,1
(Hochrechnung!)	1970	26,1	18,5	57,0	48,0	3,7	2,3
	1971	25,6	18,2	58,0	48,9	4,8	5,0
	1972	24,6	17,3	58,9			

*) Die Zahlen für 1970 und 1971 beziehen sich auf die gleichen Unternehmen.

Quelle: Monatsberichte der Deutschen Bundesbank, November 1973 und November 1974.

Härte, insbesondere solche, die kapitalintensive, konjunkturempfindliche Projekte kreditär finanzieren müssen. Deshalb machen in dieser Konjunkturphase immer wieder so viele Bauunternehmen Pleite. Nicht nur daß kleinere Unternehmen stärker auf Bankkredite angewiesen sind, sie erhalten auch seltener Sonderkonditionen und haben es oft schwerer, die Banken davon zu überzeugen, daß sich ein Investitionsprojekt lohnt und sicher (also kreditwürdig) ist. Kredit ist eine Sache des Vertrauens, und man neigt dazu, dem zu geben, der bereits hat.

Ganz anders sieht dagegen die Kreditrestriktion für multinationale Unternehmen aus. Sie können jeweils in dem Land Geld ausleihen, wo die Zinsen besonders niedrig sind, und dort anlegen, wo sie besonders hoch sind. Das könnte, im großen Stil betrieben, die Notenbankpolitik mehrerer Länder durcheinander bringen und dazu führen, daß hinsichtlich der effektiven Nachfrage in jedem Land das Gegenteil von dem geschieht, was man eigentlich wollte.

6. Das Nebeneinander von Geld- und Fiskalpolitik

Die Aufrechterhaltung der gesamtwirtschaftlichen Stabilität ist eine gemeinsame Aufgabe der Geldpolitik (der Notenbank) und der Fiskalpolitik (des Finanzministers und der übrigen Ministerien einer Regierung). Dabei kann das Verhältnis dieser beiden Teile der laufenden Wirtschaftspolitik sehr verschieden gedeutet werden, je nachdem, welche Erfolgschancen man den einzelnen Instrumenten zubilligt. Die hier vertretene Ansicht entspricht der keynesschen (fiskalistischen) Einschätzung von Möglichkeiten und Grenzen der Geld- und Fiskalpolitik. Danach hat, grob gesprochen, die Fiskalpolitik die größere Bedeutung für die Stabilisierung, zumindest dann, wenn es darum geht, eine Rezession oder gar Depression zu überwinden.

Bei jeder Art staatlicher Wirtschaftspolitik besteht die Gefahr, daß Maßnahmen zu spät und nicht richtig dosiert erfolgen. Deshalb ist die Verzögerung, d. h. die Zeitspanne, die zwischen dem Auftreten einer unerwünschten Erscheinung bis zu deren erfolgreicher Beseitigung durch ein wirtschaftspolitisches Instrument verstreicht, ein wichtiges Beurteilungskriterium für die staatliche Wirtschaftspolitik. Man kann diesen Zeitraum in drei Abschnitte zerlegen:

1. *Erkennungsverzögerung* vom Auftreten der unerwünschten Situation (Verfehlen einer Zielgröße) bis zu deren Wahrnehmung, d. h. zutreffender Interpretation konjunkturstatistischer Daten;
2. *Entscheidungsverzögerung* von der Konjunkturdiagnose bis zum Beschluß der als erforderlich angesehenen Maßnahmen (diese Zeitspanne gilt bei allen fiskalpolitischen Maßnahmen als der kritische Punkt);
3. *Wirkungsverzögerung* vom Inkrafttreten der Maßnahmen bis zum Einwirken auf die gewünschte Zielgröße.

Nach verbreiteter Ansicht ist das Ausmaß der Verzögerung bei fiskalpolitischen Instrumenten in der Entscheidungsphase größer, aber in der Wirkungsphase geringer als bei der Geldpolitik. Die gesamte Verzögerung kann sowohl bei der Fiskalpolitik als auch bei der Geldpolitik erheblich sein, so daß die Stabilisierungsbemühungen nicht nur zu spät sein können, sondern auch wirkungslos oder sogar das Gegenteil von dem bewirken können, was eigentlich angestrebt war.

Ein Problem ist es auch zu wissen, wann der Zeitpunkt für Maßnahmen gekommen ist. Besonders unangenehm ist dabei die Erscheinung der *Stagflation*: trotz nachlassender Produktion und Beschäftigung (Mengenkonjunktur) bleiben Kosten und Preise noch eine Zeitlang auf hohem Niveau (vgl. Abbildung 9). Was soll nun getan werden? Eine Konjunkturbelebung durch Fiskalpolitik könnte die Preissteigerungen, und eine restriktive Geldpolitik die Rezession verschärfen!

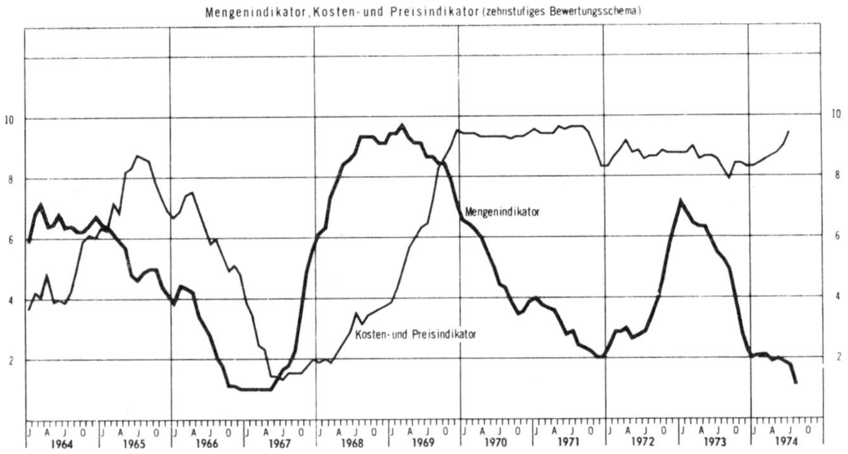

Abbildung 9. Indikatoren zur Konjunkturdiagnose: Mengenindikator, Kosten- und Preisindikator (zehnstufiges Bewertungsschema)

Quelle: Sachverständigenrat zur Begutachtung der gesamtwirtschaftlichen Entwicklung 1974

Ein anderer wichtiger Aspekt ist die theoretische und praktische Möglichkeit, ein Instrument gezielt einzusetzen und eine unmittelbare (direkte) Wirkung zu erzielen. Beide Voraussetzungen sind zumindest theoretisch, d. h. wenn man von divergierenden politischen Interessen absieht, eher bei der Fiskalpolitik erfüllt. Die Geldpolitik dagegen wirkt eher *global* (d. h. nicht so differenziert hinsichtlich Wirtschaftszweigen, Regionen usw.) und *mittelbar*, in dem sie durch Beschränkung der Bankenliquidität und Erhöhung des Zinsniveaus die Kreditgabebereitschaft der Banken und Kreditnahme der

Privaten beschränkt. Sie ist vor allem in der Hochkonjunktur zur Dämpfung des Preisauftriebs einsetzbar, obgleich wir im letzten Abschnitt gesehen haben, daß auch dann, im Falle der restriktiven Geldpolitik, viele Gründe dagegen sprechen. Eine Konjunkturbelebung durch Ausweitung der Geldmenge und Senkung des Zinsniveaus ist dagegen weniger leicht möglich, weil bei pessimistischen Gewinnerwartungen kein Investor Kredit aufnimmt, auch nicht bei niedrigen Zinsen.

7. Geldmenge, Zins und Preisniveau: die „monetaristische Konterrevolution“

Die Erfahrungen der Weltwirtschaftskrise haben gezeigt, daß die „Selbstheilungskräfte“ des marktwirtschaftlichen Systems offenbar nicht ausreichen, um erhebliche Schwankungen der effektiven Nachfrage zu vermeiden. Die daraus gezogene Schlußfolgerung, daß der Staat aktiv Beschäftigungspolitik durch Einwirken auf die effektive Nachfrage betreiben müsse, nannte man oft „Keynessche Revolution“. Große Schwierigkeiten in der Durchführung der Fiskal- und Geldpolitik haben inzwischen offenbar gemacht, daß auch dies nicht ausreicht, um Schwankungen des Preis- und Beschäftigungsniveaus auszuschalten. Daraus zogen einige Theoretiker, die sog. „Monetaristen“, den zunächst nicht sehr naheliegenden Schluß, daß es gerade die fallweise (diskretionär) mal expansive, mal kontraktive (stop and go) Geld- und Fiskalpolitik sei, die Konjunkturschwankungen erzeuge. Dadurch entstünde erst Unsicherheit und Unstetigkeit im Verhalten Privater, welches ohne solche Eingriffe an sich „inhärent“ gleichgewichtig und stabil sei.

Die Monetaristen fordern deshalb eine Ausdehnung des privaten Entscheidungsbereichs zu Lasten des staatlichen und einen Verzicht auf jede diskretionär betriebene Politik (auch der Geldpolitik). Man sollte statt dessen zu *Regelmechanismen* übergehen, d. h. nach Maßgabe der Zunahme der Bevölkerung, des Sozialprodukts, eines Preisindex usw. quasi automatisch die Geldmenge um einen bestimmten Prozentsatz erhöhen. Der Monetarismus ist, grob gesprochen, der Versuch, „eine Renaissance des reinen *Laissez-faire* im Gewand der ‚Geldtheorie‘ zu bewirken“.[82]

Der Streit zwischen Monetaristen und Fiskalisten (Keynesianern) dreht sich vor allem darum, welche Bedeutung eine Regulierung der Geldmenge durch die Notenbank für die Stabilisierung hat. Es geht also um die geeignete Strategie bei der Stabilisierungspolitik: Hat die Regierung oder die Notenbank die relativ wirkungsvolleren Instrumente in der Hand und damit die Verantwortung zu tragen? Der Streit geht dabei nur um „mehr oder weniger“ wirkungsvoll. Der im letzten Abschnitt vorgenommenen (fiskalistischen) Gegenüberstellung von Geld- und Fiskalpolitik wird entgegengehalten, daß die Geldpolitik keineswegs nur vorwiegend *indirekt* und über den Zins auf das

Volkseinkommen und Preisniveau wirke. Vielmehr könne *die Geldmenge* selber *direkt auf Produktion, Beschäftigung und Preise wirken.*

Es ist klar, daß eine Erhöhung des Volkseinkommens auch eine Erweiterung des Geldvolumens bewirkt. Das ist leicht einzusehen, wenn man bedenkt, daß das Geld durch die Kreditnachfrage geschaffen wird. Der umgekehrte Kausalzusammenhang, den die Monetaristen behaupten und auch durch Statistiken empirisch bewiesen zu haben glauben, ist dagegen schon schwerer einzusehen. Er würde voraussetzen, daß zusätzliches Geld stets auch zum Kauf zusätzlicher Güter verwendet wird. Das dürfte bei allgemeiner Flucht in die Sachwerte (Inflation!) zutreffen. Dann gilt ja auch die naive *Quantitätstheorie*: bei Vollbeschäftigung ist das reale Sozialprodukt Y_r in der Quantitätsgleichung (Seite 62)

$$M_y \cdot U_y = Y_r \cdot P$$

praktisch konstant, so daß eine Vergrößerung der Geldmenge M_y, evtl. noch verstärkt durch eine Zunahme der Umlaufgeschwindigkeit U_y zur Anhebung des Preisniveaus P führt. Diese Betrachtung ist richtig, besagt aber nicht, daß im konkreten Falle die *Notenbank* schuld an einer Inflation sei und nicht „reale“ Faktoren, wie die Monopolmacht von Unternehmen, der Verteilungskampf zwischen Arbeitgebern und Gewerkschaften, die Ausgabenneigung des Staates, die Auslandsnachfrage usw.

Wie aber wirkt eine Erhöhung der Geldmenge *in einer Zeit der Unterbeschäftigung?* Kann man dann mit dieser Maßnahme Investitionen und Beschäftigung beleben? Es könnte sein, daß durch Zunahme des Geldvolumens das Zinsniveau sinkt und deshalb mehr investiert wird. Wir werden gleich sehen, daß diese Konsequenz durchaus nicht notwendig eintreten muß. Oder ein anderer Fall: Ein Budgetdefizit des Staates belebt die Konjunktur. Das Defizit ist durch Kredit der Notenbank finanziert, hat also die Geldmenge erhöht. In beiden Fällen scheint eine Erhöhung der Geldmenge Investition und Beschäftigung angeregt zu haben. Also sieht es so aus, als ob man mit Geldpolitik gegen Unterbeschäftigung ankämpfen kann.

Das ist aber ein Irrtum, denn in beiden Beispielen war nicht die Erhöhung der Geldmenge das Wesentliche – das ist nur eine *Konsequenz* vermehrter Kreditnachfrage –, sondern, daß die Bereitschaft bestand, mehr Geld *auszugeben.* Es ist nämlich keineswegs sicher, daß „mehr Geld“ auch zu „mehr Ausgaben“ führt. Der Effekt einer *Geldvermehrung* könnte auch einfach der sein, daß dieses Geld gehortet wird, die Umlaufgeschwindigkeit des Geldes also abnimmt. Das ist gerade in einer Rezession (oder gar Depression) wahrscheinlich. Wie Abb. 10 zeigt, verändert sich die Umlaufgeschwindigkeit tatsächlich synchron mit der allgemeinen Konjunkturbewegung, so daß die Nachfragewirksamkeit einer Geldvermehrung in der Hochkonjunktur (wo diese nicht gewünscht ist) verstärkt und in der Rezession (wo sie erwünscht wäre) abgeschwächt wird.

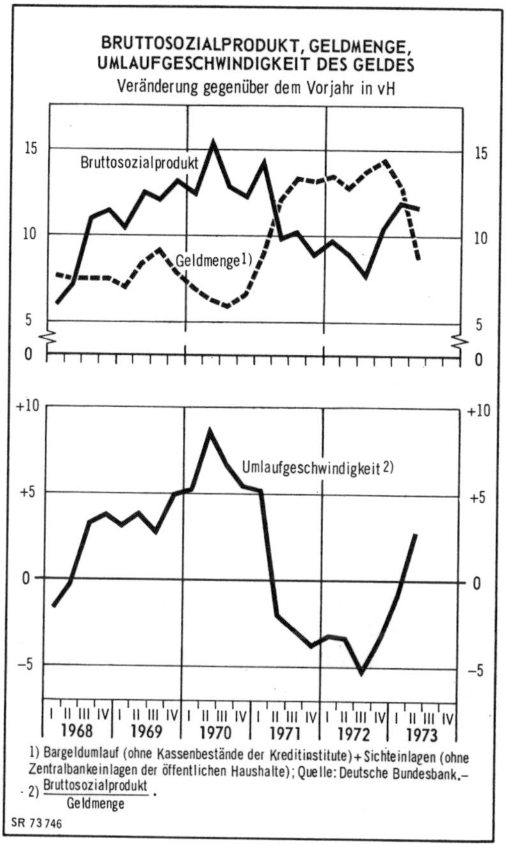

Abbildung 10
Quelle: Sachverständigenrat, Jahresgutachten 1973, Schaubild 30

Könnte nun die mit der Vergrößerung des Geldvolumens einhergehende *Zinssenkung* in der Rezession eine Konjunkturbelebung herbeiführen? Bekanntlich hängen ja die Regulierung der Geldmenge und die Beeinflussung des Zinsniveaus stets eng miteinander zusammen. Viele Maßnahmen der Notenbank wirken gleichzeitig auf beides, z. B. die Offen-Markt-Politik (vgl. Seite 101). Allerdings kann die Notenbank hinsichtlich beider Größen (Geldmenge und Zinsniveau) selten autonom agieren, viel öfter muß sie sich darauf beschränken zu *re*agieren. Aber auch die Zinssenkung muß nicht unbedingt zu einer Ausgabensteigerung führen, insbesondere nicht bei den privaten Investitionen, deren Schwankungen ja vor allem für den Konjunkturzyklus verantwortlich sind. Viel entscheidender dürften hierfür meist die kurz- und mittelfristigen Gewinnerwartungen sein, und gerade mit ihnen kann es ja in einer Konjunkturflaute so schlecht bestellt sein, daß der Zins schon negativ sein müßte, um überhaupt zu Investitionen anzuregen.

Um die Wirksamkeit der Geldpolitik als Instrument der Stabilisierung einzuschätzen, muß man wissen, wie die Privaten auf die geldpolitischen Impulse reagieren. Das ist die Frage nach dem *Transmissionsmechanismus,* der Übersetzung von monetären (geldlichen) Datenänderungen in güterwirtschaftliche Entscheidungen. Folglich gehen auch gerade in dieser Frage die Auffassungen von Fiskalisten und Monetaristen auseinander. Letztere erklären dies mit der Theorie der relativen Preise, wonach der monetäre Impuls die Privaten zu Umstrukturierungen innerhalb ihres Vermögens veranlaßt. Zählt man zum Vermögen nicht nur Wertpapiere, Sparguthaben usw., sondern auch Investitions- oder gar Konsumgüter, so bewirkt der Impuls auch eine veränderte Güternachfrage (und diesen Effekt braucht man, um zu „beweisen", daß das Geld auf die Produktion einwirkt).

Der Theorienstreit, den wir hier nur andeuten konnten, dreht sich zum Großteil auch um die Frage, wie sich das kapitalistische System bei Unterbeschäftigung und Nachfragemangel anpaßt. Konsequente Marktwirtschaftler, wozu auch die Monetaristen gehören, halten immer die Anpassung über sinkende *Preise* und Löhne für möglich. Daß diese in der Wirklichkeit nicht so abläuft, liegt für sie dann nur daran, daß es nicht gelingt, die „Störfaktoren" des Marktmodells zu beseitigen, d. h. Wettbewerbsbeschränkungen, gewerkschaftliche Tarifpolitik, Geldschöpfung der Banken usw. abzuschaffen. Fiskalisten halten dagegen die *Mengenanpassung* für angemessener, was z. B. bedeuten kann, den Nachfragemangel eher durch Steuersenkung und Erhöhung der Staatsausgaben statt durch Druck auf Preise und Löhne zu beseitigen.

Angesichts der Schwierigkeit, im Rahmen unseres Wirtschaftssystems wirksam Wettbewerbsbeschränkungen und Inflation zu begegnen, gewinnt die Frage an Bedeutung, ob man nicht durch eine andere Wirtschaftsordnung mit solchen Problemen besser fertig wird. Wenn man die monetaristische „Lösung", die Rückkehr zum laissez-faire ablehnt, ist zu fragen, ob eine stärkere zentrale, staatliche Planung und Verfügung über den Produktionsapparat vorteilhaft wäre.

8. Bedeutung und Planung der Preise in sozialistischen Ländern

Die ökonomische Kritik an der sozialistischen Produktionsweise richtete ihr Augenmerk stets auf die Bedeutung, die den Preisen in diesem System zukommt. Da abgesehen von Konsumgütern im allgemeinen die Güterversorgung nicht über Märkte geregelt wird, können sich auch keine Preise durch Angebot und Nachfrage bilden. Daraus wurde gefolgert, daß deshalb auch keine rationale Planung von Produktion, Verteilung und Verwendung des

Sozialprodukts möglich sei, weil es keine Preise gebe, die über die Knappheit der Güter informieren. Mithin könne man zwar in einem Plan Produktionsentscheidungen treffen, habe aber kein Kriterium, um zu beurteilen, welcher Nutzen und Aufwand hiermit für die Gesellschaft verbunden sei. Das gelte insbesondere für die Investitionsentscheidungen, für die es ohne Marktpreisbildung keine Maßstäbe der Effektivität gäbe.

Auch dort, wo Marktpreise möglich wären (z. B. bei den Konsumgütern), erfüllen die Preise wegen staatlicher Preisregulierungen nicht ihre Informationsfunktion (über die Knappheit) und auch nicht die Allokationsfunktion, d. h. sie haben keine Bedeutung für die Lenkung der Produktion: Steigt der Preis eines Konsumgutes, so muß das die Planbehörde noch lange nicht dazu veranlassen, in diesem Bereich eine Produktionserhöhung einzuplanen.

Das ist eine Kritik am *Preisgefüge* in einer sozialistischen Volkswirtschaft, die, wie leicht zu sehen ist, auf dem Boden der neoklassischen Gleichgewichtstheorie gewachsen ist. Sie geht von der Voraussetzung aus, daß Preise für die zentrale Planung notwendig sind, und daß Preise auch nur dann entstehen können, wenn tatsächlich marktmäßig getauscht wird. Demgegenüber kann man zeigen, daß *zumindest theoretisch* ein zentraler Plan ganz in naturalen Größen, also ohne eine Geldrechnung und damit auch ohne Geldpreise vorauszusetzen, *aufgestellt* und auch ins Gleichgewicht gebracht werden kann. Aber auch die zweite der genannten Voraussetzungen, daß nämlich Preise nur dann zu bestimmen seien, wenn auch effektiv an Märkten getauscht wird, ist falsch.[83] Man kann die Preise, mehr noch, ein vom Standpunkt bestimmter Ziele *optimales* Preisgefüge *errechnen.* Das hat auch erhebliche Konsequenzen für eine mögliche Dezentralisierung der Entscheidungen in sozialistischen Volkswirtschaften. Man könnte dann vieles sehr viel eleganter und reibungsloser in *die* Richtung steuern, die bei den jeweiligen gesamtgesellschaftlichen Zielen gewünscht ist, als das gegenwärtig noch durch Prämien, Normen, Auflagen usw. möglich ist. Mathematisch ist das Problem weitgehend klar, nur für die praktische Anwendung gibt es noch unüberwindbare Hindernisse.[84]

Gegenwärtig besteht jedoch in vielen sozialistischen Ländern eine Verzerrung des Preisgefüges mit meist zu niedrigen Preisen. Unsicherheiten in der Preisgestaltung treten besonders bei neuen Produkten und im Außenhandel auf, weshalb sozialistische Länder sich hierbei oft am Weltmarkt der kapitalistischen Länder orientieren.

Diese Unsicherheit wird jedoch auch verständlich, wenn man bedenkt, daß mit der Festlegung der Preise sehr viele, zum Teil sich auch widersprechende Zwecke verfolgt werden können.[85] So könnte man sich z. B. vorstellen, daß die Preise so gesetzt werden sollten, daß sie jeweils die Menge der in das Gut hineingesteckten *Arbeit* wiedergeben. Das würde jedoch nicht nur eine Messung der unterschiedlichen Qualitäten von Arbeitsleistungen voraussetzen, sondern auch, daß die Arbeit und andere Produktionsmittel bereits in die von der Nachfrage gewünschten Bahnen gelenkt sind, weil sonst die Gefahr besteht, daß bestimmte Güter unverkäuflich sind, andere gehortet und auf Schwarzmärkten verkauft werden. Eine derartige Planung der Preisrelationen wäre ähnlich wie die Abschaffung des Geldes nur durchführbar, wenn man Wahlfreiheit auf Märkten beseitigte.

Es ist auch nicht notwendig, daß die Preise stets die *Kosten* der Betriebe decken, denn es kann durchaus wünschenswert sein, daß bestimmte Betriebe planmäßig Verluste machen und subventioniert werden müssen. Das wird vor allem dann verständlich, wenn man bedenkt, daß die Preisgestaltung oft sozialen und erzieherischen Zielen dient. So liegen z. B. die Preise wichtiger Massenkonsumgüter in vielen sozialistischen Ländern unter den Kosten, während die Preise bestimmter Luxusgüter, deren Konsum unterbunden werden soll, stark überteuert sind. Wird nicht gleichzeitig mit der Subvention von Massenkonsumgütern das Angebot erhöht und der Handel entsprechend mit Arbeitskräften versorgt, dann kann der beabsichtigte sozialpolitische Effekt dieser Preisgestaltung verfehlt werden: dann entstehen gerade für die ärmsten Schichten die längsten Warteschlagen, und ein Großteil der Kraft und Initiative der Bevölkerung wird durch zeitraubende Alltagskräfte vergeudet.

Allerdings kann auch aus den erwähnten Nachfrageüberschüssen keine Gefahr für das *Preisniveau* erwachsen, denn:

„. . . es kann keine allgemeine und andauernde Inflation der Geldlöhne, Profite und Preise geben, die dem Spätkapitalismus eigen ist. Ein klarer und unbestrittener Vorteil der sozialistischen Industrie gegenüber Privatunternehmen liegt darin, daß sie ständig ein ‚hohes und stabiles Beschäftigungsniveau' aufrechterhalten kann, ohne an Inflation zu leiden."[86]

Das wirft nun die Frage auf, ob der hinter der Inflation in westlichen Ländern stehende *Verteilungskampf* in den sozialistischen Ländern nicht einfach auf eine andere Ebene verlagert wird und dabei nur weniger offen ausbrechen kann. Das kann natürlich kein Verteilungskampf zwischen Arbeitnehmern und privaten Kapitalisten sein. Auch ohne private Unternehmer und Kapitalisten werden jedoch deren Funktionen, soweit sie volkswirtschaftlich notwendig sind, wahrgenommen: die Lenkung (Planung und Leitung) der Produktion und Investition. Und auch hier muß die arbeitende Bevölkerung für die Wahrnehmung dieser Funktionen mit Einkommen und Preisen bezahlen.

Wie noch gezeigt wird, können im Sozialismus schwere Konflikte entstehen bei der Entscheidung über die Verwendung des Sozialprodukts für Konsum oder Investition. Hiervon wird auch wesentlich das Preisniveau bestimmt. Denn abgesehen von persönlichen Steuern, die es in diesem Wirtschaftssystem eigentlich nicht geben müßte, bleibt dem Staat nur die Abschöpfung der Gewinne seiner Betriebe zur Finanzierung der Investitionen. Oberster Grundsatz für die Gestaltung des *Preisniveaus* ist also, daß dieses genügend hoch angesetzt ist, um den für die Investitionen erforderlichen Überschuß (also die Ersparnis) zu erwirtschaften.

Die zentralen Planungsorgane streben eine Stabilität des Preisniveaus vor allem deshalb an, weil sie einen „gewissen Frieden auf dem Gebiet der Geldlöhne und Devisenkurse",[87] sowie das Vertrauen der Bevölkerung aufrechterhalten wollen. Der Erfolg hierbei hängt vor allem davon ab, ob das Investitionstempo in Einklang mit der Entwicklung der Arbeitsproduktivität und der Sparneigung gebracht werden kann[88] und nicht zu sehr forciert wird. Letzteres ist durchaus auch im Sozialismus eine Gefahr, weniger dagegen die umgekehrte Situation, daß dadurch Unterbeschäftigung entstehen kann, daß private Unternehmer zu wenig investieren.

9. Geld und Banken bei zentraler Planung

Zum Verständnis der Funktionsweise einer zentral geplanten sozialistischen Wirtschaft gehört auch die Einsicht in die völlig andersgeartete Rolle von Geld, Kredit und Banken. Infolgedessen haben inflationäre Entwicklungen auch ein anderes Erscheinungsbild, als dies im Kapitalismus üblich ist. Abgesehen von Fehlern in der Planung sind monetäre Prozesse nur das Spiegelbild der entsprechenden güterwirtschaftlichen Vorgänge. Prinzipiell kann durch die Existenz des Geldes kein Ungleichgewicht verursacht werden, zumindest können sich monetäre Fehlentwicklungen nicht verselbständigen. Das bedeutet aber auch umgekehrt, daß es kaum Möglichkeiten einer Steuerung durch „Geldpolitik" gibt.

Vom Standpunkt einer naiven Theorie *dürfte es* im Sozialismus überhaupt *kein Geld geben,* weil damit freie, abstrakte Verfügungsmacht entsteht, d. h. durch Geldbesitz könnte, wenn hierüber frei kaufend verfügt werden darf, jederzeit der zentrale Plan gestört werden. Tatsächlich lassen sich jedoch auch in sozialistischen Ländern (abgesehen weitgehend vom Außenhandel zwischen diesen Ländern) die Tauschvorgänge nicht ohne Geld, etwa durch Zuteilung von Bezugsscheinen, regeln. Entsprechende Versuche eines Naturaltausches, die, ausgehend von der (mißverstandenen) Marxschen These, im Sozialismus sei die Warenproduktion abgeschafft, anfänglich in der Sowjetunion unternommen wurden, sind gescheitert.[89]

Wegen der Existenz von Konsumgütermärkten (wenngleich mit staatlicher Preisregulierung) kann an dieser Stelle des Systems auch offener oder, was häufiger ist, *verdeckt inflationärer Nachfrageüberhang* entstehen. Die richtige Gegenüberstellung von Warenangebot im Einzelhandel und Einkommen der Haushalte (Bilanz der Geldeinnahmen und -ausgaben der Bevölkerung), d. h. des Waren- und des Kauffonds ist also wichtig für die Vermeidung inflationärer Fehlentwicklungen (vgl. auch unten S. 129). Hiermit ist auch im wesentlichen der *Bargeldbedarf* bestimmt, der praktisch nur für die Haushalte und nichtsozialisierten Betriebe benötigt wird. Der Geldbedarf wird außerdem entscheidend durch die notwendigen Umlaufmittel der Betriebe und vor allem durch den Devisenbedarf beim Handel mit kapitalistischen Ländern bestimmt.

Wegen des Vorherrschens staatlichen und genossenschaftlichen Eigentums ist eine Trennung von Staatshaushalt und Bankwesen als zwei Teile eines Finanzsystems in sozialistischen Ländern nicht in der gleichen Weise üblich wie in kapitalistischen; auch haben die *staatlichen Banken* eine andere Funktion:

„Im Unterschied zur kapitalistischen Wirtschaft entscheidet die Bank nicht mit ihren Kreditabmachungen gleichzeitig über die Erhöhung und zukünftige warenmäßige sowie regionale Struktur des Kapitaleinsatzes. Darüber entscheidet der Volkswirtschaftsplan. Folglich beschränkt sich die Rolle der Banken in der sozialistischen Wirtschaft auf die Etappe der Planverwirklichung, wobei sie über die Einhaltung minimaler Effektivität der Kapitalnutzung wacht.“[90]

Ihre Mittel sind dabei die Rationierung der Kredite, deren Verzinsung sowie diejenige der Einlagen der Betriebe. Damit soll vor allem (Zusammenhang: Zinszahlung und Zeit!) die Einhaltung von geplanten *Terminen* im Produktionsprozeß erzwungen werden.

Die Finanzierung der sozialistischen Betriebe kann neben dem Bankkredit auch durch *Selbstfinanzierung* sowie Zuwendungen aus dem Staatshaushalt erfolgen. Dabei ist es verständlich, daß sowohl die Planungspraxis als auch die Planungstheorie bemüht ist, gegen die Neigung der Betriebe zur Selbstfinanzierung anzugehen. Denn durch Selbstfinanzierung können sich die Betriebe der Kontrolle durch die Planungsbürokratie entziehen, und es können Konflikte mit den Lohninteressen der Belegschaft auftreten.

V. Wachstum, Wohlstand und Entwicklung

Wir sind gewohnt, daß das Wachstum bzw. genauer: die Zunahme des Sozialprodukts, von jedermann uneingeschränkt als Erfolg gewertet wird. Die Zeiten, in denen man zur Beurteilung der wirtschaftlichen Lage (sowie von wirtschaftspolitischen Maßnahmen oder gar Wirtschaftssystemen) nur gebannt auf die Zuwachsraten schaute, sind noch nicht vorüber.

Deshalb mag es erstaunlich erscheinen, daß das „Wirtschaftswachstum" erst ziemlich spät zum *Ziel* der Wirtschaftspolitik erklärt und als reizvolles Thema für die Wirtschaftstheorie (wieder) entdeckt wurde. Dabei ist das eigentlich nur dann erstaunlich, wenn man Wachstum und Mehrung des Wohlstandes gleichsetzt; denn um Wohlstand (oder wie man früher sagte „Reichtum"), Verringerung der „Knappheit" geht es ja immer beim Wirtschaften.

Erst in letzter Zeit beginnt man, nicht zuletzt wegen der Diskussion um Umweltverschmutzung, Rohstoffknappheit und „Qualität des Lebens" sich der Problematik (vielleicht sogar des Ideologiegehalts) der naiven Gleichsetzung von Wachstum und „mehr", „schöner", „besser" usw. bewußt zu werden.

Aber abgesehen von dieser Kritik am Wachstumsbegriff ist es auch schwer einzusehen, warum Wachstum ein Ziel der staatlichen Wirtschaftspolitik sein soll. Man könnte es ja auch als *Ergebnis* des Wirtschaftsprozesses oder als *Rahmenbedingung* auffassen, so wie man von der „marktwirtschaftlichen Ordnung" als Rahmenbedingung, d. h. mehr als *Mittel,* Instrument und nicht als Ziel „an sich" spricht. Wachstum wäre dann ein Mittel, um andere Ziele besser erreichen zu können.

Wie so oft ist auch bei der Frage nach dem Wirtschaftswachstum der erste „unwissenschaftliche" Eindruck, die Sache sei eigentlich gar kein Problem, nicht nur bei genauerer Betrachtung falsch, sondern auch (als Vehikel für Ideologien) gefährlich, und es ist unser Ziel, Problembewußtsein hinsichtlich folgender Fragen zu wecken:

- warum strebt man Wirtschaftswachstum an und inwiefern ist das auch eine Aufgabe des Staates?
- kann man die Vergrößerung des Sozialprodukts uneingeschränkt als Mehrung des Wohlstandes, der Lebensqualität oder als „Fortschritt" interpretieren?
- können im Wachstumsprozeß Störungen (welcher Art?) eintreten, und was geschähe längerfristig, wenn man diesen Prozeß sich selbst überließe?

– was sind überhaupt die Antriebskräfte des Wirtschaftswachstums bzw. (was in einem umfassenderen Sinne und für die längere Frist gemeint ist) der wirtschaftlichen Entwicklung (man denke an das Zurückbleiben der „Entwicklungsländer" gegenüber den Industrieländern)?

Zur Einführung in diesen Problemkreis überlege man sich, wie groß das Wachstum sein sollte. Es ist heute üblich, von „angemessenem" Wachstum zu sprechen. Warum verlangt man nicht die maximale Wachstumsrate des Sozialprodukts, also die größtmögliche Produktionssteigerung? Betrachtet man das Wachstum als Ziel, so liegt doch der Schluß nahe, das Größte sei auch das Beste.

1. *Wachstum als Ziel der Wirtschaftspolitik*

Nach dem Zweiten Weltkrieg haben einige Länder (nicht nur die Bundesrepublik) ein „Wirtschaftswunder" erlebt, d. h. den raschen Wiederaufbau eines zerstörten und demontierten Produktionsapparates sowie eine mit diesem Investitionsprozeß verbundene Erhöhung der Einkommen und des privaten Verbrauchs. Daß dies alles weitgehend ohne staatliche Eingriffe geschah, unterstützte zunächst den Glauben in die Selbstregulierungskräfte und an die Überlegenheit des marktwirtschaftlichen Systems. Aber nicht nur die Befürworter, sondern auch die Gegner dieses Systems verlegten sich angesichts beiderseitiger Erfolge darauf, statt auf den Zusammenbruch des anderen Systems zu hoffen, ihre Leistungsfähigkeit durch hohe Wachstumsraten zu demonstrieren und den anderen zu „überholen".

Die Konkurrenz zwischen den Wirtschaftssystemen, wobei das Wirtschaftswachstum mangels anderer ebenso klar definierter und plausibler globaler Erfolgsmaßstäbe mehr und mehr als *die* Zielgröße herhalten mußte, war wohl der Hauptgrund dafür, daß in den fünfziger Jahren ein wahrer „Wachstumsfetischismus" ausbrach. Dabei konnte auch nicht lange übersehen bleiben, daß der größte Teil der Welt, die sog. Dritte Welt, bei diesen Spielregeln wenig Chancen hat mitzukommen, so daß zur Sorge, welches Wirtschaftssystem sich als leistungsfähiger herausstellen wird und was geschieht, wenn die private Investitionslust im Kapitalismus erlahmt, auch die Sorge hinzukam, was auf lange Sicht aus den Entwicklungsländern werden soll.

So waren es, ähnlich wie mit der Entstehung der Beschäftigungstheorie nach der Massenarbeitslosigkeit der Weltwirtschaftskrise, auch jetzt wieder drängende politische und gesellschaftliche Probleme, die eine Neubesinnung der Wirtschaftstheorie erzwangen. Die so entstandene Wachstumstheorie beschäftigte sich weniger mit der Frage, warum Wirtschaftswachstum eintritt und ob ein solcher Prozeß überhaupt wünschenswert ist und forciert werden sollte (das galt zunächst als selbstverständlich), sondern damit, welche Bedingungen erfüllt sein müssen, daß dieser Prozeß störungsfrei, „gleichgewichtig" abläuft. Wer garantiert, daß die Mehrproduktion auch gekauft wird? Was geschieht, wenn umgekehrt durch zusätzliche Beschäftigung aller Faktoren Einkommen entstehen, die nicht für ein entsprechend vergrößertes Güterangebot verausgabt werden können? Es ist naheliegend, daran zu denken, daß jetzt eine Nachfrageinflation einsetzt. Also fragt es sich, ob Wirtschaftswachstum möglicherweise generell nur durch einen leichten Inflationsdruck erkauft werden kann. Wie jedoch Abbildung 11 zeigt, ist der Zusammenhang zwischen Wachstum und Inflation nicht ganz so eindeutig. Zwar ist das nominelle (zu jeweiligen Preisen) Wachstum offenbar zu einem immer geringeren Teil von einem realen (gütermäßigen) Wachstum begleitet, es gibt hier aber doch erhebliche Unterschiede.

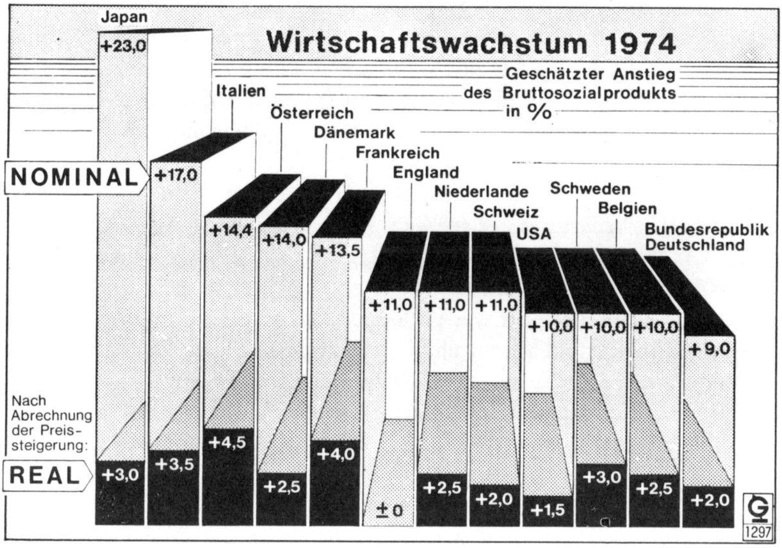

Abbildung 11

Der Gedanke liegt nahe, daß Wachstum als Steigerung der Produktion, und Wachstumspolitik als staatliche Anhebung von Investitionen und effektiver Nachfrage (die diese gesteigerte Produktion kauft) in erster Linie im Interesse der Unternehmer liegt.

Das Ziel „Wachstum" wird aber auch anders begründet, nämlich mit Hypothesen über den Zusammenhang zwischen Wachstum und anderen Größen. Wir wollen hier einige von ihnen aufführen, und zwar in der zur Rechtfertigung der Wachstumspolitik üblichen positiven Fassung. Sie sind alle umstritten, z. T. sogar widerlegt:

1. Nur das Wachstum sichert *Vollbeschäftigung* und höheres Realeinkommen (d. h. Einkommen nach Abzug der Preissteigerung) aller Bevölkerungsschichten; ohne Wachstum kann *Stagnation* eintreten (was eigentlich nur für das private Kapital besorgniserregend sein kann, denn man könnte sich vorstellen, daß es für die Gesellschaft insgesamt stets genug nützliche Verwendungen des Produktivvermögens gibt).
2. Nur bei Wachstum kann auch *Entwicklungshilfe* geleistet werden, die der Verringerung der Wohlstandsunterschiede im Weltmaßstab dienen soll.
3. Das Entsprechende gilt auch für die *Umverteilung von Einkommen und Vermögen* zugunsten ärmerer Schichten, weil es auf weniger Widerstand stößt, wenn der Zuwachs und nicht die Substanz (wie das bei fehlendem Wachstum notwendig wäre) verteilt wird. Die Erfahrung zeigt, daß diese sehr plausibel erscheinende Hypothese falsch sein dürfte (vgl. S. 157).
4. Ganz analog läßt sich auch leichter eine Umstrukturierung der Nachfrage zugunsten des Staatsverbrauchs *(höherer Staatsanteil)* und damit eine bessere Versorgung mit Kollektivgütern durchsetzen. Die dadurch ausgelöste inflationäre Entwicklung scheint aber meist das Bemühen um einen höheren Staatsanteil zunichte zu machen.
5. Auch *Umstrukturierung* der Beschäftigung, die meist gerade wegen des Wirtschaftswachstums notwendig werden, wie z. B. die Abwanderung aus der Landwirtschaft und den Kohlebergbau, lassen sich so mit geringeren sozialen Härten durchführen.
6. Wachstumspolitik wirkt wie Vollbeschäftigungspolitik *politisch integrierend,* befriedet politisch unruhige Bevölkerungsteile und hindert Arbeiter daran, auf die Straße zu gehen, sowie Unternehmer daran, ihre Gewinn- und Investitionschancen schwinden zu sehen.

2. Die Zuwachsrate des realen Sozialprodukts und ihre Aussagefähigkeit

Trotz dieser eindrucksvollen Liste möglicher oder angeblicher Vorteile des Wachstums verbreitet sich mehr und mehr eine Skepsis, ob Wachstum – zumindest in der bisherigen rein quantitativen Form – sinnvoll ist. Ein Grund dafür ist die Einsicht, daß die übliche Definition von Wachstum als jährlichem prozentualen Zuwachs des realen Sozialprodukts nicht das trifft, was man mit „Wohlstand" oder „Lebensqualität" meint.

Denn das Sozialprodukt, abgesehen von gewissen Korrekturen, ist nur der Gesamtwert der Produktion eines Jahres, die auf Märkten verkauft wurde oder zumindest Kosten verursacht hatte. Dabei ist es gleichgültig, ob es sich um nützliche, sinnlose oder gar schädliche Dinge handelt, die produziert wurden. Lebensmittel, Kleidung, Wohnungen, Autos und Krankenhäuser gehören genauso dazu wie die Kosten für die Beseitigung von Umweltschäden, für die Werbung und Rüstung usw. Man kann sich natürlich bei jedem Gut endlos streiten, ob es nützlich und sinnvoll ist. Für einen konsequenten Marktwirtschaftler, der an die Konsumentensouveränität glaubt, ist ein solcher Streit, bei dem es stets um subjektive *Wertungen* geht, ganz unverständlich: Für ihn ist ein Gut stets auch ein gutes Ding, sonst hätte es niemand gekauft, denn die Bedürfnisse sind autonom.

Wie steht es z. B. mit Gütern, deren Lebensdauer im Interesse des Produzenten absichtlich gering gehalten wird, oder mit Gütern, die erst mit raffinierter Werbung an den Mann gebracht werden können? Oft ist zuerst das Gut da und dann erst das Bedürfnis danach, und es fragt sich dann, ob man nicht auf beides hätte verzichten können. So gesehen, scheint es nicht mehr so „wertfrei" zu sein, wenn man das Sozialprodukt unbesehen als Maß für Wachstum und Wohlstand ansieht.

Das Sozialprodukt enthält einerseits Güter, deren Nutzen zweifelhaft ist, andererseits enthält es *nicht* nützliche, aber schwer zu bemessende „immaterielle" Werte oder Leistungen, die nicht marktmäßig verkauft werden (z. B. die Leistung der Hausfrau). Nicht nur die *Abgrenzung,* sondern auch die *Bewertung* der einbezogenen Güter entspricht oft nicht der (allerdings vagen) Vorstellung von Wohlstand. Geben die Marktpreise tatsächlich immer den „Nutzen" wieder? Die Leistungen des Staates werden bei uns (nicht in den sozialistischen Ländern) zum Sozialprodukt gerechnet, und zwar mit den hierbei entstandenen Kosten, weil der Staat ja nicht mit Gewinn „verkauft". Man muß sich dann z. B. fragen, ob eine Wandtafel in einer Schule, die 200,– DM gekostet hat, die Volksbildung (als Teil der „Lebensqualität") tatsächlich um 200,– DM erhöht (so wie sie das Sozialprodukt erhöht), oder aber um 400,– DM oder vielleicht nur um 100,– DM, weil nichts Vernünftiges auf die Tafel geschrieben wird. Wie man sieht, führt die Frage nach dem Wohlstand stets zu Werturteilen, weshalb die Statistiker schon eine „Politisierung" ihrer Sozialproduktsberechnungen befürchten.

Es ist jedenfalls schon nicht mehr „links" oder gar revolutionär, wenn man die rein quantitative, am Sozialprodukt orientierte Wachstumskonzeption kritisiert. Es ist inzwischen unter Statistikern auch sehr in Mode gekommen, andere Maßstäbe zu entwickeln (sog. soziale Indikatoren). Wir können hier jedoch nicht darauf eingehen.

Wir wollen statt dessen nur kurz auf ein Problem hinweisen, weil es nicht nur für das Sozialprodukt, sondern auch für die Art, wie eine kapitalistische Marktwirtschaft mit Problemen fertig wird, interressant ist: die *Umweltverschmutzung.* Die Kosten für Kläranlagen, Mülldeponien usw. werden natürlich im Sozialprodukt verbucht, erhöhen dieses also, obgleich sie (wenigstens zum Teil) nur ein Ausgleich für einen durch Wachstum und Industrialisierung entstandenen Wohlfahrts*verlust* darstellen. Bisher waren die Unternehmen gewohnt, z. B. umsonst reines Wasser aus einem Fluß ableiten zu dürfen, und „dafür", ebenfalls ohne etwas zu bezahlen, verdrecktes oder vergiftetes Wasser zurückleiten zu dürfen. Das ist ein typischer Fall von externen (sozialen) Kosten. Den Schaden trug die Allgemeinheit, ohne daß die Produzenten oder ihre Käufer dafür aufkommen mußten. Als nun das Thema „Umweltschutz" publikumswirksam wurde, und man erstmals daran dachte, die Unternehmen mit speziellen Steuern oder Produktionsverboten zu belegen, verfiel die Industrie zunächst in lautes Klagen. Denn man sah, daß dadurch unsere Produkte notwendig teurer werden und wir nicht mehr international konkurrenzfähig sein könnten. Inzwischen hat man aber erkannt, daß die Sache *auch* ihre gute Seite hat, denn das große *„Umweltgeschäft"* kommt auf uns zu:

„Von 1971 bis 1975 müssen in Westdeutschland aufgrund schon verabschiedeter und noch geplanter Umweltgesetze insgesamt 70,5 Milliarden Mark ausgegeben werden – einen großen Teil davon trägt der Staat. Von der angeblichen Wachstumsbremse erwartet sich denn auch ein Teil der Industrie bereits stolze Gewinne. Westdeutschlands Waschmittelfürst Konrad Henkel gestand ein: ‚Erste Beispiele aus der Praxis – wie die chemische Klärung von Abwässern oder die katalytische Reinigung von Kraftfahrzeugabgasen – zeigen, daß dies für die Industrie keineswegs nur ein Opfergang zu sein braucht. Neue Aufgaben führen zu neuen Lösungen – neue Lösungen schließlich auch zu neuen Märkten.' Die Industriellen, die noch vor wenigen Jahren den Umweltschutz als Profitbremse brandmarkten, mahnen jetzt beredt zur Sauberkeit."[91]

Man sieht, die Marktwirtschaft wird auch damit fertig. Die Frage ist allerdings nur, wie sich der Wachstums- und Industrialisierungsprozeß *langfristig* auf den Menschen auswirkt, ob sich nicht seine Lebensbedingungen und die seiner Kinder verschlechtern, und das umso mehr, je größer das Wachstum und das Lebensniveau ist.

3. Daten zum Wachstum des Produktionspotentials in der Bundesrepublik

In diesem Abschnitt wollen wir anhand von Statistiken Art und Tempo des Wirtschaftswachstums in der BRD untersuchen. Dabei zeigt sich deutlich, wie eng die Wachstums- und die Konjunkturerscheinung miteinander verbunden sind.

Wir kommen zunächst zum bereits mehrfach erwähnten Begriff des Produktionspotentials, d. h. der Kapazität, dem Leistungsvermögen einer Volkswirtschaft. Als der Sachverständigenrat die Wachstumsverluste aufgrund der Rezession 1967 mit ca 7 bis 10 Mrd. DM bezifferte (vgl. S. 71), verursachte er nicht nur viel Aufsehen in der öffentlichen Diskussion, sondern er regte damit auch andere Institutionen dazu an, gleichfalls Schätzungen des Produktionspotentials vorzulegen. Wir folgen hier den Berechnungen der Deutschen Bundesbank. Sie definiert das *Produktionspotential* (P) als:

„. . . der Umfang der gesamtwirtschaftlichen Produktionsleistung . . ., der mit den vorhandenen Produktionsfaktoren Arbeit und Sachkapital unter Berücksichtigung des technischen Fortschritts bei *durchschnittlicher* Auslastung erbracht werden kann".[92]

Produktionspotential und Sozialprodukt

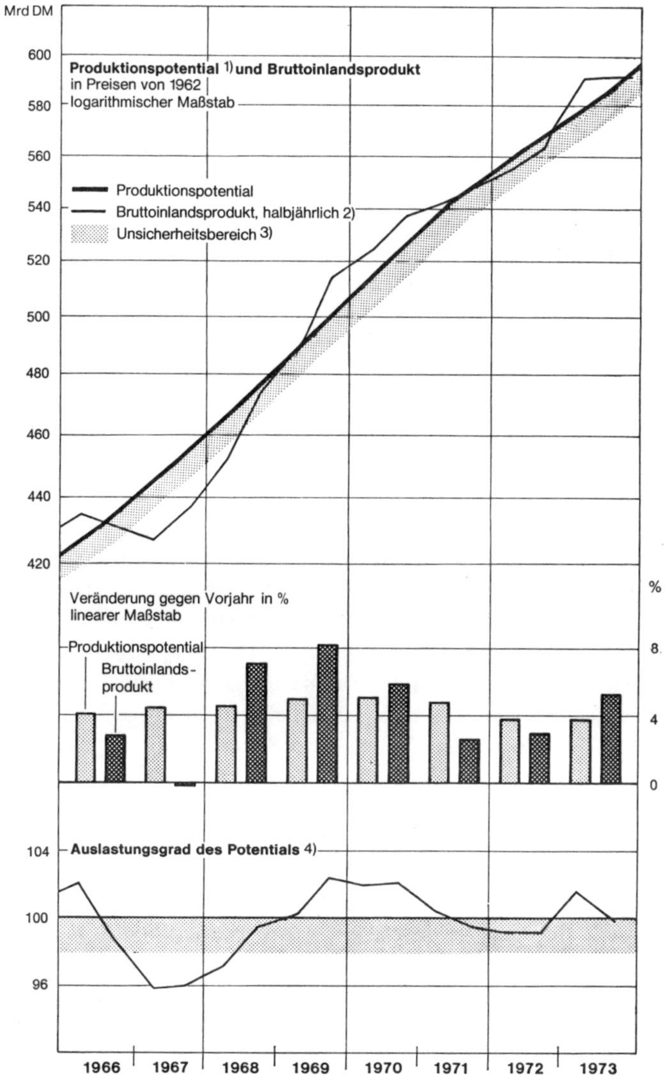

1) Eigene Berechnung (Vgl. Das Produktionspotential in der Bundesrepublik Deutschland, Monatsberichte der Deutschen Bundesbank, Oktober 1973). - 2) Halbjahreswerte auf Jahreswerte hochgerechnet. - 3) Versuch einer Darstellung des Bereichs optimaler gesamtwirtschaftlicher Produktion. - 4) Potentialwert = 100.

Abbildung 12. Quelle: Geschäftsbericht der Deutschen Bundesbank für das Jahr 1973, Seite 35

Wie Abbildung 12 zeigt, ist bei uns dieses Potential, d. h. das bei dem Faktorbestand an sich *mögliche* reale (in Preisen von 1962) Gesamtangebot ziemlich stetig gewachsen: von 1962 bis 1972 im Jahresdurchschnitt um 4,6% bei jährlichen Abweichungen von nicht mehr als 0,5% in beiden Richtungen.

Gleichwohl war die wirtschaftliche Entwicklung bei uns ziemlich unstetig, d. h. das tatsächliche reale Sozialprodukt (Y) war jeweils größer oder kleiner als das an sich mögliche Sozialprodukt, als das Potential (P). Man bezeichnet das Verhältnis $\frac{Y}{P}$ als den *Auslastungsgrad* des Produktionspotentials. Er ist ein Konjunkturindikator. Wie Abbildung 12 zeigt, waren die Produktivkräfte in den Boomjahren 1965, 1969/70 und 1973 überbeansprucht, dagegen in den Abschwüngen, bzw. Rezessionen 1967/68 und 1972 nicht voll ausgelastet.

Auf welchen *Faktoren* beruhte nun das Wirtschaftswachstum in der Bundesrepublik Deutschland? Man muß hierzu die tatsächlichen und potentiellen Werte der Komponenten des Produktionspotentials betrachten, d. h. die Faktoren Arbeit (gemessen in Stunden) und Sachanlagen (Kapital, d. h. Wert des Anlagevermögens in konstanten Preisen von 1962).

Wie Abbildung 13 zeigt, beruht unser Wirtschaftswachstum vor allem auf einer erheblichen Zunahme der *Sachanlagen*. Das ist das Ergebnis einer hohen Investitionstätigkeit; im Durchschnitt wurde jährlich über $\frac{1}{4}$ des Sozialprodukts investiert. Dagegen wurde das Wachstum von Seiten des Produktionsfaktors Arbeit, wie Abbildung 14 zeigt, eher gebremst.

Diese enormen Investitionen wurden gerade deswegen notwendig, weil durch Arbeitszeitverkürzung und sinkende inländische Erwerbsbeteiligung (was nur teilweise durch ausländische Arbeitnehmer ausgeglichen werden konnte) das *Arbeitspotential* in dem betrachteten Zeitraum um 3,2 Mrd Stunden, d. h. um 5,6% zurückging (vgl. Abbildung 14).

Wenn das Wirtschaftswachstum, also die Zunahme des Produktionspotentials auf die Vergrößerung des Faktoreinsatzes zurückzuführen ist, dann spricht man von *extensivem Wachstum*. Das gilt für die Bundesrepublik hinsichtlich des Kapitaleinsatzes, während die der Volkswirtschaft insgesamt zur Verfügung stehende Arbeitszeit nicht gestiegen, sondern im Gegenteil sogar gesunken ist. Wichtiger als die Zunahme des Bestandes kann aber die Zunahme der Ergiebigkeit (Produktivität) der Faktoren sein. Ein auf höhere Produktivität der Faktoren zurückzuführendes Wachstum heißt *intensives Wachstum*. In dem betrachteten Zeitraum von 1962 bis 1972 konnte in der Bundesrepublik die *Arbeitsproduktivität* erheblich gesteigert werden: mit einer Arbeitsstunde wurden 1962 noch 6,42 DM erwirtschaftet, 1972 dagegen 10,66 DM.

Diese Größe darf jedoch nicht fehlinterpretiert werden, denn sie besagt im Unterschied zum „Grenzprodukt der Arbeit“, auf das wir im Kapitel VI noch eingehen werden (vgl. S. 140), nicht, daß die Produktionssteigerung auf den

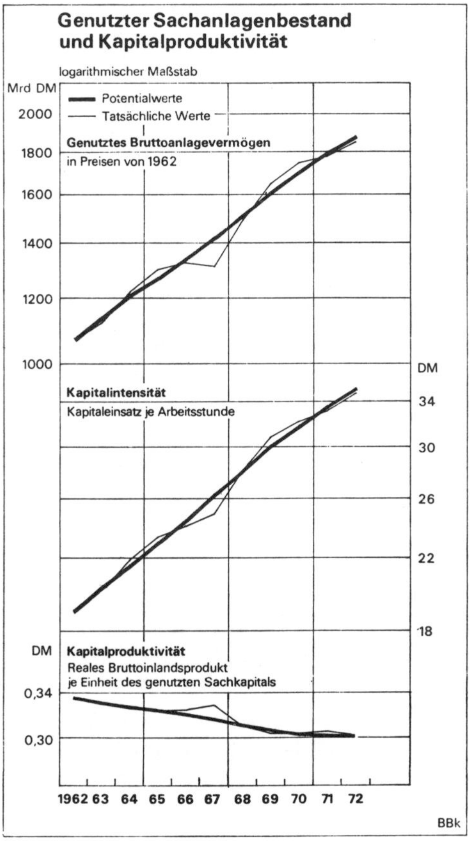

Abbildung 13. Quelle: Monatsbericht der Deutschen Bundesbank, Oktober 1973

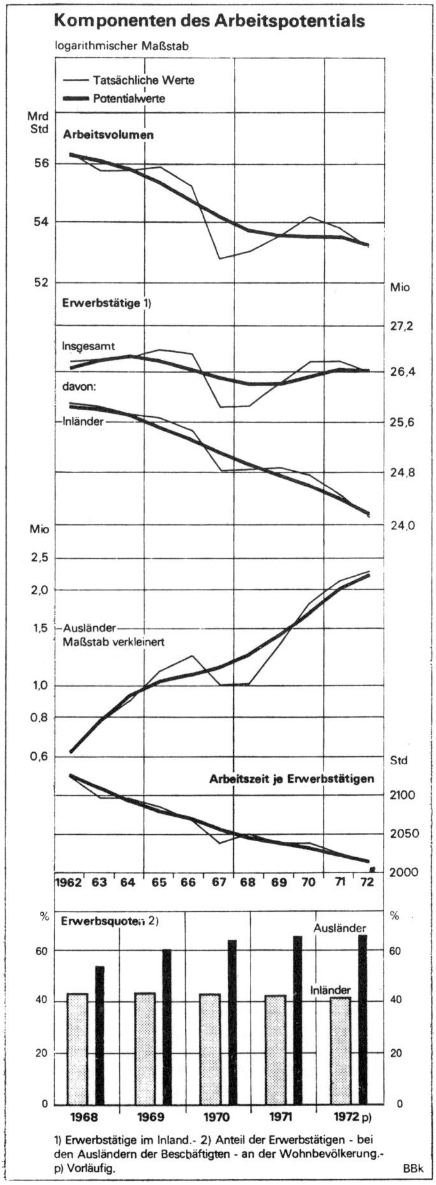

Abbildung 14. Quelle: Monatsbericht der Deutschen Bundesbank, Oktober 1973

Faktor Arbeit zurückzuführen ist. Die Bundesbank vermutet folgende Ursachen:

„Freilich ist der Produktivitätsfortschritt nicht nur den besseren Arbeitsleistungen infolge größerer Qualifikation der Arbeitskräfte zuzurechnen, sondern zum überwiegenden Teil der Zunahme des Kapitaleinsatzes je Arbeitskraft und der Verbesserung der Produktionsverfahren zu verdanken.“[93]

Wir wollen schließlich noch eine Größe einführen, die – vor allem für den folgenden Abschnitt – notwendig ist, um die Wirkung einer Investition einschätzen zu können: der *Kapitalkoeffizient* (genauer: der marginale Kapitalkoeffizient), den wir mit v bezeichnen wollen. Er ist das Verhältnis zwischen dem Investitionsaufwand (I) und der Zunahme des Produktionspotentials ΔP), also:

$$v = \frac{I}{\Delta P}.$$

v = 3 besagt also, daß eine Zunahme des Produktionspotentials um 100 Mrd DM eine Investition (Zunahme des Kapitalbestands) von 300 Mrd DM erfordert.

4. *Bedingungen des gleichgewichtigen Wachstums*

Wir haben im letzten Abschnitt gesehen, wie der Wachstumsprozeß in der BRD von Investitionen und Produktivitätssteigerungen getragen war und wie dabei periodisch Ungleichgewichte im Sinne von Überangebot (zu geringe Auslastung des Produktionspotentials) und Übernachfrage entstanden. Zugleich haben wir einige Begriffe kennengelernt, die es erleichtern, eine Theorie darüber zu entwickeln, wie der Wachstumsprozeß ablaufen *sollte*, damit diese Ungleichgewichte nicht entstehen, d. h. eine Theorie des *stetigen* Wachstums. Nicht das tatsächliche Wachstum, sondern die Bedingungen eines gleichgewichtigen Wachstums sollen uns im folgenden interessieren.

Bekanntlich wurden immer wieder düstere Prognosen über die Entwicklungsmöglichkeiten der Wirtschaft aufgestellt. So sah z. B. Thomas Malthus (1766–1834) eine Ernährungskrise aufgrund des Bevölkerungswachstums voraus. Was er dabei übersah, war, daß zumindest in den sog. „entwickelten“ Industrieländern das Wachstum des Kapitals und der Arbeitsproduktivität das Bevölkerungswachstum mehr als ausgleichen konnte.

Betrachtet man die Bevölkerung und Technik als exogene (von außen vorgegebene) Faktoren, die sich ziemlich autonom entwickeln, so konzentriert sich die Fragestellung auf die *Wirkungen von Investitionen* (Vermehrung des Kapitalstocks). Sie unterscheiden sich grundsätzlich von anderen Ausgaben. Bei einer Investition wird nämlich nicht nur etwas gekauft, was dem Verkäufer Einkommen verschafft *(Einkommenseffekt)*, sondern Investitionen sind Nachfrage nach Produktionsfaktoren, mit denen auch (später) entsprechend mehr produziert (angeboten) werden kann, d. h. sie vergrößern das Produktionspotential *(Kapazitätseffekt)*. Alles kommt deshalb darauf an, daß die Wirkung auf die Nachfrage (Einkommenseffekt) und diejenige auf das Angebot (Kapazitätseffekt) zeitlich, größenmäßig und hinsichtlich der Branchen aufeinander abgestimmt sind. Das ist keineswegs selbstverständlich.

Betrachten wir zunächst den Umstand, daß der Kapazitätseffekt im allgemeinen später einsetzt als der Einkommenseffekt. Eine Maschine muß erst ausprobiert werden, das Personal angelernt werden, das Produkt, das man mit ihr herstellen will, vielleicht erst bekanntgemacht werden usw., so daß es meist eine gewisse Zeit dauert (im Durchschnitt 1 bis 5 Jahre), bis es zu einer Produktionssteigerung kommt, bzw. die neu geschaffene Kapazität genutzt werden kann. Die Investition muß *beendet* sein. Im Unterschied dazu tritt der Einkommenseffekt *während* der Investitionstätigkeit ein. Wenn das der Fall ist, könnte es aber ein Problem sein, ob die erweiterte Produktion auch Käufer findet, d. h. ob die später wieder durch Investitionen zu schaffenden Einkommen ausreichen werden, um den Absatz zu garantieren. Wegen ihres Einkommenseffekts ist deshalb auch für die Zukunft jeweils für ausreichende Investitionen zu sorgen. Eine heute durch Investitionen entstandene Kapazitätsausweitung macht mithin spätere Investitionen erforderlich, damit nicht ein Überangebot bzw. mangelhafte Kapazitätsauslastung eintritt. Hat man einmal mit dem Investieren begonnen, so muß man, wenn man Depression und Arbeitslosigkeit vermeiden will, auch dabei bleiben, mehr noch: *man muß ständig größere Beträge investieren.*

Wir wollen nun diese zunächst noch sehr grob in Worten dargestellten Überlegungen mit einem sehr einfachen Modell, das von R. F. Harrod und E. D. Domar stammt, etwas exakter fassen. Das Modell ist wirklich sehr einfach und es wird zudem anschließend an einem kleinen Zahlenbeispiel veranschaulicht. Es gilt zunächst den Einkommens-(Nachfrage-)effekt und den Kapazitäts-(Angebots-)effekt zu quantifizieren (in einer Größenbeziehung auszudrücken).

Was den Einkommenseffekt betrifft, so haben wir mit dem *Multiplikator* (vgl. S. 81) bereits eine Formel kennengelernt, die es erlaubte, die Größe der Zunahme des Volkseinkommens ΔY (also der Einkommenseffekt) aufgrund zusätzlicher Staatsausgaben zu berechnen. Bekanntlich hing diese Größe entscheidend von der marginalen Konsumquote, die wir b nannten, ab, bzw. weil das Einkommen entweder konsumiert oder gespart wird, von der marginalen Sparquote s, wobei $s = 1 - b$. Was auf Seite 81 für die Staatsausgaben galt, gilt auch für die Investitionen, genauer: die zusätzlichen Investitionen ΔI. Zur Messung des Einkommenseffekts zusätzlicher Investitionen gilt also der Investitionsmultiplikator:

$$(1) \quad \Delta Y = \frac{1}{1-b} \cdot \Delta I = \frac{1}{s} \cdot \Delta I \quad \text{(Einkommenseffekt).}$$

Und wie wirkt sich nun eine Investition auf das Angebot (Produktionspotential) aus? Wir haben im letzten Abschnitt den marginalen Kapitalkoeffizienten v kennengelernt, eine Größe, die Ausdruck der Wirksamkeit (Effizienz) der Investition ist. Sie zeigt an, welche Zunahme des Produktionspotentials (ΔP) aufgrund einer Investition (I: zu erwarten ist. Folglich gilt für den Kapazitätseffekt:

$$(2) \quad \Delta P = \frac{1}{v} \cdot I \qquad \text{(Kapazitätseffekt).}$$

Damit nun diese Kapazitäten jederzeit beschäftigt sein können, also auf Nachfrage stoßen, muß stets ΔP = ΔY gelten. Man erhält so aus Gleichung 1 und 2 die *gleichgewichtige* Wachstumsrate g_w der Investitionen (zugleich Wachstumsrate des Sozialprodukts):

$$(3) \quad gw = \frac{\Delta I}{I} = \frac{s}{v} = \frac{\text{Sparquote}}{\text{Kapitalkoeffizient}}$$

Zur Veranschaulichung des mit dieser Gleichung beschriebenen Prozesses möge ein Zahlenbeispiel[94] dienen. Es sei im Jahre 1964 P = 398,5 Mrd DM, v = 3,4 und s = 0,153.

Wir nehmen nun zwei Fälle an, ausgehend von I = 60 Mrd DM

Fall 1: jedes Jahr wird um 2 vH mehr investiert, also g_w = 0,02
Fall 2: g_w = 0,08.

Man kann nun leicht jeweils ΔY und ΔP berechnen und erhält

Jahr	Fall 1				Fall 2			
	I	ΔI	ΔY	ΔP	I	ΔI	ΔY	ΔP
1964	60	1,2	7,84	17,65	60	4,8	31,37	17,65
1965	61,2	1,224	8,00	18,00	64,8	5,184	33,88	19,06
1966	62,424	1,248	8,16	18,36	69,984	5,599	36,59	20,58

Im Fall 1 ist die Wachstumsrate der Investitionen zu gering. Es werden nicht genügend Einkommen geschaffen, um die Kapazitäten auszulasten, und es entsteht ein Überangebot bzw. weil dieses nicht abgesetzt werden kann, eine zunehmende Lagerhaltung, die deflatorisch wirken wird.

Fall 2 beschreibt genau den umgekehrten Fall, wo die Wachstumsrate angesichts des in der Volkswirtschaft bestehenden Kapitalkoeffizienten und der Sparquote zu groß ist. Der Einkommenseffekt der Investitionen ist stets größer als der Kapazitätseffekt, es entsteht ein inflatorisch wirkender Nachfrageüberhang. Die „richtige" Wachstumsrate der Investitionen ist

$$\frac{\Delta I}{I} = \frac{s}{v} = \frac{0{,}153}{3{,}4} = 0{,}045 \qquad \text{also 4,5 vH.}$$

Das Ergebnis ist keineswegs so erstaunlich, wie man vielleicht zunächst meinen möchte. Wie so oft, steckt auch hier im Prinzip das Ergebnis bereits in den Annahmen und Definitionen, von denen wir ausgegangen sind. Ein Modell leistet stets nur so viel, daß es die Konsequenzen von Annahmen deutlich macht, die man so ohne weiteres sonst vielleicht nicht erkennen könnte. So zeigt sich z. B., daß unter sonst gleichbleibenden Umständen (u. a. Konstanz von v und s) zwar zu jedem Zeitpunkt, also bei jedem Entwicklungsstand, ein Gleichgewicht zwischen Kapazität und Nachfrage möglich ist, daß dieser *Gleichgewichtspfad* (moving equilibrium)[95] aber auch ziemlich eng ist und nur bei einer ganz bestimmten Wachstumsrate der Investitionen beschritten wer-

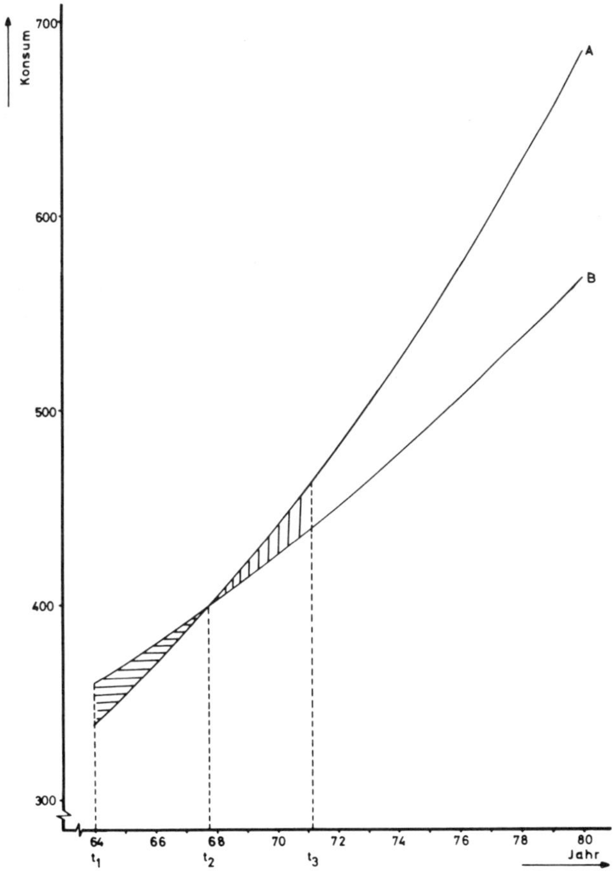

Abbildung 15. Die Kosten des Wachstums

den kann (keineswegs z. B. bei gleichbleibender Investitionstätigkeit). Dieser Pfad wird durch v und s bestimmt. Angenommen der vorwiegend technisch bestimmte Kapitalkoeffizient sei gegeben, dann kann eine Gesellschaft durch eine höhere marginale Sparquote s, und damit durch mehr Investitionen ein schnelleres Wachstum herbeiführen. Das geht dann zu Lasten des Konsums.

Wie groß ist nun das Opfer, gemessen an dem uns entgangenen Konsum? In unserem Modell nahmen wir eine Sparquote von 15,3 vH an, so daß der Konsum 1964 337,53 Mrd DM ausmachte. Dadurch war ein Wachstum von 4,5 vH jährlich möglich (Kurve A in Abbildung 15), Bedingungen, die etwa denen der BRD entsprachen. Man hätte statt dessen ab 1964 jeweils nur 10 vH sparen und investieren können. Damit hätte man 1964 einen größeren Betrag für den Konsum verwenden können, nämlich 358,65 Mrd DM, dafür wäre aber auch diese Wirtschaft langsamer gewachsen, und zwar gemäß Gl. 3 mit einer Wachstumsrate von 2,9 vH (Kurve B in Abbildung 15).

Man kann sich nun überlegen, daß der Konsumverzicht bei schnellerem Wachstum deswegen nicht so schlimm ist, weil man durch schnelleres Wachsen diese „Kosten" ja bald wieder hereinholt. Wie Abbildung 15 zeigt, dauert es etwa fast 4 Jahre, bis 1968 (Punkt t_2), bis die schneller wachsende Wirtschaft (A) zum gleichen Konsumniveau gelangt, das auch die langsamer wachsende Wirtschaft (B) bietet.

Auf diesem Wege ist aber der Wirtschaft A jahraus jahrein „an sich möglicher" Konsum entgangen, insgesamt etwa 53 Mrd DM (waagrecht gestrichelte Fläche in Abb. 15). Bis dieser Konsumverzicht wieder aufgeholt ist, vergehen weitere dreieinhalb Jahre bis 1971 (Punkt t_3).

Die schneller wachsende Volkswirtschaft hat also bis zum Jahre 1971 für ihr Wachstum zu „bezahlen". Wie man hieran sieht, kann man Kosten nicht nur als tatsächliche Geldaufwendungen, sondern auch als entgangenen Nutzen (der bei einem anderen Verhalten entstanden wäre) definieren. Man nennt das *Opportunitätskosten* (opportunity costs). Es gibt somit durchaus Möglichkeiten, den Wert eines Gutes (wie z. B. des Wirtschaftswachstums) zu bestimmen, für das es keinen Marktpreis gibt. Wie man aber auch bedenken sollte, geschieht das stets nur im Rahmen eines Modells.

5. Wachstumsprozeß und Verteilungskonflikte im Sozialismus

Die soeben beschriebenen Erscheinungen des gesamtwirtschaftlichen Angebots bzw. Nachfrageüberhangs können, allerdings mit verschiedenen weitreichenden Konsequenzen, in jeder Wirtschaftsordnung auftreten. Auch bei zentraler Planung ist es möglich und, wie die Erfahrung zeigt, sogar wahrscheinlich, daß periodisch Nachfrageüberhänge auftreten, weil eine in Anbetracht des Kapazitätseffekts der Investitionen (der Akkumulation) zu große Zunahme der Investitionen geplant wird.

Eine Neigung, über das bei gleichgewichtigem Wachstum allein mögliche Maß hinaus zu investieren und damit bereits in der Planung den Grund für einen späteren Nachfrageüberhang zu legen, ist aus verschiedenen Gründen plausibel. Dahinter steht vor allem das Bemühen zentraler Organe, Wachstum und Umstrukturierung (Industrialisierung!) durch relativ stärkeres Ansteigen der Investitionen im Vergleich zum Konsum zu forcieren. Unter Stalin wurde diese Wachstumsstrategie geradezu als „Gesetz“ angesehen.

Die Konsequenz davon kann längerfristig eine Unausgewogenheit (Disproportion) der Wirtschaftsstruktur sein. Mittelfristig kann durch zu langsames Wachsen des Konsumgüter-, Einzelhandels- und Dienstleistungssektors den durch Investitionen entstandenen Einkommen kein ausreichendes Warenangebot gegenübergestellt werden. Der Einkommenseffekt ist größer als der Kapazitätseffekt, die Massenkaufkraft (der Kauffonds der Bevölkerung) übersteigt das Konsumgüterangebot (den Warenfonds). Den Nachfrageüberhang, die Warteschlangen, die Situation des *Verkäufermarkts* auf den Konsumgütermärkten bezeichnet man (auch unter sozialistischen Ökonomen) als *inflationäres* Ungleichgewicht.

Eine Rationierung der Angebotslücke über steigende Preise ist im allgemeinen politisch nicht durchsetzbar, weshalb es – wie bereits gesagt – im Sozialismus selten zu einer *offenen* Inflation kommt. Deshalb muß häufig auf andere Art versucht werden, die Massenkaufkraft abzuschöpfen und die Konsumneigung zu reduzieren, sei es durch Belebung des Sparens (für größere Anschaffungen), durch eine allgemeine Währungsreform (selten) oder einfach dadurch, daß man der Bevölkerung durch langes Warten in Geschäften und unzureichendes Warenangebot die Lust am Kaufen nimmt.

Eine andere Möglichkeit, den Wachstumskurs durchzuhalten, wäre die Kürzung der Nominallöhne der Bevölkerung. Aber auch das ist aus praktischen, politischen Gründen meist nicht möglich, so daß über kurz oder lang die überhöhten Investitionsraten zurückgenommen werden müssen, die auch hinsichtlich der Rohstoff- und Devisenbestände auf eine Barriere stoßen können. Mit einem neuen Investitionsboom kann dann meist erst wieder eingesetzt werden, wenn der Nachfrageüberhang im Konsum beseitigt ist und die Kapazitäten im Investitionsbereich ausgeweitet, also die Investitionen ausgereift sind.

Oberflächlich betrachtet, stellt sich das Wachstumsproblem nur als eine Wahl zwischen gegenwärtigem und zukünftigem Konsum, oder – in der Sicht sozialistischer Ökonomen – als ein Abwägen zwischen individuellen und gesellschaftlichen Interessen dar:

„Die Sache ist jedoch nicht so einfach, wenn man berücksichtigt, daß es nicht nur ein – gesamtgesellschaftliches – System von Präferenzen gibt. Gerade bei der Frage der Aufteilung des Volkseinkommens auf Akkumulation und Verbrauch kann besonders heftig ein Auseinanderfallen von Gesamt- und Einzelinteressen auftreten. Das kommt in der Starrheit der Geldlöhne zum Ausdruck. Denn deren Senkung kommt praktisch nicht in Betracht. In dieser Angelegenheit denken die Werktätigen sehr empfindlich, und sie reagieren auf Schwankungen der Geldeinkommen sehr kräftig. Der Übergang zu Planvarianten, die immer mehr den laufenden Konsum beschränken, führt also zu einer Zuspitzung der Widersprüche zwischen diesen Präferenzsystemen bis zu dem Punkt, an welchem eine weitere Hartnäckigkeit der Planer schwierig oder geradezu undurchsetzbar wird. Das besagt, daß individuelle Präferenzen die Realisierbarkeit gesamtgesellschaftlicher Ziele beschneiden. Denn es gibt ein Niveau der laufenden Einkommen, unterhalb dessen die individuellen Einkommen nicht gesenkt werden können, ohne ernste wirtschaftliche und gesellschaftliche Störungen zu riskieren. Das ist die sog. ‚Inflationsbarriere' ... Die Entscheidungsfreiheit der zentralen Organe ist ... zweifach beschränkt: einerseits durch die Bedingung der Vollbeschäftigung und andererseits durch die besagte Starrheit der Geldlöhne. Somit findet das zentrale Organ in jedem Augenblick bei seiner Entscheidung gegebene Lohnsätze in den verschiedenen Wirtschaftszweigen vor, will diese verändern und kann sie aber praktisch nur anheben. Wenn jedoch die Gefahr des inflationären Ungleichgewichts droht, dann ist das gerade die am wenigsten zu empfehlende Vorgehensweise."[96]

Mithin kann die Wachstumspolitik planerisch deshalb schwierig werden, weil nicht nur ein gewisses „politisches Marketing" erforderlich ist, um der Bevölkerung mehr Investitionen und weniger Konsum einsichtig und erstrebenswert zu machen, sondern weil der Gesamtprozeß auch bei Einhaltung gewisser Stabilitätsgarantien (keine Arbeitslosigkeit, keine offene Inflation) geplant werden muß.

Es wäre deshalb ein Wunschdenken, wollte man nicht einräumen, daß der kaum zu überschätzende Vorzug größerer Stabilität und Sicherheit nur durch massiven Druck auf individuelle Interessen und durch Inkaufnehmen weniger effizienten Kapitaleinsatzes bezahlt werden kann. Sowohl in der Aufstellung als auch in der Realisierung der Pläne tritt durchaus eine Ungleichgewichtigkeit und Unstetigkeit auf, jedoch hinsichtlich Intensität, Regelmäßigkeit, wirtschaftlicher und sozialer Schädlichkeit erheblich schwächer als in den Konjunkturzyklen kapitalistischer Systeme.[97] Das wird auch einsichtig, wenn man, was im folgenden geschehen soll, mögliche Ursachen für die Instabilität unternehmerischen Investitionsverhaltens im Kapitalismus betrachtet.

6. Instabilität des Wachstumsprozesses im Kapitalismus

Wir haben soweit (Abschnitt 4) feststellen können, daß ein gleichgewichtiges Wachstum von (gesamtwirtschaftlich gesehen) Angebot und Nachfrage durchaus *möglich* ist und es hierfür entscheidend ist, wie sich das Spar- und Investitionsvolumen entwickeln. In unserer Wirtschaftsordnung ist aber das Gleichgewicht von Sparen und Investieren, wie Keynes gezeigt hatte, durchaus nicht selbstverständlich und nicht einfach auf den Zinssatz zurückzuführen. Weil das so ist, kann die *Erlangung* des Gleichgewichts zu einem Problem werden und damit auch, wenn man das im Zeitablauf betrachtet, das Einhalten des Gleichgewichts*pfades* bzw. das Abweichen davon. Man muß also den Fall bedenken, daß der tatsächliche Zustand eines Systems von diesem Gleichgewichtspfad (oder dieser „Führungslinie“) abweicht. Und was geschieht dann? Von der Frage nach der *Existenz eines Gleichgewichts* ist die Frage nach der *Stabilität eines Gleichgewichts* zu unterscheiden. Damit ist die Eigenschaft eines Systems gemeint, aus eigenen Kräften eine Abweichung vom Gleichgewicht zu korrigieren, d. h. einen neuen Gleichgewichtszustand anzustreben.

Was nun an der hier dargestellten Wachstumstheorie von R. F. Harrod von vielen Ökonomen als besonders schockierend empfunden wurde, ist die Behauptung, daß der Wachstumsprozeß unter marktwirtschaftlichen Bedingungen nicht mit dieser Stabilität verläuft: Ist der gleichgewichtige Wachstumspfad einmal verfehlt worden, wurde also zuviel oder zuwenig investiert, dann werden Kräfte freigesetzt, die eher den Abstand vom Gleichgewichtspfad *vergrößern,* statt ihn zu verringern, und somit das System immer weiter „aus der Bahn werfen“. Der Grund liegt nach Harrod letztlich darin, daß über Investitionen *privat*wirtschaftlich aufgrund der Gewinnerwartungen entschieden wird.

Um diese Theorie zu verstehen, müssen wir drei zusätzliche Überlegungen vorausschicken:

1. Im Abschnitt 4 wurde das Einkommens- und Kapazitätswachstum ausschließlich als Funktion der Investitionen gedeutet. Das Investitionsverhalten der Unternehmer selbst wurde aber nicht erklärt (die Investition war autonom). Harrod nimmt an, daß die Unternehmer um so mehr investieren, je größer der Einkommensanstieg ist, den sie für die nächste Periode (z. B. das nächste Jahr) erwarten. Sie richten sich also mit ihren Investitionen an den von ihnen erwarteten Einkommenszuwachs in der nächsten Periode. Sie investieren viel (wenig), wenn sie einen großen (geringen) Zuwachs erwarten.[98]
2. Wodurch sind nun ihre Erwartungen bestimmt? Harrod nimmt in seinem Modell an, daß sich die Unternehmer an der vergangenen Entwicklung orientieren. Wenn also z. B. das Volkseinkommen im letzten Jahr um 4 vH gestiegen ist, so erwarten sie, daß es auch im nächsten Jahr um 4 vH steigen wird.
3. Wir müssen unterscheiden zwischen der gleichgewichtigen Wachstumsrate g_w, wie sie mit Gl. 3 bestimmt wird, und der sich tatsächlich ergebenden Wachstumsrate g, dem prozentualen Anstieg des Sozialprodukts Y gegenüber dem Vorjahr.

Was geschieht nun, wenn die tatsächliche Wachstumsrate des Volkseinkommens g kleiner ist als die für gleichgewichtiges Wachstum erforderliche Wachtstumsrate g_w? In diesem Fall ist das Einkommen (Sozialprodukt, Gesamtnachfrage) Y nicht genügend gestiegen (nämlich nur mit der Wachstumsrate g), um die Kapazität auszulasten; denn eine Auslastung der Kapazität (des

Produktionspotentials) würde eine Wachstumsrate g_w erfordern. Es ist also eine Überkapazität entstanden, unverkäufliche Waren, die ins Lager genommen werden müssen. Wie werden sich die Unternehmer jetzt hinsichtlich ihrer Investitionsvorhaben für das nächste Jahr verhalten? Sie werden auch für das kommende Jahr (gemäß Annahme 2) einen entsprechend geringen Zuwachs des Einkommens (der Gesamtnachfrage) erwarten und folglich (gemäß Annahme 1) wenig investieren, weniger jedenfalls, als es der gleichgewichtigen Wachstumsrate g_w entspräche. Nehmen die Investitionen mit einer geringeren Wachstumsrate als g_w zu, so entsteht ein Überangebot (Überkapazität), wie dies auch unser Zahlenbeispiel im Abschnitt 4 (Seite 126; dort Fall 1 des Beispiels) veranschaulichte.

Unser Ausgangspunkt war die Situation $g < g_w$ (die tatsächliche Wachstumsrate des Einkommens ist kleiner als die gleichgewichtige), die durch Überkapazität, d. h. zu geringe Investition gekennzeichnet war. Aus den drei Modellannahmen folgte nun, daß die Unternehmer in dieser Situation laufend (in den folgenden Jahren) weniger investieren und dadurch laufend größere Überkapazitäten entstehen. Dabei wäre eine Steigerung der Investitionen erforderlich gewesen, um das anfängliche Überangebot abzubauen.

Für den umgekehrten Fall der Übernachfrage ($g > g_w$) gilt: Es wurde zu viel investiert (Einkommen geschaffen, ohne daß die Kapazität entsprechend mitwachsen konnte) und es wird laufend mehr investiert, weil den Unternehmern Investitionen wegen Übernachfrage und erwarteter Einkommenszuwächse gewinnbringend erscheinen.

Die kurzfristige Orientierung der Unternehmer an ihrer Kapazitätsauslastung führt also dazu, daß das Tempo der Investitionen, wenn es zu langsam ist, sich noch mehr verlangsamt, und wenn es zu schnell ist, sich sogar noch beschleunigt. Der ganze Prozeß ist somit instabil, er verläuft *„auf des Messers Schneide"*, wie Harrod sich ausdrückte. Er folgerte daraus, daß der Staat durch Eingriffe (nach Art der „Globalsteuerung") *permanent* die Entwicklung beeinflussen muß, weil jede geringfügige Abweichung vom Gleichgewichtspfad vermieden werden muß.

Natürlich hat es nicht an Kritik an diesem Modell gefehlt und auch nicht an optimistischeren Theorien über das Wirtschaftswachstum im Kapitalismus (z. B. die „neoklassische Wachstumstheorie"). Wir können hier auf die Kritik an Harrods Modell nicht eingehen. Selbstverständlich ist das (postkeynesianische) Modell von Harrod noch eine stark vereinfachte Darstellung des Wachstumsprozesses und insbesondere des Investitionsverhaltens der Unternehmer.

7. *Wachstum und Entwicklung: die Dritte Welt*

Die soweit dargestellte Wachstumstheorie trägt wenig bei zur Lösung der Probleme der Entwicklungsländer. Denn das Problem des gleichgewichtigen

Wachstums des Produktionsapparates betrifft eher ein bereits entwickeltes Land. Die Entwicklungsländer (oder besser: die Dritte Welt) stehen dagegen mehr vor einem *qualitativen* Problem. Sie stehen vor der Aufgabe einer grundlegenden Umstrukturierung des Produktionsapparates (Industrialisierung), Befreiung von wirtschaftlicher Abhängigkeit von Industrieländern (zumeist den früheren Kolonialherren) und Umwälzung ihrer Sozialstruktur.

Die Dritte Welt umfaßt etwa $^{2}/_{3}$ der Weltbevölkerung, sie produziert aber nur $^{1}/_{4}$ der Gesamtproduktion auf dieser Welt. Als Kriterium für ein Entwicklungsland wird häufig das Volkseinkommen pro Kopf der Bevölkerung angesehen. Das niedrige Pro-Kopf-Einkommen kann jedoch als Maßstab sehr irreführend sein, weil das Volkseinkommen – gerade in diesen Ländern, die häufig von einer einheimischen Oligarchie beherrscht und in ihrer Entwicklung blockiert werden – höchst ungleich verteilt sein kann. Andere Kriterien sind der Mangel an Kapital (was meist mit niedrigem Pro-Kopf-Einkommen einhergeht, weil kaum gespart werden kann), vorwiegend agrarische Produktion, hohe Analphabetenquote, Bevölkerungsexplosion, fehlende Infrastruktur und – wie bereits erwähnt – offene und mehr noch verdeckte Arbeitslosigkeit.

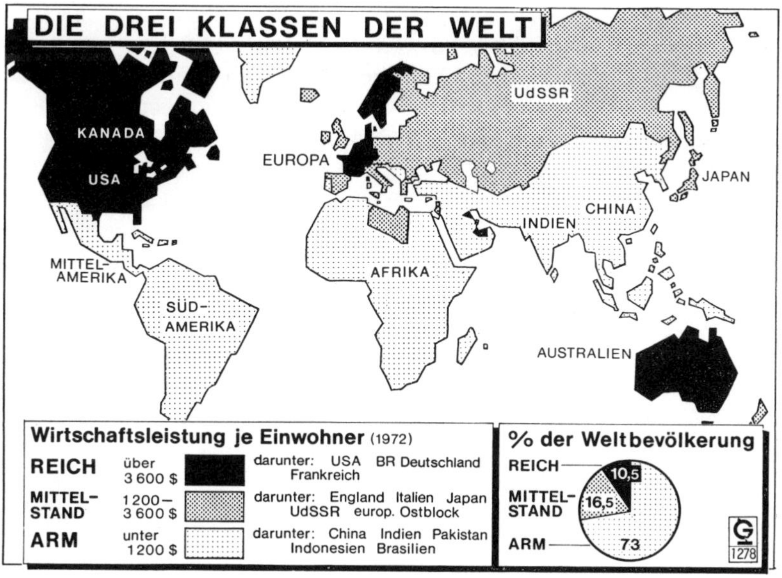

Abbildung 16

Wie Abbildung 16 zeigt, gehören die reichsten Länder der Welt (schwarz eingezeichnet) zum kapitalistischen System („Erste" Welt), im Mittelstand findet man fast alle sozialistischen Länder („Zweite“ Welt), und den größten Teil der Welt machen die armen Länder aus.

Das ist durchaus kein Anlaß, auf unser kapitalistisches Industriesystem unkritisch stolz zu sein. Denn die Erfahrung zeigt, daß Wachstumshemmnisse sich gegenseitig verstärken, ebenso aber auch die Faktoren, die das Wachstum fördern.[99] Daraus ergibt sich, daß Entwicklung ein kumulativer Prozeß[100] ist und sich der Abstand zwischen entwickelten und unterentwickelten Ländern eher vergrößert als verkleinert. Man kann deshalb auch in Zukunft kein Gleichgewicht des Entwicklungsstands im Weltmaßstab erwarten, und man muß, um die Lage der Entwicklungsländer zu begreifen, danach fragen, inwieweit ihre gegenwärtige Lage durch das Verhalten der Industrieländer entstanden ist und aufrechterhalten wird.

Um die Wende zum 20. Jahrhundert war der Höhepunkt des Kolonialismus erreicht: Europa und Nordamerika haben sich den größten Teil der restlichen Welt in Kolonialländern bzw. Einflußgebiete aufgeteilt. Sie fanden meist eine Subsistenzwirtschaft (Produktion für den Eigenbedarf) vor, die bei schwach entwickelter Technik und geringer individualistischer Leistungsmotivation ziemlich gleichgewichtig ablief. Die Kolonialpolitik war meist vom Bestreben geleitet, die Kolonien auf Rohstofflieferung zu spezialisieren, bei ihnen die eigenen Industrieprodukte abzusetzen und (eine Spezialität vor allem der spanischen Kolonialpolitik) die schwach entwickelten Mittelschichten zu beseitigen. Die Folgen hiervon prägen diese Länder noch heute. Viele Entwicklungsländer können im wesentlichen nur ein oder zwei Produkte am Weltmarkt anbieten (z. B. Zinn und Kautschuk in Malaysia) und müssen mit den Erlösen ihre Importe finanzieren, die hauptsächlich aus Investitionsgütern bestehen, die für die Industrialisierung erforderlich sind.

Man kann die Lage der Entwicklungsländer aber auch nicht ausschließlich als eine Erscheinung des Kolonialismus, d. h. Unterentwicklung als Unterdrückung deuten. Wirtschaftliche Abhängigkeit von Industrieländern besteht trotz politischer Unabhängigkeit fort (was man auch „Neokolonialismus“ nennt), und zwar auch in so neutral oder gar förderlich erscheinenden Dingen wie internationalem Handel, Kapitalimport, Währungssystem und Entwicklungshilfe. Und es gibt auch nationale Gründe für zu langsames Entwicklungstempo. Hierzu gehören u. a. das Bevölkerungswachstum sowie die politische und soziale Struktur. Oft herrscht eine korrupte Oberschicht, die große Teile des Sozialprodukts und der Deviseneinnahmen für die Rüstung, Unterdrükkung der Opposition und Prestigeobjekte verpulvert. Die Bevölkerung kann für den bestehenden sachlichen Produktionsapparat zu klein oder auch zu groß sein, d. h. es gibt ein Bevölkerungsoptimum, was in den Entwicklungsländern meist überschritten ist. Das Problem ist nicht so sehr, daß ein Bevölkerungszuwachs ernährt werden muß, denn mit wachsender Bevölkerung wächst ja auch das Arbeitspotential. Die Frage ist nur, ob die Investitionsrate hoch genug ist, um genug Arbeitsplätze zu schaffen. Da dies in der Regel nicht der Fall ist, entsteht Arbeitslosigkeit, die auch kaum längerfristig durch keynessche Beschäftigungspolitik bekämpft werden kann. Die Folge wäre meist Inflation (Lateinamerika) ohne nennenswerte Zunahme des Produktionspotentials, zumal die Arbeitslosigkeit meist auch strukturellen Charakter hat. Eine Lösung wäre vielleicht eine staatliche Arbeitsbeschaffungspolitik, die vor allem in China gegen ländliche (saisonale und strukturelle) Arbeitslosigkeit eingesetzt wurde.

Das Entwicklungsproblem ist somit auch vor dem Hintergrund des Systemunterschieds Kapitalismus – Sozialismus zu sehen. Wir erleben zur Zeit, wie zwei große, weitgehend vergleichbare Länder jeweils nach dem Muster eines der beiden Systeme ihre Entwicklung betreiben: Indien und China. Die Möglichkeiten des Sozialismus dürften vor allem darin liegen, daß es besser gelingt, durch Zurückdrängung des Konsums die Investition anzuheben. Das ist bis in die jüngste Vergangenheit in den sozialistischen Ländern als die typische „stalinistische Entwicklungsstrategie“ (vgl. S. 129) betrieben worden. Das Heil kann jedoch nicht darin gesehen werden, den Konsum *generell* zurückzuschrauben, denn:

> „In vielen Fällen lebt jedoch die Masse der Bevölkerung unterhalb des Existenzminimums, das notwendige Voraussetzung für effizientes Arbeiten ist. Das Problem kann schlicht und einfach so formuliert werden, daß für eine Erhöhung des dringlichen und eine Verringerung des überflüssigen Konsums gesorgt werden muß ... Der Zwang, zur Erhöhung der Akkumulationsrate den Konsum zu beschneiden, verleiht denjenigen Volkswirtschaften einen Vorteil, die die Entwicklung unter sozialistischen Vorzeichen in Angriff nehmen ... Der Vorteil bei der Abschaffung arbeitslosen Einkommens liegt hauptsächlich darin, daß es dann moralisch und politisch leichter ist, die Reallöhne an einem zu schnellen Steigen zu hindern. Darüber hinaus trägt der kollektive Konsum in Form von Gesundheitsdienst, Unterhaltung usw. (was in einer kollektivierten Wirtschaft leichter dargeboten werden kann) pro Ausgabeneinheit mehr zur allgemeinen Wohlfahrt bei (wenn die Auswahl auf einer vernünftigen Basis ruht) als ein fein über die einzelnen Familien verstreuter Anstieg der Löhne.“[101]

Hiermit kann viel erreicht werden, wenn es gilt, extensives Wachstum zu beschleunigen. In einer höheren Entwicklungsphase dagegen wird es meist notwendig, vom extensiven zum *intensiven* Wachstum (durch Verbesserung der Qualität, d. h. der Effizienz der Produktionsfaktoren) überzugehen. Wie die Erfahrung aus den sozialistischen Ländern zeigt, wird in dieser Phase meist das starre administrative Lenkungssystem gelockert, um durch Dezentralisierung mehr individuelle Leistungsmotivation freizusetzen. Es kann dann auch versucht werden, neben den genannten inneren – verstärkt äußere Wachstumsfaktoren auszunutzen, d. h. Zunahme des Außenhandels (Import neuer Technologien), Auslandskredite und Integration zu Wirtschaftsunionen. Das Hauptproblem dieser hier skizzierten Entwicklungsstrategie ist die Gefahr einer disproportionalen (ungleichgewichtigen) Stärkung der genannten inneren und äußeren, extensiven und intensiven Wachstumsfaktoren.[102]

Eine grundlegendere Frage ist es jedoch, ob die Entwicklungsländer den Weg der Industrieländer gehen müssen, mit allen sozialen und kulturellen Folgen. Das Problem ist nämlich, daß wir bis jetzt keinen anderen Weg als das Industriesystem kennen, um zu einem hohen Massenwohlstand im materiellen Sinne zu kommen.

VI. Gerechte Einkommens- und Vermögensverteilung

Wenn der Schein nicht trügt, so bereitet die Herbeiführung einer gerechten Verteilung von Einkommen und Vermögen allen, denen es um den Bestand unserer gesellschaftlichen und politischen Ordnung geht, erhebliche Kopfzerbrechen. Wie wir jedoch gleich sehen werden, nimmt diese Sorge im allgemeinen nicht das Ausmaß an, wie wir es von der Sorge um Stabilität und Wachstum gewohnt sind, bzw. sie kann es auch gar nicht; denn es gibt keine hierfür verantwortliche zentrale politische Institution, und die Verteilungsgerechtigkeit ist deshalb auch nicht in den Katalog gesamtwirtschaftlicher Ziele aufgenommen worden. Allerdings ist auch die Konkretisierung dieses Ziels nicht leicht: Einmal ist es nicht so einfach, überzeugend darzulegen, was man unter „Gerechtigkeit" verstehen sollte, zum anderen hängt diese Frage wegen der Möglichkeit, Einkommen aus Vermögen (sog. Besitz- oder Vermögenseinkommen) zu beziehen, eng mit der Legitimation des Privateigentums an Produktionsmitteln zusammen. Außerdem, so wird sich zeigen, wirkt der in vieler Hinsicht recht faszinierende Marktmechanismus allen Versuchen, die Einkommens- und Vermögensverteilung grundlegend zu ändern, entgegen. So wird von manchen Ökonomen der Versuch durch gewerkschaftliche Nominallohnpolitik das Verteilungsergebnis des Marktes grundlegend zu ändern, für gescheitert erklärt. Unter dem Vorbehalt, daß es schwierig ist, dies mit Statistiken zu belegen:

> „... sei die These gewagt, daß sich seit 1950, langfristig betrachtet, in der relativen Einkommensverteilung keine nennenswerten Änderungen vollzogen haben. Konstanz der relativen Einkommensverteilung bedeutet annähernd gleiche prozentuale Zuwächse bei Arbeitnehmer- und Unternehmereinkommen. Daraus folgt, daß sich, absolut gesehen, die Unterschiede in der Einkommenshöhe vergrößert haben, denn zehn Prozent Zuwachs bei einem Einkommen von 500 DM macht einen geringeren Geldbetrag aus als zehn Prozent Erhöhung bei einem Einkommen von 5000 DM."[103]

Dieses Ergebnis erklärt sich zum größten Teil aus dem Konflikt zwischen Verteilungs- und Stabilitätspolitik. Aus der zentralen Stellung der Einkommensverteilung zwischen der Einkommensentstehung und -verwendung wird deutlich: Wenn die Unternehmen nicht eine Gewinnschmälerung hinnehmen, muß sich die Lohnpolitik irgendwie zwischen den Gefahren der Preissteigerung und der Unterbeschäftigung hindurchlavieren, ohne an der Verteilung grundlegend etwas ändern zu können. Sie ist dann sogar eher ein notwendiges Element zur Stabilisierung des kapitalistischen Systems. Das gleiche Dilemma gilt auch für die meisten Pläne, die Vermögensverteilung zu ändern.

Von den Liberalen wird nun gesagt, die Existenz einer nicht unerheblichen Ungleichheit der Vermögen und damit der Lebenschancen und wirtschaftlichen Macht sowie von nicht nur gelegentlich auftretenden Spitzenverdiensten, die nicht durch besondere Leistungen zu rechtfertigen sind, sei eben der Preis dafür, daß wir in einer freiheitlich-demokratischen Grundordnung leben. Das Problem, das mit diesem Standpunkt verbunden ist (sofern er nicht nur bezweckt, das Thema der Verteilungsgerechtigkeit vom Tisch zu kehren), besteht darin, daß wohl niemand genau weiß, wie hoch dieser Preis sein darf.

1. Das Ziel einer gerechten Verteilung von Einkommen und Vermögen

Gerechtigkeit kann im Zusammenhang mit der Verteilung des Volkseinkommens und des Volksvermögens, insbesondere der Verfügungsmacht über Produktionsfaktoren, zweierlei bedeuten: Jeder bekommt das, was seiner *Leistung* entspricht, egal ob er arm oder reich ist, oder jedem wird seinen *Bedürfnissen* gemäß zugeteilt. Man darf wohl davon ausgehen, daß die meisten Menschen dazu neigen, übermäßig Bedarf anzumelden, wenn etwas ausgeteilt wird. Es ist dann mit Streitigkeiten über die Berechtigung und Priorität eines Bedarfs zu rechnen, so daß es sich nicht empfehlen würde, durchgängig und ausschließlich nach dem Bedürfnisprinzip zu verteilen. Das gilt auch dann, wenn die Zuteilung über einen Staat erfolgt, der mächtig genug wäre, um sich über diese Streitigkeiten hinwegzusetzen. Denn mit dem Bedürfnisprinzip begäbe man sich jeder Möglichkeit, durch Differenzierung der Einkommen Leistungsanreize zu schaffen bzw. Sanktionen auszusprechen.

Die Frage nach dem Verteilungs*prinzip* ist somit hinsichtlich des Einkommens (nicht des Vermögens) wenig kontrovers: Die grundlegende Differenzierung sollte nach dem Leistungsprinzip erfolgen, und es sind dann gewisse Korrekturen nach dem Bedürfnisprinzip erforderlich, um Härten zu vermeiden.

Die Schwierigkeit beginnt erst, wenn man sich etwas genauer überlegt, was eigentlich eine wirtschaftliche „Leistung“ ist. Dabei stellt sich heraus, daß wir dazu neigen, nur solche Erfolge als Leistung anzuerkennen, die mit körperlicher oder geistiger Anstrengung, mit Opfern, Arbeit, jedenfalls aber mit einem Einsatz der *Person* verbunden sind. In dieses Bild paßt es nicht, wenn jemand viel verdient ohne großes Können oder große Anstrengung, nur deshalb, weil er etwas geerbt hat, weil er z. B. zur rechten Zeit als Grundstücksspekulant den richtigen Käufer fand oder weil er als Makler die nicht auf seine „Leistung“ zurückzuführende Wohnungsknappheit ausnutzen kann, um Profite zu machen.

Wir haben also mit dem soweit dargestellten Gerechtigkeits- und Leistungsbegriff besonders bei den *Besitzeinkommen* (Vermögenseinkommen) Schwierigkeiten, die soziale Rechtfertigung einzusehen. Nun würde das allein noch nicht gleich Kritik rechtfertigen, wenn nicht das Privateigentum an Produktionsmitteln ziemlich ungleich verteilt wäre. Denn erst dadurch entsteht ja die Situation, daß Besitzeinkommen Existenzgrundlage sein und daß sie durch Akkumulation den Besitz laufend vergrößern (und dadurch die Chancenungleichheit vermehren) können. Ungleiche Einkommens- und Vermögensverteilung bedingen sich gegenseitig. Mehr noch: Man kann behaupten, daß dem Besitzer von Sach- oder Geldkapital ein Einkommen bezahlt wird, liegt nur an der Knappheit des Kapitals, nur daran, daß das Vermögen ungleich verteilt ist.[104]

Von dem Ausgangspunkt Leistung = Arbeit führt somit die Frage nach der Gerechtigkeit der Einkommens- oder gar Vermögensverteilung unwillkürlich zur Frage der Rechtfertigung des Wirtschaftssystems, insbesondere des Privateigentums an Produktionsmitteln.

Man kann die Sache aber auch ganz anders sehen und argumentieren: Wenn jemand mit enormem Kraftaufwand einen Baumstamm über eine weite Entfernung schleppt, so mag dies zwar sehr eindrucksvoll und tüchtig sein, aber noch nicht unbedingt eine große *wirtschaftliche* Leistung, zumindest keine größere als diejenige, die der vollbringt, der bequem den Baumstamm in seinem Lastwagen transportiert. So gesehen ist Leistung im wirtschaftlichen Sinne *jedes* zur Verfügungstellen nützlicher Dinge, sei es die Arbeitskraft, sei es der Lastwagen. Nun kommt es nur noch darauf an, daß die wirtschaftliche Leistung richtig bewertet wird, daß man für bessere Leistungen, egal wie sie zustandegekommen sind, auch höhere Preise erhält als für schlechtere. Das Problem der Verteilung auf Personen und Klassen wird somit zu einem Problem der Preisbildung für Güter und Dienstleistungen. Bemerkenswert ist an dieser zweiten Betrachtungsweise von Leistung und Gerechtigkeit, daß wir den Menschen bei unseren Überlegungen nicht mehr brauchen. Aus dem Arbeiter wird der Produktionsfaktor Arbeit, aus dem Kapitalisten, der *Klasse* der Eigentümer an Produktionsmitteln, wird der Produktionsfaktor Kapital, z. B. der Lastwagen. Worauf es jetzt ankommt, um die Existenz und Höhe eines bestimmten Einkommens einer Person zu rechtfertigen, ist nicht mehr die *Stellung im Produktionsprozeß,* ihre Klassenzugehörigkeit[105] und ihre Machtstellung, sondern der *produktive Beitrag,* den der „Produktionsfaktor", über den sie im Produktionsprozeß verfügen, zum Gelingen des Ganzen beisteuert.

Nun gibt es allerdings eine Reihe von Menschen, die sich außerstande sehen, einen eigenständigen produktiven Beitrag des Produktionsfaktors Kapital irgendwo zu finden. Man kommt dann meistens in endlose Diskussionen darüber, was geschieht, wenn ein Angler ohne Angel (denn das kann man ja bereits als Kapitalgut auffassen) Fische fangen will. Dabei ist es gar keine Frage, daß Kapital technisch gesehen produktiv ist, in dem Sinne, daß durch mehr Kapitaleinsatz im allgemeinen auch mehr produziert werden kann. Die Frage ist nur, ob – wie die nun zu behandelnde neoklassische „Grenzproduktivitätstheorie der Verteilung" behauptet – dieser Umstand allein eine Rechtfertigung dafür hergibt, daß der Kapitaleigner ein Einkommen (den Zins) erhält.

Verbindet man die Frage nach der Einkommensverteilung mit dem für die Neoklassik zentralen Problem der Allokation der Ressourcen, also die möglichst ergiebige Verwendung aller Produktionsfaktoren, so ergibt sich: Es geht nicht darum, ob Arbeit oder Kapital „überhaupt" produktiv sind, sondern nur darum, ob in diesem oder jenem Produktionsprozeß etwas mehr oder weniger Arbeit oder Kapital eingesetzt werden sollte. Der Ausgangspunkt ist also die Lenkung der Produktionsfaktoren, eine Entscheidung, die in *jedem* Wirtschaftssystem gefällt werden muß und der z. B. folgende Überlegung zugrundeliegen kann: Wenn man sich vorstellt, daß eine zusätzliche Einheit eines Kapitalgutes in einem Produktionsprozeß eingesetzt wird, bei Konstanz aller übrigen, das Produktionsergebnis bestimmenden Faktoren (Arbeitseinsatz, Technik, Art des hergestellten Gutes usw.), so wird dadurch die Produktionsmenge um einen bestimmten Betrag, das *Grenzprodukt des Kapitals,* gesteigert. Diese Produktionssteigerung ist dem zusätzlichen Sachkapital „zurechenbar", d. h. von diesem *verursacht,* weil wir ja vorausgesetzt haben, daß alle übrigen Einflußfaktoren unverändert bleiben.

Das alles ist natürlich nur ein sehr abstraktes Modell und läßt sich in der Wirklichkeit nicht so ohne weiteres nachvollziehen, d. h. in der Praxis wird man im allgemeinen dieses *Zurechnungsproblem* nicht lösen können. Das gleiche Gedankenexperiment kann man auch auf die Arbeit anwenden, also *nur* (partiell, isoliert) den Arbeitseinsatz variieren. Man erhält dann das Grenzprodukt der Arbeit, was nicht zu verwechseln ist mit der Arbeitsproduktivität, wie sie von den Statistikern berechnet wird.

In jeder Wirtschaft, auch bei zentraler Planung, besteht das Allokationsproblem darin, die Produktionsfaktoren jeweils dort einzusetzen, wo ihre Effektivität (gemessen am Grenzprodukt) vergleichsweise die größte ist. Für die neoklassische Theorie wird dieses Problem bekanntlich durch den Wettbewerb gelöst. Gelingt es nun zu zeigen, daß unter den Bedingungen einer Marktwirtschaft der Kapitaleigentümer in Form des *Zinses* genau das Grenzprodukt des Kapitals und der Arbeiter genau das Grenzprodukt der Arbeit als *Lohn* (was in der Sprache der Wirtschaftstheorie ganz allgemein die Bezahlung von Arbeitsleistungen, also auch Gehalt, Beamtenbezüge usw. bedeutet) erhält, so heißt das, daß jeder Produktionsfaktor gemäß seinem produktiven Beitrag entlohnt wird. Daß dies bei uns im Prinzip so geschieht, ist die Hauptthese der sog. *Grenzproduktivitätstheorie der Verteilung.* Bemerkenswert an dieser Theorie ist nun nicht so sehr, daß sie ziemlich abstrakt ist und es daher schwer sein dürfte, nachzuweisen, daß ihre Modellannahmen auch in der Realität gelten (das Modell also „realistisch" ist), sondern daß sie den Eindruck erweckt, als sei das Verteilungsproblem eine rein produktionstechnische Frage, die in *jeder* Wirtschaftsordnung gleich gelöst wird. Die Frage nach der „Gerechtigkeit" ist auch, wenn man diese Theorie als gültig akzeptiert, nicht mehr so recht verständlich: Jeder Faktor wird ja nach seinem produktiven Beitrag entlohnt; warum sollte das nicht „gerecht" sein? Man muß sich nun fragen, ob die Grenzproduktivitätstheorie tatsächlich eine rein technische, systemindifferente, wertneutrale Aussage macht.[106]

Effektivität (oder Produktivität) des Kapitals, die je nach der Verwendungsrichtung verschieden hoch sein kann, und damit die Vorstellung einer Verzinsung, die bei jeder Investitionsentscheidung im Hintergrund steht, heißt ja noch nicht, daß dieses Grenzprodukt des Kapitals auch als Zins *ausgezahlt* werden muß. Und an wen wird es ausgezahlt? Wir kommen damit zu den Fragen des Privateigentums und der ungleichen Vermögensverteilung zurück. Man könnte sich ja auch vorstellen, daß der Zins nur als Rechengröße existiert und das Mehrprodukt aufgrund der Kapitalgüter ganz oder zum Teil an die Arbeitskräfte (zusätzlich zum Lohn, also dem Grenzprodukt der Arbeit) ausgezahlt wird. Wir haben bereits gesehen, daß diese theoretische Möglichkeit auch den sozialistischen Wirtschaften nicht zu Gebote steht: Keine Gesellschaft kann den Kapitalertrag voll für den Konsum ausschütten, ohne sich um die Investitionen zu kümmern. Andererseits ist aber auch zu fragen, ob es einen privaten Konsum aufgrund von *Besitz*einkommen gäbe, wenn es kein Privateigentum[107] an Produktionsmitteln gäbe.

Die Frage, wer den Zins erhält, hängt also damit zusammen, *wie* und *durch wen* der Investitionsprozeß gelenkt werden soll, also mit der Eigentumsordnung. Die Frage nach der Gerechtigkeit der Verteilung von Einkommen und Vermögen[108] ist somit im Grunde bereits die Entscheidung für eine bestimmte Eigentumsordnung und einen Mechanismus der Allokation (z. B. Marktwirtschaft) beantwortet. Eine Korrektur dieser Verteilung, z. B. durch staatliche Eingriffe, kann deswegen in begrenztem Maße gleichwohl möglich sein; man kann aber nicht eine grundlegende Änderung zum *Ziel* erklären, wenn gleichzeitig diese Ordnung aufrechterhalten werden soll.

Dies mag zum Teil die geringen Erfolge einer Umverteilungspolitik erklären. Es zeigt auch, daß das Problem der Verteilungsgerechtigkeit – anders als die Grenzproduktivitätstheorie meint – *nicht* in jeder Wirtschaftsordnung in gleicher Weise besteht und auch nicht nur ein technisches Problem ist. Ein grundlegender Unterschied zwischen dem kapitalistischen und sozialistischen System ist die Verteilung von Besitzeinkommen *an* Kapitaleigner aufgrund ihres Eigentums in unserem System. Dadurch entsteht ein Zusammenhang zwischen Einkommens- und Vermögensverteilung, der in dieser Art in einem anderen System nicht existieren müßte.

2. Statistische Daten zur Einkommensverteilung

Es wird immer wieder behauptet, daß die Statistik wenig Information über die Einkommensverteilung bereitstelle. Das kann man so allgemein nicht sagen; vielmehr ist es nur schwierig, Daten für einzelne Aspekte des Verteilungsproblems wie z. B.

Übersicht 1. Der Einkommensverteilungs- und -umverteilungsprozeß in der BRD 1970

(In Klammern steht jeweils der Betrag in Mill. DM, die Anzahl der Einkommensbezieher bzw. der Haushalte in 1000, sowie der daraus zu errechnende Durchschnittsbetrag in 1000 DM)

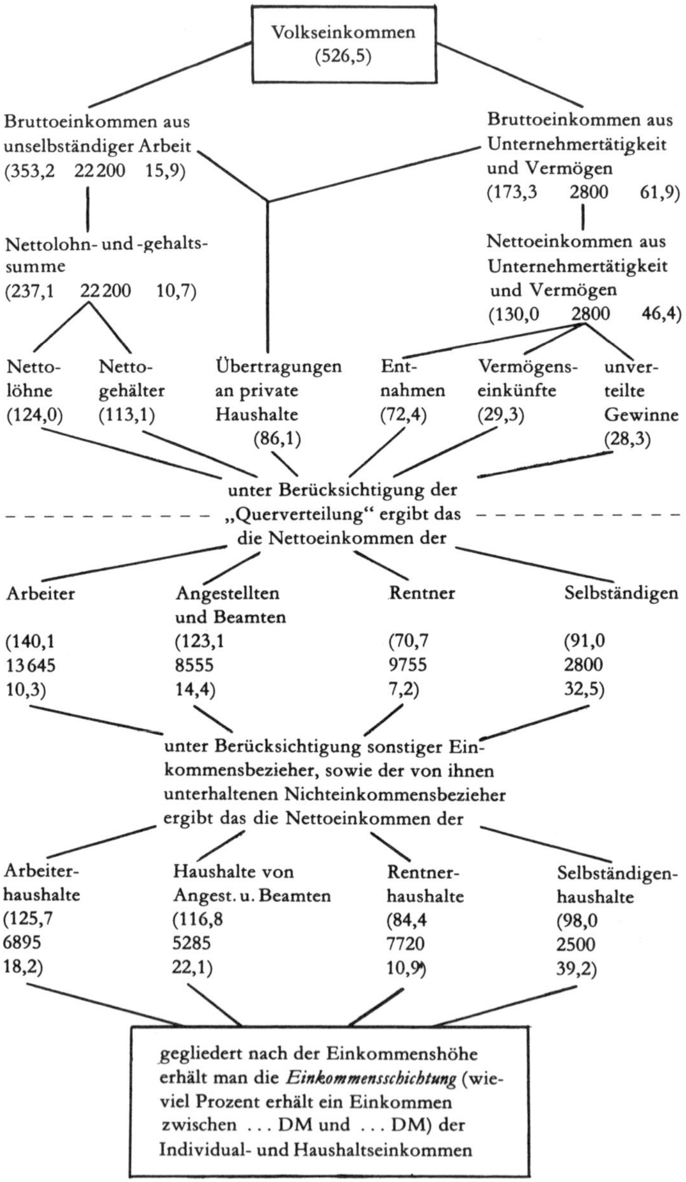

- Art der Einkünfte
- Höhe (Betrag) der Einkünfte
- Zusammensetzung (Struktur) des gesamten Einkommens hinsichtlich Einkunftsart und -quelle einerseits und
- Personen bzw. Haushalte, die diese Einkommen beziehen, andererseits

zu einem Gesamtbild des Einkommensverteilungs- und -umverteilungsprozesses auch hinsichtlich der daran beteiligten Personen zusammenzufügen.

Man kann einerseits von der Gesamtleistung unserer Volkswirtschaft ausgehen, dem Volkseinkommen, das in voller Höhe in irgendeiner Form an die Bevölkerung als Individualeinkommen ausgezahlt oder doch zumindest der Verfügungsgewalt irgendwelcher Personen anheimgestellt wird, und versuchen, hier funktionale Untergliederungen zu schaffen, d. h. das Volkseinkommen aufzuteilen in Arbeits-, Vermögens- und Unternehmereinkommen *(funktionelle Einkommensverteilung)*. Man kann andererseits bei den Einzelpersonen und -haushalten ansetzen und diese nach ihren Einkommen befragen

Tabelle 10. Einkommen der privaten Haushalte aus Unternehmertätigkeit und Vermögen in Mill DM in der BRD*

Jahr	Bruttoeink. aus Untern.-tät. u. Verm.	Einkommen aus Unternehmertät.	Vermögenseinkommen	darunter Zinsen	darunter Ausschüttungen v. Unt. m. R. P.
1960	72390	66650	5740	3740	1270
1965	101830	91510	10320	7540	1870
1970	147320	124580	22740	18220	3190
1971	156370	130390	25550	20890	3180
1972	168680	140960	27720	23360	2850

* Einschließlich privater Organisationen ohne Erwerbscharakter
Bemerkungen: Bruttoeinkommen aus Unternehmertätigkeit und Vermögen vor Abzug der Zinsen auf Konsumentenschulden. Die Einkommen aus Unternehmertätigkeit bestehen aus Entnahmen (z. Z. 97,6 vH) und nichtentnommenen Gewinnen der Unternehmen ohne eigene Rechtspersönlichkeit. Die Ausschüttungen aus Unternehmen mit eigener Rechtspersönlichkeit zählen dagegen als Einkommen aus Vermögen.
Quelle: Wirtschaft und Statistik Heft 4, 1974, S. 255

Zur Übersicht 1 auf S. 142: Schätzungen des DIW für die BRD 1970, entnommen aus hektographierten Unterlagen eines Referats von G. Göseke (DIW Berlin): Die Modellrechnung des Deutschen Instituts für Wirtschaftsforschung über die Einkommensverteilung und Einkommensschichtung der privaten Haushalte in der Bundesrepublik Deutschland, Wiesbaden 30. 11. 1973.

Tabelle 11. Zur Aufgliederung der Profitquote in der BRD 1960 bis 1972

Jahr	Anteil in vH am Volkseinkommen			
	gesamte Eink. aus Untern.tät. u. Vermög.*	Einkommen der privaten Haushalte aus Unternehmertätigkeit und Vermögen		
		insgesamt	Untern.tät.	Vermögen
1960	38,91	30,57	28,51	2,46
1961	37,27	29,43	27,33	2,49
1962	35,47	28,25	26,12	2,51
1963	35,03	28,24	25,98	2,65
1964	35,15	28,34	26,01	2,71
1965	34,65	28,52	26,00	2,93
1966	33,67	27,99	25,10	3,34
1967	33,34	28,05	24,87	3,61
1968	35,44	29,19	25,99	2,79
1969	34,05	27,99	24,62	3,01
1970	32,43	27,52	23,79	4,34
1971	30,60	26,48	22,68	4,43
1972	29,93	26,26	22,50	4,42

* Das ist die Profitquote (die sich zusammen mit der Lohnquote zu 100 addiert), nach Abzug der Zinsen auf Konsumentenschulden.

Quelle: Berechnet aus Tabellen in Wirtschaft und Statistik, Heft 4, 1974, S. 253, 255

(personelle Einkommensverteilung) oder bei den Betrieben die von ihnen ausgezahlten Löhne und Gehälter erheben. Das Problem ist nur, daß es höchstens mit äußerst komplizierten Modellrechnungen, wie sie den Zahlenangaben der Übersicht 1 zugrundeliegen, möglich ist, die erste, mehr makroökonomische Betrachtungsweise mit der zweiten, eher mikroökonomischen zu verbinden, die Zahlen zusammenzuführen, ohne daß sich Widersprüche ergeben.

Man kann das Volkseinkommen (Y) zunächst aufspalten in die Bruttoeinkommen[109] aus unselbständiger Arbeit (L) und die Bruttoeinkommen aus Unternehmertätigkeit und Vermögen (U) und dann die sog. *Lohnquote* LQ bilden:

$$LQ = \frac{L}{Y} \cdot 100$$

Sie[110] liegt seit 1972 bei uns über 70 vH.

Das ist eine Betrachtung des Verteilungsproblems unter vorwiegend funktionalem Aspekt: man stellt die Einkünfte des Produktionsfaktors Arbeit (L)

Tabelle 12. Zur Entwicklung der funktionellen Einkommensverteilung

Jahr	Volkseinkommen	Tatsächliche[1] Lohnquote	Rechnerische[2] Lohnquote	Arbeitnehmerquote[3]	Arbeitsquote[4]
	Veränderung gegen Vorjahr in vH	in vH			
1960		60,6	60,6	77,2	78,5
1961	+ 9,5	62,2	61,6	78,0	79,8
1962	+ 7,5	64,0	62,8	78,6	81,4
1963	+ 6,6	64,4	62,7	79,3	81,2
1964	+ 9,6	64,3	62,1	79,9	80,5
1965	+ 9,6	64,7	62,1	80,4	80,5
1966	+ 6,1	65,7	62,7	80,8	81,3
1967	— 0,3	65,9	63,2	80,6	81,8
1968	+ 10,9	63,9	60,9	81,0	78,9
1969	+ 10,5	65,2	61,5	81,7	79,7
1970	+ 14,9	66,7	62,5	82,5	80,9
1971	+ 10,1	68,7	63,8	83,1	82,6
1972[5]	+ 9,5	68,3	63,2	83,5	81,9

[1] Bruttoeinkommen aus unselbständiger Arbeit in vH des Volkseinkommens.
[2] Lohnquote bei konstant gehaltenem Anteil der Arbeitnehmer an den Erwerbstätigen im Jahre 1960.
[3] Anteil der Arbeitnehmer an den Erwerbstätigen.
[4] Bruttoarbeitseinkommen der Arbeitnehmer plus Arbeitseinkommen der Selbständigen (unter der Annahme gleichen durchschnittlichen Arbeitseinkommens wie der Arbeitnehmer) in vH des Volkseinkommens.
[5] Eigene Schätzung.

Quelle: Sachverständigenrat Jahresgutachten 1972, Tabelle 38.

denen des Kapitals und der Unternehmertätigkeit (zusammen $U = Y - L$) gegenüber. Entsprechend ist

$$PQ = \frac{U}{Y} 100 = 100 - LQ$$

die Profitquote, was übrigens nicht den Anteil der *Gewinne* am Volkseinkommen darstellt. Das Aggregat U besteht zu einem großen Teil aus (mit einem zunehmenden Anteil) Zinsen, Einkünften des Staates usw. und wird nur zu einem Teil an Unternehmerhaushalte ausgeschüttet (s. Tabelle 11). Unter Gewinn im engeren Sinne versteht man auch hiervon nur einen Teil, nämlich den verbleibenden Rest nach Abzug eines „Unternehmerlohns", der Verzinsung des Eigenkapitals usw.

Diese beiden Quoten stellen *nicht* die *Aufteilung* des Volkseinkommens *auf die beiden Klassen* Arbeitnehmer und Kapitalisten (einschl. Unternehmer) dar, denn

1. sind die Kategorien „unselbständige Arbeit" und „Selbständig" in dieser Hinsicht wenig aussagefähig; hochbezahlte Manager sind unselbständig, andererseits ist ein kleiner ambulanter Händler ein Selbständiger; das führt dazu, daß die Einkommensunterschiede in der Statistik weniger differenziert erscheinen als sie vielleicht „in Wirklichkeit" sind;
2. die Quoten stellen nicht die Gesamteinkünfte von Personengruppen dar, weil
   a) der Prozeß der Einkommens*um*verteilung hinzukommt, wobei zu beachten ist, daß eine Berechnung von Lohn- und Profitquoten auf der Basis von *Netto*- statt Bruttoeinkommen zu einem geringeren Anteil der Einkommen der Unselbständigen führt
   b) die *Querverteilung,* d. h. die Möglichkeit, daß eine Person mehrere Einkommensarten beziehen kann, zu berücksichtigen ist (ein Angestellter kann neben seinem Arbeitseinkommen auch durch Wohnungsvermietung Einkommen aus Unternehmertätigkeit beziehen).

Die Quoten stellen also keine personelle Verteilung dar. Genaugenommen geben sie aber auch nicht die funktionelle Verteilung wieder. So enthalten die Einkommen aus Unternehmertätigkeit zum Teil auch Einkünfte, die den Arbeitseinkünften gleichzusetzen sind; wenn ein Unternehmer in seinem Betrieb tätig ist, kann man seine Arbeit mit dem vergleichbaren Gehalt eines „Managers" bewerten, d. h. einen fiktiven „Unternehmerlohn" ansetzen. Schlägt man diese Beträge zu den Einkommen aus unselbständiger Arbeit, so erhält man die *Arbeitsquote* (vgl. Tabelle 12). Trotzdem sind alle Versuche, durch bestimmte Korrekturen an der Lohnquote zu Aussagen über die *Situation von Personen, Klassen oder sozialen Schichten* zu gelangen, beim gegenwärtigen Stand der Statistik und bei der Unklarheit der Klassen- und Schichtungsbegriffe recht angreifbar.

Das gilt z. B. auch für folgendes Argument: Die Lohnquote LQ ist zwar (vgl. Tabelle 12) zwischen 1960 und 1970 von 60,6% auf 66,7% gestiegen. Andererseits nahm aber auch der Anteil der Arbeitnehmer an der Gesamtzahl der Erwerbstätigen im gleichen Zeitraum von 77,2% auf 83,1% zu. Wenn man nun jeweils die Einkommen der Unselbständigen und der Selbständigen nicht auf die sich zwischen 1960 und 1970 laufend verändernde Anzahl der Selbständigen bzw. Unselbständigen bezieht, sondern gleichbleibend auf die betreffenden Anteile, wie sie 1960 bestanden hatten, so erhält man die *bereinigte Lohnquote* LQ_b. Sie ist bereinigt[111] vom Einfluß der Veränderung der Beschäftigtenstruktur (der Struktur der Beschäftigten bezüglich des Merkmals

Selbständigkeit). Allerdings ist die Rechnung etwas fiktiv, denn wer sagt uns, daß sich die Pro-Kopf-Einkommen der Selbständigen und Unselbständigen auch so entwickelt hätten, wenn die Beschäftigtenstruktur von 1960 geblieben wäre.

Man kann auch mit dem Argument, daß sich die Struktur der Empfänger des Volkseinkommens verändert hat, den Einkommensanstieg der Selbständigen unter die Lupe nehmen. Die Zunahme ihrer Pro-Kopf-Einkommen ist nämlich auch zum Teil (man schätzt etwa 21 vH)[112] darauf zurückzuführen, daß die geringer verdienenden Selbständigen, die jeweils den Durchschnitt („Pro-Kopf") gedrückt hatten, allmählich im Konkurrenzkampf ausgeschieden sind. Der „echte" Einkommensanstieg der Selbständigen ist also kleiner, als er in der Statistik erscheint.

Trotz dieser und mancher weiterer Bedenken kann die Lohnquote, wenn man ihre Aussagefähigkeit nicht überschätzt, eine erste Orientierung über die Ungleichheit der Verteilung geben. Dabei ist besonders der zeitliche Aspekt interessant; d. h. der *Zusammenhang zwischen Lohnquote und Konjunkturzyklen* (Lohn-Lag):

> „Die Lohnquote ist nach dem Zweiten Weltkrieg in allen westlichen Industrieländern gestiegen, in der Bundesrepublik insbesondere zu Beginn der sechziger Jahre, als sich das Arbeitskräfteangebot zunehmend verknappte ... Allen Lohnquoten gemeinsam sind starke zyklische Schwankungen: Während in konjunkturellen Aufschwungphasen die Unternehmereinkommen der allgemeinen Einkommensentwicklung vorauseilen, holen die Arbeitseinkommen in der Abschwungphase diesen Rückstand wieder auf ... Die unterschiedliche Zunahme der einzelnen Faktoreneinkommen im Konjunkturverlauf zeigt, wie sehr die Einkommensverteilung auf kurze Sicht von den Schwankungen der gesamtwirtschaftlichen Nachfrage bestimmt wird ... Verschiebungen der Einkommensverteilung im Konjunkturverlauf haben ihre Ursache in Starrheiten und dadurch bedingten verzögerten Marktanpassungen. Im Aufschwung, wenn hohe Produktivitätszuwächse die Stückkosten senken, dies aber nicht in den Preisen weitergegeben wird, steigen die Unternehmensgewinne rasch an, während die Lohnerhöhungen – und damit die Einkommen aus unselbständiger Arbeit – der Produktivitätsentwicklung erst mit erheblicher zeitlicher Verzögerung folgen. Dieser Lohn-Lag ist allerdings später auch im Abschwung wirksam: Die Lohnsteigerungen nehmen erst ab, nachdem die Produktivitätsfortschritte schon eine Zeitlang kleiner geworden sind."[113]

Wie man daran auch erkennt, ist die Macht der Gewerkschaften einerseits und der Arbeitgeber andererseits je nach Konjunkturphase unterschiedlich groß.

Im Unterschied zu der funktionellen Einkommensverteilung, die mit Lohnquoten dargestellt wird, spielt die personelle Verteilung in der wirtschaftspolitischen Diskussion eine weit geringere Rolle. Dabei zeigen auch die Statistiken zur personellen Verteilung ein erhebliches Maß von Ungleichheit. Das Vorherrschen der funktionellen Betrachtung in der Politik liegt sicher daran, daß sie die Interpretation mit sozialen Klassen nahelegt und daß die Zusammenhänge mit der makroökonomischen Theorie der Globalsteuerung enger sind.

3. Verteilungspolitik und Stabilität

Wenden wir uns nun der Frage zu, ob und wie man die Einkommensverteilung verändern kann. Einer der Hauptgründe dafür, daß diesem Wollen enge Grenzen gesetzt sind, ist der mögliche Konflikt mit der Preisstabilität (und wenn es schlimmer kommt, auch der Vollbeschäftigung). Zunächst zur Lohnpolitik. Auf diesem Gebiet der Verteilungspolitik treten drei Akteure auf, der Staat und die beiden autonomen Sozialpartner. Von ihren Verhaltensspielräumen oder ihrer Macht sowie von ihren Interessen hängt es (zumindest kurzfristig) weitgehend ab, was bei diesem *„Verteilungskampf"* herauskommt. Das soll nicht heißen, daß es bei der Verteilungsfrage vollkommen anarchisch zugeht, denn alle drei haben ihre mehr oder weniger engen Verhaltensspielräume, begrenzt dadurch, daß sie mit ihrem Verhalten Stabilität und Wachstum gefährden können. Aus diesem Grunde fordert das Stabilitätsgesetz auch ein „gleichzeitiges aufeinander abgestimmtes Verhalten der Gebietskörperschaften, der Gewerkschaften und der Unternehmensverbände"[114], eine Gesprächsrunde, die man *„Konzertierte Aktion"*[115] nannte. In ihr wird deutlich, wie die Beteiligten ihre Chancen sehen, sich einen größeren Anteil am Sozialprodukt zu erkämpfen, und wie sie die Gefahr einschätzen, das magische Viereck zu verfehlen.

Die Chancen der Arbeitnehmer, Lohnerhöhungen durchzusetzen, sind nach oben vor allem dadurch begrenzt, daß sie befürchten müssen, die Arbeitgeber könnten versuchen, Arbeitskräfte durch Kapital zu ersetzen oder wegen zu hoher Kosten von Arbeit *und* Kapital die Produktion einzuschränken, Investitionen zu unterlassen und die ihnen weniger produktiv erscheinenden Arbeitnehmer zu entlassen.

Die Macht der Gewerkschaften findet also dort ihre Grenze, wo die Vollbeschäftigung durch Lohnerhöhungen gefährdet ist. Der entsprechende Punkt ist bei den Unternehmern erreicht, wenn sie befürchten müssen, daß eine weitere Preissteigerung eher einen Nachfragerückgang als eine Verbesserung der Gewinnsituation bewirken dürfte. Wie man sieht, hängt die Möglichkeit, einen aggressiven Verteilungskampf zu Lasten der Stabilität des Preisniveaus auszufechten, wesentlich davon ab, wie intakt der Marktmechanismus bei beweglichen Preisen und Kosten ist.

Was kann eine Regierung und die Notenbank dem im Interesse der Preisstabilität entgegenhalten? Wie die Erfahrung zeigt, ist das nicht sehr viel, so daß es den autonomen Gruppen gelingen kann, breiten Bevölkerungsschichten und insbesondere dem Staat durch Inflation ein Stabilitätsopfer abzuverlangen. Denn bekanntlich ist der Handlungsspielraum des Staates in einem solchen Falle aggressiver Verteilungspolitik der Tarifpartner gering: Der Verzicht auf Preisstabilität und die Gewöhnung an größere Preissteigerungen dürfte meist allgemein eher akzeptiert werden als Arbeitslosigkeit und Wachstumsverluste.

In einer Situation allgemeiner Preissteigerung wird man steigende Gewinne und höhere Löhne nicht so sehr als sich widersprechend empfinden als in Zeiten eines stabilen Preisniveaus. Somit können Staat und Notenbank gemeinsam durch eine expansive Fiskal- und Geldpolitik den Verteilungskampf entschärfen und die autonomen Gruppen befriedigen.

Wünscht man trotzdem eine Korrektur der Einkommensverteilung im Rahmen dieses Wirtschaftssystems, *ohne* mit Stabilitätsopfern zahlen zu müssen, so ist nach geeigneten *Strategien* der Tarifpolitik zu fragen. Man stellt die Frage üblicherweise aus der Sicht der Interessen der Lohnabhängigen:

1. Können bzw. sollten überhaupt die Gewerkschaften eine Erhöhung der Lohnquote durchsetzen?
2. Gibt es Formeln, Gesetzmäßigkeiten, an die sich die Lohnpolitik halten kann, z. B. die Strategie, Lohnsteigerungen nach Maßgabe der Produktivitätssteigerung zu fordern (produktivitätsorientierte Lohnpolitik)?

Vom Standpunkt des Marktmechanismus sind diese Fragen nicht so recht verständlich bzw. sie stellen gar kein Problem dar. Denn das Problem entsteht ja nur dadurch, daß bestimmte Gruppen mit Macht versuchen, das Ergebnis der Marktprozesse zu „korrigieren" und daß *dadurch* ein Konflikt zwischen Verteilungs- und Stabilitätspolitik entsteht:

„Die Einkommensverteilung muß nicht ein stabilitätspolitisches Problem sein. Das wäre sie dann nicht, wenn sich die Preisbildung auf den Märkten entsprechend dem lehrbuchmäßigen Idealmodell marktwirtschaftlicher Koordination vollzöge, in dem Preise allein Ausdruck relativer Knappheit der Güter sind. In diesem Idealmodell sind Preise nach oben wie nach unten gleich reagibel, so daß auch die Veränderungen der relativen Knappheit der Güter und damit der Preisrelationen mit der Stabilität des Preisniveaus verträglich sind. Denn diese Stabilität erfordert, daß steigenden Preisen einiger Güter sinkende Preise anderer Güter gegenüberstehen. Bestimmt werden die Preisrelationen durch den Markt: er bestimmt so auch, welche Güter in welcher Menge produziert werden, wieviel an Kapital und Arbeit dabei eingesetzt wird und wie beide Faktoren im Vergleich zueinander entlohnt werden. Die Einkommensverteilung ergibt sich dann zwangsläufig mit dem Umfang der Produktion und der Beschäftigung. Dabei kann das Preisniveau hoch oder niedrig sein; das entscheiden die nominalen Größen."[116]

Man darf wohl davon ausgehen, daß die Wirklichkeit diesem Ideal nicht entspricht und könnte daraus zwei Konsequenzen ziehen:

1. Es gibt keine Verteilungspolitik, sondern nur *Wettbewerbspolitik*, man muß also die Marktmacht beseitigen, die sich bei den Unternehmern einerseits, z. B. in Form von Großunternehmen und Kartellen, und bei den Gewerkschaften andererseits als „Gegenmacht" organisiert hat. Das wäre die Lösung der Ordoliberalen, einer Gruppe von Ökonomen, die grundsätzlich für ein privatwirtschaftliches System frei von Staatseingriffen in

den Wirtschaftsprozeß eintreten, aber vom Staat (im Unterschied zum klassischen Wirtschaftsliberalismus) eine aktive Gestaltung der Wirtschaftsordnung, insbesondere durch Wettbewerbspolitik, fordern (vgl. auch S. 45).

2. Da es nicht gelingt, private Marktmacht zu zerschlagen, kann man die Nichteinmischung des Staates in die Lohnpolitik (d. h. die Tarifautonomie) aufgeben, den Marktmechanismus ganz oder teilweise außer Kraft setzen und *Lohn- und Preisstopps* verhängen.

Beide Wege wären nicht ohne erhebliche Schwierigkeiten zu begehen, verlangen eine erhebliche Durchsetzungsfähigkeit staatlicher Behörden, und ein Erfolg für die Stabilitäts- und Verteilungspolitik wäre keineswegs sicher. Wir beschränken uns im folgenden auf die Diskussion des Lohn- und Preisstopps.

Lohn- und Preiserhöhungen bedürfen im Falle eines Stopps staatlicher Genehmigungen, was einen erheblichen Kontrollaufwand erfordert. Würde sich die staatliche Preiskontrollbehörde lediglich an eingetretenen Kostenerhöhungen orientieren, so wäre der Unternehmer im Vorteil, der am schnellsten die höchsten Kostenerhöhungen anmelden kann. Das würde Unwirtschaftlichkeit und Kostensteigerung geradezu herausfordern und prämieren.

Auch als vorübergehende Maßnahme bleibt dem Lohn- und Kostenstopp meist der gewünschte Erfolg versagt. Er ist ja ein Versuch, ohne die erforderliche Dämpfung der Gesamtnachfrage zur Stabilität zurückzukehren. Die Erfahrung mit anderen Ländern zeigt auch, daß der Verteilungskampf während einer solchen im allgemeinen improvisierten (um Ankündigungseffekte zu vermeiden, kann der Staat sich nicht gründlich hierauf vorbereiten) Maßnahme weitergeht, nur mit anderen Mitteln, und daß nach Beendigung des Preisstopps die zurückgestaute Inflation umso größere Auftriebskräfte entwickelt.

Man sollte den Lohn- und Preisstopp aber nicht nur unter dem Aspekt der Preisstabilität beurteilen. Er könnte auch den Verteilungs- und Beschäftigungsinteressen der Abhängigen grob zuwiderlaufen. Durch den Lohnstopp würden sämtliche Kostensenkungen und Produktivitätsfortschritte allein den Unternehmergewinnen zugute kommen. Außerdem könnte mittel- oder langfristig dadurch die Nachfrage sinken, so daß die Unternehmen in Absatzschwierigkeiten geraten würden und Arbeitskräfte entlassen müßten.

4. *Formeln für die Nominallohnpolitik*

Es fragt sich nun, wie groß der Spielraum für Lohnerhöhungen ist, wenn eine Lohnpolitik „im Rahmen der marktwirtschaftlichen Ordnung" und ohne Gefährdung von Stabilität und Wachstum betrieben werden soll. Es sind hierzu eine Reihe von „Formeln" entwickelt worden, die alle – bis auf das

Konzept der „expansiven Lohnpolitik" – von einer Zementierung der gegenwärtigen Verteilungsquoten ausgehen, bei Wahrung der Preisstabilität. Wie man daran erkennt, wird zumindest implizit von einer Priorität des Stabilitätsziels gegenüber dem Ziel der Verteilungsgerechtigkeit ausgegangen (es sei denn, man betrachtet die gegenwärtige Verteilung als gerecht oder als unabänderlich, so daß Verteilungsgerechtigkeit kein Ziel oder vielleicht sogar auch kein Problem sein kann).

Die bekannteste Empfehlung zur „richtigen" Lohnpolitik der Gewerkschaften lautet: Lohnsteigerungen in Höhe des Produktivitätsfortschritts wirken nicht inflationär. Hinter diesem Konzept der „produktivitätsorientierten Lohnpolitik" steht der Gedanke der „Lohn-Preis-Spirale", der sehr umstritten ist. Danach steigen die Preise, weil (und *nur* deshalb weil) die Lohnkosten steigen. Dieser lohnpolitischen Empfehlung zufolge müssen deshalb die Lohnkosten je Produkteinheit (K) konstant gehalten werden, damit die Preise stabil bleiben. Die Lohnkosten je Produkteinheit sind

$$K = \frac{\text{Bruttolohn- und -gehaltssumme}}{\text{reales Bruttoinlandsprodukt}} = \frac{L}{Y_r}$$

Bekanntlich gilt für die gesamtwirtschaftliche Arbeitsproduktivität

$$a = \frac{\text{reales Bruttoinlandsprodukt}}{\text{Anzahl der Erwerbstätigen}} = \frac{Y_r}{A},$$

so daß man bei Verwendung des durchschnittlichen Bruttoverdienstes je Erwerbstätigen

$$w = \frac{L}{A} \text{ erhält:}$$

$$K = \frac{w}{a} = \frac{\text{durchschnittl. Bruttoverdienst}}{\text{gesamtwirtschaftliche Arbeitsproduktivität}}$$

Mithin bleiben die Lohnkosten je Produkteinheit *dann* und nur dann konstant, wenn der Durchschnittslohn stets im gleichen Maße steigt wie die gesamtwirtschaftliche Arbeitsproduktivität. Folgt man der These von der Lohn-Preis-Spirale, dann bliebe unter diesen Voraussetzungen auch das Preisniveau (P) konstant; die Strategie bei der Lohnpolitik wäre damit stabilitätsgerecht.

Wie ändert sich dann aber die Verteilung? Sie ändert sich nicht, denn die Lohnquote[117]

$$LQ = \frac{L}{Y} = \frac{L}{Y_r \cdot P} = K \cdot \frac{1}{P}$$

bleibt gleich, wenn die Lohnkosten (K) und das Preisniveau (P) konstant sind, d. h. das Ergebnis ist „verteilungsneutral".

Abgesehen davon, daß man dieses Ergebnis der Verteilungsneutralität nicht akzeptieren mag, sprechen gegen die produktivitätsorientierte Lohnpolitik auch theoretische Gründe:

1. neben Lohnforderungen können viele andere Faktoren inflationär wirken, die nicht den Arbeitnehmern anzulasten sind;
2. nicht allein die Lohnkosten, sondern das gesamte Kostenniveau ist bei einer stabilitätskonformen Lohnpolitik im Auge zu behalten (auf diesem Gedanken beruht die „kostenniveauneutrale Lohnpolitik" des Sachverständigenrates, vgl. Übersicht 2).

Wie Statistiken für die Bundesrepublik zeigen, gelang es in den letzten Jahren nur selten, die Lohnquote mehr als in dem durch die Produktivitätssteigerung angezeigten Maße zu verbessern. So war z. B. die Erhöhung der Lohnquote 1971 weitgehend nur nominal gewesen, d. h. von Preissteigerungen begleitet. Eine solche Verbesserung der Lohnquote ist aber eigentlich kein eindrucksvoller Erfolg, sondern vielmehr nur eine Korrektur der durch Inflation zugunsten der Unternehmer und Kapitaleigner verbesserten Einkommensverteilung,[118] eine Abwehr des Angriffs auf die *Real*löhne der Abhängigen. Ein solcher Angriff ist auch meist möglich, denn Löhne sind nicht nur Kosten, sondern auch Nachfrage. Steigen die Nominallöhne über den Produktivitätsfortschritt hinaus, so nimmt damit auch die Nachfrage zu, was den Spielraum der Unternehmer für Preiserhöhungen erweitert. Wie so oft in der Volkswirtschaftslehre, kann man hier über Ursache und Wirkung (d. h. in diesem Fall „Lohn-Preis-" oder „Preis-Lohn-Spirale") streiten.

Dieses Spiel könnte eventuell durchbrochen werden, wenn die Lohnerhöhung zum Teil nicht ausgegeben wird, etwa weil sie in Form eines *Investivlohns* (Kapitalanteile, die gespart werden müssen, werden zur Vermögensbildung an Arbeitnehmer als Lohnbestandteil gegeben) ausbezahlt wird. Es könnte sein, obgleich das sehr fraglich ist, daß ein solcher zusätzlicher vermögenswirksamer Lohnbestandteil nicht überwälzbar ist (weil er nicht zu Nachfrage führt) und gleichzeitig die Investitionsneigung und -finanzierung nicht beeinträchtigt. Abgesehen von solchen und ähnlichen Maßnahmen sind die Möglichkeiten gering, bei Wahrung der Stabilität durch Lohnforderungen die Verteilung zugunsten der Abhängigen zu ändern (*expansive Lohnpolitik;* vgl. Übersicht 2).

Die produktivitätsorientierte Lohnpolitik wirft noch eine Reihe weiterer Probleme auf, die wir hier nicht behandeln können.[119] Fragen wir nur, ob mit der Produktivitätssteigerung der Lohnerhöhungsspielraum tatsächlich ausgeschöpft ist, oder ob er nicht gegebenenfalls größer oder kleiner sein kann. Zu diesem Ergebnis gelangt nämlich der Sachverständigenrat mit seinem Konzept der *kostenniveauneutralen Lohnpolitik.* Er betrachtet die Gesamtkosten,

Übersicht 2. Formeln für die Lohnpolitik

Name des Konzepts	„Formel“ zur Berechnung der minimalen Anhebung des Durchschnittslohns	Einstellung der Arbeitgeber	Einstellung der Gewerkschaften
Produktivitätsorientierte Lohnpolitik (Arbeitgeber)	Lohnanstieg in Höhe der Zunahme der Arbeitsproduktivität (gesamtwirtschaftliche oder branchenspezifische)	Verteilungsangebot der Arbeitgeber; wirkt nach ihrer Meinung preisstabilisierend und verteilungsneutral (d. h. relative Verteilung bleibt gleich)	abgelehnt wegen Verteilungsneutralität; trotzdem Preissteigerung möglich (andere Einflüsse als Gewerkschaften)
„Meinhold-Formel“	Zunahme der Arbeitsproduktivität + erwarteter Preisanstieg (das Konzept geht auf Prof. Dr. Meinhold zurück, der 1965 Schlichter im Tarifstreit der Eisen- und Stahlindustrie war)	verteilungsneutral aber tendenziell preistreibend (die Formel gibt der Gewerkschaftskritik an produktivitätsorientierter Lohnpolitik z. T. recht)	der Zuschlag für die unvermeidliche Preissteigerung ist nur Inflationsausgleich, keine Umverteilung zugunsten der Arbeitnehmer
Kostenniveauneutrale Lohnpolitik (Sachverständigenrat)	Zunahme der Arbeitsproduktivität + unvermeidlicher Preisanstieg +/— Lohnkosteneffekt der Änderung der Arbeitgeberbeiträge +/— Lohnsummeneffekt des Strukturwandels +/— veränderte Kapitalkosten	Konzept ist auf Stabilisierung der Gesamtkosten, nicht nur der Lohnkosten je Produkteinheit gerichtet. Terms of trade Effekt und Lohnkosteneffekt der Arbeitgeberbeiträge zur Sozialversicherung unstreitig. Gilt als stabilitätskonform und verteilungsneutral.	auch dieses Konzept ist verteilungsneutral; die produktivitätsorientierte Lohnpolitik ist hierin als Spezialfall enthalten; stellt gegenwärtige Verteilung als gerecht oder unabänderlich hin; Kapitalkostenänderung bisher noch nicht zu berechnen.
Expansive Lohnpolitik (Gewerkschaften)	Zunahme der Arbeitsproduktivität + erwarteter Preisanstieg + Ausgleich für d. Steuerprogress. + Umverteilungszuschlag	das Konzept verlangt eine Gewinnschmälerung und ist deshalb nicht verteilungsneutral; wird auch abgelehnt, weil es als preistreibend gilt.	das einzige Konzept, das Lohnsteigerungen vorsieht, die hoch genug sind, um Umverteilung zugunsten der Arbeitnehmer zu ermöglichen.

nicht nur die Lohnkosten, als bestimmend für Preissteigerungen und kommt so zu gewissen Zu- oder Abschlägen zur Produktivitätssteigerung (vgl. Übersicht 2). Für ihn ist zumindest langfristig die funktionelle Einkommensverteilung von der relativen Knappheit der Arbeit *und* des Kapitals bestimmt. Insbesondere kann der Kapitalstock schneller wachsen als das Arbeitskräftepotential und dadurch den Anteil der Kapitalkosten (Amortisation und Zins) an den Gesamtkosten vermindern. Soll das Kostenniveau konstant bleiben, so wird damit der Arbeitskraft eine Chance gegeben, über die ihr mit der Arbeitsproduktivität zugerechneten Leistung hinaus eine Knappheitsrente[120] zu beziehen, so wie dies früher in Zeiten der Kapitalknappheit die Kapitaleigner tun konnten. Außerdem kann es auch Situationen geben, in denen trotz Erhöhung des Kostenniveaus die Marktkräfte noch nicht gleich eine Preissteigerung im Inland herbeiführen können. Das ist z. B. dann der Fall, wenn die Importpreise niedriger liegen als die Exportpreise und somit durch Importe Versuchen entgegengewirkt wird, Lohnsteigerungen in den Preisen weiterzugeben (terms of trade-Effekt[121]). Auch unter solchen Umständen können die Arbeitskosten steigen, ohne daß deswegen „notwendig“ das Preisniveau steigen muß.

Allerdings können auch statt der Löhne die Gewinne diese Lücke ausfüllen. Ob das verhindert werden kann, hängt wesentlich davon ab, ob die Verhandlungsposition der Gewerkschaften stark genug ist. Vielen Menschen ist sie aber schon viel zu stark. Sie übersehen dabei meistens, daß die Macht der Gewerkschaften offenbar allenfalls dazu ausreicht, die Lohnerhöhungsspielräume auszuschöpfen, nicht dagegen, um expansive Lohnpolitik zu betreiben. Denn der dann über den genannten Spielraum hinaus geforderte „Umverteilungszuschlag“ (vgl. Übersicht 2) kann nur durch Gewinnschmälerung der Unternehmer aufgebracht werden. Zu den Erfolgsaussichten dieser Politik schreibt der Sachverständigenrat:

„Die Haltung der Arbeitnehmerorganisation im Marktstreit um die Einkommensverteilung ist mitgeprägt von dem Ziel, durch Erhöhungen der Nominallöhne die Einkommensverteilung des Marktes dauerhaft zu ändern. Vielfältige Gründe, vor allem aber die langfristige Erfahrung sprechen dagegen, daß dies möglich ist und wenn, dann nur in so geringem Maße, daß dem Mehr an Verteilungsgerechtigkeit ein Vielfaches an inflatorischer Nebenwirkung gegenüberstünde. Damit wird das Ziel einer Änderung der Einkommensverteilung nicht hinfällig. Erkennen muß man nur, daß ein dauerhafter Erfolg nicht gegen den Markt durchgesetzt werden kann, sondern allenfalls in der Weise, daß man die Bedingungen ändert, die das Marktergebnis bestimmen. Diese Bedingungen reichen von der Intensität des Wettbewerbs – nicht zuletzt des außenwirtschaftlichen – bis hin zu Fragen der Unternehmensverfassung. Immer ist das Kernproblem einer marktgerechten Umverteilungspolitik, die Gewinnerwartungen zu verringern, die man befriedigen muß, um die Investitionsneigung der Unternehmer aufrechtzuerhalten, sowie den Bedarf an Gewinnen, die man für die Finanzierung der Investitionen braucht.“[122]

5. Die Vermögensverteilung, Verteilungs- und Wachstumspolitik

Wir haben bereits wiederholt auf die Ungleichheit der Vermögensverteilung hingewiesen, ohne die Ungleichheit oder Ungerechtigkeit mit Zahlen zu belegen. Einem vielzitierten Artikel von Prof. Dr. Siebke (im Handelsblatt vom 29. 7. 72) zufolge verfügten 1966 nur 1,7 vH der privaten Haushalte in der BRD über ganze 74 vH des Produktivvermögens. Diese Zahlen sind inzwischen oft angezweifelt worden, weil sie u. a. auf Ergebnisse der Vermögenssteuerstatistik, die wegen vieler Steuerbefreiungen nur einen kleinen Teil der Haushalte und des Vermögens erfaßt, zurückgreift.

Es kann kaum ein Zweifel bestehen, daß die Vermögensstatistiken in der BRD (noch mehr als die Einkommensstatistiken) unzureichend sind.[123] Das liegt u. a. daran, daß das Vermögen sich aus sehr verschiedenen Bestandteilen zusammensetzt, deren Abgrenzung und Bewertung sowie auch Zuordnung zum Eigentümer (wem es also eigentlich „gehört“) oft uneinheitlich erfolgt. Je nach dem wie weit man den Vermögensbegriff faßt, erscheint das Vermögen der privaten Haushalte höher und günstiger verteilt oder aber eben kraß ungleich verteilt.

Daß man die Beteiligung privater Haushalte am Produktivvermögen (reproduzierbares Anlagevermögen, also Bauten, Ausrüstungen, Lagerbestände) der Betriebe, was 1972 etwa 2 Billionen DM ausmachte, vorrangig betrachtet, ist damit zu begründen, daß mit diesen Beteiligungen letzten Endes unternehmerische Entscheidungen bestimmt werden. Dieses Erwerbsvermögen ist das sog. „Kapital“. Alle anderen Vermögenswerte in den Händen privater Haushalte sind demgegenüber mehr von persönlicher Bedeutung für den Eigentümer als von gesellschaftlichem Belang. Das gilt z. B. für langlebige Gebrauchsgüter (Auto, Waschmaschine usw.) in den Haushalten. Bedenklich ist es auch, wenn mehr und mehr versucht wird, bestimmte immaterielle Werte als Vermögen zu zählen, wie z. B. Ansprüche auf Renten oder gar das „Humankapital“, der Wert der genossenen Ausbildung (wer ist der Eigentümer an der Leistungsfähigkeit eines Menschen?).

Wie Tabelle 13 zeigt, ist die Einkommenshöhe von erheblichem Einfluß auf die Möglichkeiten und – was fast noch wichtiger ist – die Art der Vermögensbildung der privaten Haushalte. Dabei ist zu beachten, daß die Erhebung, auf welche diese Zahlenangaben fußen, nicht Haushalte mit einem Monatseinkommen von über 10000 DM einschließt und die Angaben von den Befragten freiwillig erfolgten.

Wesentlich, vor allem für die Bewertung des Vermögens in Zeiten inflationärer Entwicklungen, ist die Unterscheidung zwischen Geld- und Sachvermögen. Es ist allgemein bekannt, daß es in Inflationszeiten günstiger ist, sich zu verschulden als Gläubiger zu werden, so daß dann meistens die „Flucht in die Sachwerte“ einsetzt. Nun weiß jeder aus eigener Erfahrung, daß es mit einem

Tabelle 13. Zusammenhänge zwischen Haushaltsnettoeinkommen und Vermögen für ausgewählte Vermögensarten
von 100 Haushalten der BRD 1969 mit nebenstehendem Einkommen verfügten über:

Monatl. Haushaltsnettoeinkommen DM	Sparbücher	Sparguthaben von über 20000 DM	Lebensversicherungsverträge	zahlten eine durchschn. Jahresprämie von DM	Bausparverträge	Wertpapiere	Grundbesitz	Geschäftsanteile*
unter 300	59,1	—	52,6	97	(2,8)	(6,2)	21,2	(1,3)
300– 600	77,2	(1,0)	65,1	145	6,7	10,5	24,7	
600– 800	88,7	(1,6)	77,0	234	14,5	13,4	32,1	2,1
800– 1000	91,5	1,7	80,8	295	20,2	16,4	34,7	2,8
1000– 1200	93,7	2,5	80,7	376	26,2	20,8	38,8	4,2
1200– 1500	94,8	3,5	83,0	472	32,1	25,8	41,4	3,9
1500– 1800	95,3	4,9	84,2	728	38,1	30,1	48,1	7,2
1800– 2500	95,6	9,8	86,2	1221	46,6	40,1	55,7	13,2
2500–10000	96,6	17,3	88,4	2395	61,1	58,3	69,8	21,6
insgesamt	88,1	3,5	86,5	467	22,8	19,6	38,8	4,6

* Beteiligung an Einzelfirma, oHG, KG oder GmbH; die Berechnung erfolgte ohne die Landwirte und ohne die Personengruppe mit einem Haushaltsnettoeinkommen von mehr als 5000 DM.

Quelle: Ergebnisse der Einkommens- und Verbrauchsstichprobe 1969, Fachserie M, Reihe 18, Heft 2, 1971.

(Bei den eingeklammerten Zahlen ist die Hochrechnung wegen zu wenigen Erhebungseinheiten in der Stichprobe unsicher) niedrigen Einkommen, wenn überhaupt, so höchstens in Form von Geldvermögen (Sparkonten usw.) möglich ist, Vermögen zu bilden. Reich werden kann man damit im allgemeinen nicht. Die Masse des Geldvermögens, das 1972 in der BRD existierte, lag in den Händen privater Haushalte (Netto 550 Mrd DM), und die Hauptschuldner (– 593 DM) waren die Unternehmen,[124] die natürlich auch letzten Endes bestimmten Haushalten, dem Staat und dem Ausland, gehören. Die Haushalte finanzieren also weitgehend über die Banken das in den Unternehmen angelegte Produktivkapital,[125] und die Inflation bewirkt dabei eine Umverteilung zu Lasten der Armen und zugunsten der Reichen. Die hinsichtlich Einkommen und Vermögen schlechter gestellten Haushalte werden aber noch in anderer Weise benachteiligt. Es lohnt sich, das einmal kurz zusammenfassen:

1. sie haben wegen des geringeren Einkommens weniger Möglichkeiten (auch Auswahlmöglichkeiten) des Konsums;
2. die Preise der vorwiegend von ärmeren Haushalten gekauften Konsumgüter steigen stärker an als die Verbraucherpreise der wohlhabenderen Schichten;
3. das Volumen der Ersparnisse ist kleiner, wirft nicht nur absolut, sondern auch relativ eine geringere Verzinsung ab, führt aufgrund der Anlageform nicht zur direkten (oder auch nur indirekten) Einflußnahme auf das Wirtschaftsgeschehen und unterliegt als Geldvermögen der Geldentwertung;
4. unser Steuersystem scheint die ärmeren Schichten (oder zumindest die abhängig Beschäftigten im Unterschied zu den Selbständigen) nicht zu begünstigen, sondern eher relativ stärker zu belasten.

Hinzu kommen soziale und kulturelle Nachteile, die aus einem geringen Einkommen und fehlendem Vermögen erwachsen, wie z. B. eine geringere Bildungschance, Entscheidungsfreiheit, Sicherheit usw. Manche mögen diese Vermögensverteilung als gerecht empfinden, viele wohl als unvermeidlich. In jedem Fall fordert dies die Frage heraus, wie es zu dieser Verteilung gekommen ist, ob dies Ausdruck des Leistungsprinzips oder einer bestimmten Wirtschaftsordnung und -politik ist:

„*Diese Gründe liegen, um es mit einem Wort zu sagen, im industriellen Wachstumsprozeß selbst.* Der wirtschaftliche Fortschritt geht ja nicht so vor sich, daß die Wirtschaftssubjekte Groschen auf Groschen legen. Gewiß gibt es das individuell, und in erbaulichen Büchern können wir vom Fleiß und der Sparsamkeit des puritanischen Bürgers lesen, der es dann zum großen Unternehmer bringt. Aber im ganzen ist die moderne Industrie nicht so entstanden, schon im neunzehnten Jahrhundert nicht. Wir wollen uns aber gar nicht weiter mit der Vergangenheit befassen, sondern lieber einmal in die unmittelbare Gegenwart hineingehen, das heißt einen Blick auf den Wiederaufbau unserer Industrie nach 1948 werfen. Er ist nicht aus Ersparnissen finanziert worden. Niemand hat gespart, und niemand konnte sparen, mindestens nicht in den ersten Jahren nach der Währungsreform. Trotzdem sind ungezählte Milliarden investiert worden, mit Hilfe von Bankkredit, genauer: auf dem Weg der Geldschöpfung durch die Banken, und es hat nur deswegen keine ausgesprochene Inflation gegeben, weil die Produktion außerordentlich schnell vermehrt werden konnte. Selbstverständlich waren auch das wieder einmalige Umstände; Arbeitskräfte waren mehr als genug vorhanden und freie Kapazitäten ebenfalls. Dennoch können wir den Spezialfall verallgemeinern. Wenn überhaupt irgendwo eine Chance für die Industrialisierung gegeben und wenn auch nur ein bescheidener Anfang gemacht worden ist, so vollzieht sich das Wachstum stets auf ähnliche Weise, vorausgesetzt nur, daß das Geldsystem elastisch ist. Immer nährt sich das Wachstum sozusagen aus sich heraus, *weil die Investitionstätigkeit selbst* – das kann man more mathematico beweisen – Profite erzeugt, ‚dynamische' Profite im Gegensatz zur ‚statischen' Vermögensrente, Profite, die dann ihrerseits wieder investiert werden."[126]

Mit der *Selbstfinanzierung,* also der Investition aufgrund nicht ausgeschütteter Gewinne, kommt ein Wachstumsfaktor ins Spiel, der nicht in das neoklassische Bild paßt, wonach der Sparer letzten Endes das Tempo des Wachstums bestimme (und er am Sachvermögen mittelbar teilhabe). Auch die Geldschöpfung und Politik der Investitionsanreize durch Steuererleichterungen mag zwar geboten sein, um das Wachstum zu forcieren, kann aber die Einkommens- und Vermögensverteilung ungleichmäßiger machen. Will man tatsächlich eine gleichmäßigere Verteilung, so ist hier ein *Konflikt zwischen Verteilungs- und Wachstumspolitik* möglich.

Deshalb ist es auch nicht ganz überzeugend, wenn man argumentiert: Es sei nicht so wichtig, wie der Kuchen verteilt wird, entscheidender sei es, ihn möglichst groß zu machen. So zu denken erscheint vielen Menschen opportun. Denn was geschähe ohne Wachstum? Ein sog. „Nullwachstum" läge nicht im Interesse der Arbeitnehmer. Denn dadurch, daß die Investitionszuwächse Jahr für Jahr größer sind als die Bevölkerungszunahme, entsteht (trotz der Rationalisierung) eine zunehmende Verknappung der Arbeitskraft. Dagegen wäre bei Nullwachstum und technischem Fortschritt (also steigender Arbeitsproduktivität) recht schnell mit Freisetzungen von Arbeitskräften zu rechnen.

VII. Außenwirtschaft

In diesem Kapitel werden gesondert einige volkswirtschaftliche Probleme behandelt, die sich aus internationalen Wirtschaftsbeziehungen ergeben. Der Handels- und Zahlungsverkehr zwischen unterschiedlichen Staaten ist nämlich nicht nur graduell, sondern wesentlich verschieden von den wirtschaftlichen Beziehungen zwischen einzelnen Regionen eines Landes. Er wirft nicht nur (geographische) Probleme der Entfernung auf, sondern auch solche, die durch unterschiedliche Rechtsordnungen, Währungen, Wirtschaftsstrukturen und -politiken der beteiligten Länder entstehen. Besonders auffallend ist dabei die Existenz von Zöllen und unterschiedlichen Währungen.

Es ist kaum möglich, wirtschaftliche Probleme der Gegenwart zu verstehen, wenn man nicht auf die Außenwirtschaft eingeht. Denn einmal spielt der Export und Import von Waren (einschließlich Dienstleistungen) und Kapital eine erhebliche Rolle im Wirtschaftskreislauf, zum anderen ist – als Folge davon – eine Stabilisierungspolitik in einem Lande kaum noch möglich ohne Beachtung des außenwirtschaftlichen Gleichgewichts (was deshalb auch zu den Zielen des gesamtwirtschaftlichen Gleichgewichts gehört). Durch die außenwirtschaftlichen Beziehungen kann nämlich die binnenwirtschaftliche Politik erheblich beeinträchtigt werden. Wir haben bereits von „importierter Inflation" gesprochen (vgl. S. 95).

Währungspolitische Entscheidungen wie die Aufwertung oder Abwertung einer Währung haben nicht nur Einfluß auf die nationale Wirtschaftspolitik, sondern werden meist gerade zur Erreichung bestimmter nationaler Ziele, insbesondere zur Vollbeschäftigung oder Preisstabilität, getroffen. Bei der internationalen Verflechtung der Handelsländer sind neben geschäftlichen Interessen der Unternehmen vor allem politische (nicht nur wirtschaftspolitische) Bestrebungen der Staaten im Spiel.

Handels- und Währungspolitik, die allgemeine Außenpolitik, militärische Ziele, Bündnis- und Blockinteressen sind oft miteinander verwoben. Die aussenwirtschaftlichen Beziehungen sind besonders deutlich von der „Dreiteilung der Welt" geprägt. Es gibt hier gut sichtbar Interessensphären und innerhalb der westlichen und östlichen Welt Vormachtstellungen sowie Spielregeln, die nicht rein ökonomisch zu erklären sind. Das Zusammentreffen von Politik und Ökonomie wird bei außenwirtschaftlichen Problemen sehr viel deutlicher erkennbar als bei binnenwirtschaftlichen, von denen manche glauben, sie seien grundsätzlich etwas Unpolitisches.

1. Das außenwirtschaftliche Gleichgewicht und die Zahlungsbilanz

Wir haben bereits darauf hingewiesen, daß zu den Zielen des magischen Vierecks auch das „außenwirtschaftliche Gleichgewicht" gehört. Es ist dies ein Ziel, das in der BRD ganz besonders dazu beiträgt, daß das Viereck ein „magisches " Viereck ist. Gemeint ist, daß der Außenbeitrag, ein Saldo innerhalb der Zahlungsbilanz, einen bestimmten Anteil am Sozialprodukt nicht überschreitet (vgl. S. 64).

Die Zahlungsbilanz ist eine Gegenüberstellung der Transaktionen zwischen Inländern und Ausländern. Man kann sie als Teil des Wirtschaftskreislaufs auffassen, d. h. es sind die Ströme, die zwischen dem inländischen Geld- und Güterkreislauf und dem der übrigen Welt fließen. Als Transaktionen sind möglich:

1. Verkäufe und Käufe von Waren und Dienstleistungen (sie sind Gegenstand der *Handels- und Dienstleistungsbilanz*),
2. „Übertragungen" von Geld ohne Gegenleistungen in Form von Geld oder Waren, sog. Schenkungen (Transferzahlungen), wie z. B. in der BRD die Heimatüberweisungen der Gastarbeiter, Beiträge an internationale Organisationen, Wiedergutmachung, Stationierung ausländischer Truppen usw.
3. Gewährung oder Rückzahlung von Krediten, Kapitalanlage im Ausland usw., was in der *Kapitalbilanz* dargestellt wird.

Alle diese Vorgänge sind mit Zu- oder Abstrom von *Devisen* verbunden, also von Guthaben in ausländischer Währung. So erhält ein Land durch Warenexporte Devisen und muß umgekehrt für die Importe Devisen ausgeben. Ein Exportüberschuß wird also im allgemeinen einen Zustrom von Devisen bewirken. In diesem Sinne ist der Saldo der Handelsbilanz „positiv", d. h. den Devisenbestand erhöhend. Statt Zahlung von Ausländern kann auch Kreditgabe unsererseits an Ausländer erfolgt sein. Das ist ein Kapitalexport, genauso wie die Auslandsinvestitionen deutscher Unternehmen. Wenn eine deutsche Firma im Ausland einen Betrieb aufbaut, Maschinen kauft usw., so bedeutet dies Devisenabfluß. Der Kapitalexport wird also umgekehrt wie der Warenexport „negativ" gebucht.

Wie Tabelle 14 zeigt, ist die Zahlungsbilanz der BRD vor allem dadurch gekennzeichnet, daß die Handelsbilanz stets einen positiven Saldo (Exportüberschuß) aufweist. Der damit verbundene Devisenzustrom kann durch Dienstleistungsimport (Zahlung von Lizenzgebühren, Kapitalerträge ausländischer Investitionen im Inland, Ausgaben deutscher Touristen im Ausland) wieder ins Ausland zurückfließen. Neben den Käufen von Dienstleistungen sind es aber vor allem unsere Schenkungen sowie der langfristige Kapitalexport, der die ursprünglich positive Zahlungsbilanz negativ machen kann, so daß im Endeffekt Devisen abströmen (negativer Saldo der Devisenbilanz). Der

Tabelle 14. Wichtige Posten der Zahlungsbilanz der BRD 1966 bis 1974 in Mill DM

Salden	1966	1967	1968	1969	1970	1971	1972	1973	1974
A. Leistungsbilanz									
(Bilanz der laufenden Posten)	+ 488	+10006	+11856	+ 7498	+ 3183	+ 3081	+ 2474	+11496	+24152
1. Handelsbilanz	+7958	+16862	+18372	+15584	+15670	+15892	+20278	+32979	+50846
2. Dienstleistungsbilanz*)	—1175	— 434	+ 796	+ 664	— 2728	— 1314	— 3795	— 5641	— 9789
3. Übertragungsbilanz	—6295	— 6422	— 7312	— 8750	— 9759	—11497	—14009	—15842	—16905
B. Kapitalbilanz	— 599	—11848	— 6125	—18679	+15113	+10616	+12009	+12714	—25496
1. Langfristiger Kapitalverkehr	— 342	— 2920	—11201	—23040	— 934	+ 6293	+15545	12437+	— 5748
2. Kurzfristiger Kapitalverkehr	— 257	— 8918	+ 5076	+ 4361	+16047	+ 4323	— 3536	+ 277	—19748
C. Saldo der statistisch nicht aufgliederbaren Transaktionen	+2063	+ 1702	+ 1278	+ 919	+ 3616	+ 2661	+ 1207	+ 2218	— 562
D. Saldo der Ausgleichsposten				— 4099	+ 738	— 5369	— 496	—10279	— 7231
E. Devisenbilanz									
(=A+B+C+C)	+1952	— 140	+ 7009	—14361	+22650	+10989	+15194	+16149	— 9137

* **Einschließlich der „Ergänzungen zum Warenverkehr", eine neu eingeführte Position, die hauptsächlich den Transithandel (Durchfuhr) und** Lagerverkehr auf inländische Rechnung betrifft. Wegen bestimmter Änderungen des Zahlungsbilanzschemas sind die Zahlen in den beiden Quellen für die Positionen A 2, B und C nicht vergleichbar.

Quelle: Monatsberichte der Deutschen Bundesbank, Februar 1974, Seite 70* und Juni 1975, Seite 68*

z. T. beträchtliche kurzfristige Kapitalimport kann spekulativ motiviert sein. Hierunter fällt auch der durch unser Währungssystem erzeugte ständige Zustrom von Devisen zum Erwerb von DM, worauf wir noch zu sprechen kommen.

Außenwirtschaftliches Gleichgewicht besagt, daß der Saldo der Waren- und Dienstleistungsbilanz nicht größer sein sollte als 1,5 bis 2 vH des Bruttosozialprodukts zu Marktpreisen. Wie der Tabelle 14 zu entnehmen ist, betrug dieser Saldo (auch „Außenbeitrag" genannt) 1972: + 20278 − 3795 = + 16483 Mill DM, während im gleichen Jahr das Bruttosozialprodukt 828,8 Mrd DM betrug. Der Anteil war also 1,99 vH, so daß der Stabilität von der Außenwirtschaft, so gesehen, noch keine Gefahr drohte.

Der Gedanke dabei ist, daß der Außenbeitrag als eine Komponente der Gesamtnachfrage einen vom Ausland zumindest mit beeinflußten Teil der effektiven Nachfrage darstellt. Der Außenbeitrag kann jedoch nicht zutreffend zum Ausdruck bringen, in welchem Ausmaß tatsächlich unser binnenwirtschaftliches Geschehen vom Ausland beeinflußt wird. Ein und den gleichen Saldo kann man mit vielen Exporten und Importen oder aber auch nur mit wenigen „erzeugen". Entscheidend ist also nicht nur die Differenz, sondern auch die absolute Größe der gegenübergestellten Ströme. Sie wirken außerdem unterschiedlich: Exporte vorwiegend auf die Beschäftigung, Importe auf die Preise. Außerdem wirkt auch der Kapitalverkehr auf das Inland: Geldversorgung, Zinsniveau, Konkurrenz ausländischer Unternehmen im Inland (d. h. ausländische Direktinvestitionen) usw.

Ein Zahlungsbilanz*ungleichgewicht* gibt es streng genommen nicht, denn die Zahlungsbilanz muß, insgesamt gesehen, stets ausgeglichen sein. Das folgt aus der Technik der Verbuchung (doppelte Buchung, Vorzeichen usw.). Ein Ungleichgewicht kann es also nur in einer Teilbilanz geben. Spricht man allgemein von Überschuß oder Defizit, dann ist in der Regel der positive bzw. negative Außenbeitrag gemeint.

Wie man am Aufbau der Zahlungsbilanz erkennt, informiert diese über die beiden wichtigsten Aspekte außenwirtschaftlicher Beziehungen: den Außenhandel und die Währungssituation. Wir beschäftigen uns zunächst mit Währungsfragen, weil hier die Beziehung zur nationalen Stabilitätspolitik besonders deutlich wird.

2. Das Weltwährungssystem und seine Krisen

Ein internationales Währungssystem, d. h. Vereinbarungen hinsichtlich der Währungen der beteiligten Handelsländer, hat folgende Aufgaben zu erfüllen:

1. die Förderung und Erleichterung des Handels, was u. a. geschieht durch
2. Regelung des internationalen Zahlungsverkehrs trotz verschiedener nationaler Währungen,

3. Errichtung eines Kreditsystems, mit welchen Ländern, die durch Defizite in Zahlungsschwierigkeiten geraten sind, Beistands- und Überbrückungskredite gegeben werden können.

Die Funktionen des Weltwährungssystems sind also ähnlich denen des Bank- und Kreditmarktsystems (Geld- und Kapitalmärkte), jedoch nicht für ein Land, sondern für fast 120 Länder außerhalb des sozialistischen Systems (in welchem eine andersartige Währungs- und Außenhandelsordnung herrscht). Das gegenwärtige System geht auf die Weltwährungskonferenz von *Bretton Woods* (USA, 1944) zurück: Damals wurden die Gründung des *internationalen Währungsfonds* (IMF), der insbesondere der unter 3 genannten Aufgabe dient, der Weltbank und ähnlicher Organisationen beschlossen und gemeinsame Prinzipien der internationalen Währungspolitik vereinbart. Es sind dies vor allem zwei Prinzipien:

1. der Gold-Devisen-Standard und
2. die Erhaltung fester Wechselkurse auf den Devisenmärkten bei freier Konvertierbarkeit (Umtauschbarkeit) der Währungen.

Geld ist ein Geschöpf des Kredits und damit eine Sache des Vertrauens. Aber worauf soll sich das Vertrauen gründen, wenn nicht darauf, daß das Geld z. B. durch Gold gedeckt ist, das Land zahlungsfähig oder wenigstens entwicklungsfähig ist? Wir haben jedoch bereits gesehen, daß unsere Währung und die der meisten Länder nicht durch Gold gedeckt ist.

Die Goldreserve einer Notenbank braucht nicht auszureichen, um den inländischen Geldumlauf zu decken. Sie wäre hierfür meist viel zu klein. Sie ist aber im allgemeinen auch dazu zu gering, um im internationalen Verkehr Schulden zu bezahlen. Wir haben ja bereits gesehen, daß eine Notenbank zwar nicht im nationalen, wohl aber im internationalen Bereich zahlungsunfähig werden kann. Gold würde nicht dazu ausreichen, um alle Länder zahlungsfähig zu halten. Es muß also noch andere Zahlungsmittel geben, die im internationalen Verkehr anerkannt sind, mit denen also Zahlungsbilanzdefizite beglichen werden können. Das sind die Währungen bestimmter (und das ist eine Angelegenheit des Vertrauens!) Länder, wie etwa der US-Dollar, die somit neben dem Gold internationale Liquidität darstellen.[127] In einem Gold-Devisenstandard gelten also Gold und bestimmte Devisen (Leitwährungen) als Reserve- und Zahlungsmittel.[128]

Das *„Problem der internationalen Liquidität"*, das mit diesem System verbunden ist, betrifft vor allem zwei Fragen, die wohl beide mit ja zu beantworten sind.

1. Führt diese Art der Reservehaltung nicht bei zunehmenden Umsätzen im Welthandel zu einem Mangel an internationaler Liquidität?

2. Wird durch unterschiedliches Wachstum der Wirtschaften und durch die Aktivität der Leitwährungsländer die Liquidität sehr ungleich und nicht nach „rein ökonomischen" Kriterien verteilt und dadurch zusätzlich verknappt?

Es ist nicht anzunehmen, daß die Goldproduktion gleichzeitig und im gleichen Maße expandiert wie der internationale Handel. Das gleiche dürfte auch für die Reservewährungen gelten, es sei denn, die Leitwährungsländer leisten sich ein ständiges Devisenbilanzdefizit, also ein Abfließen des eigenen Geldes in die Kassen fremder Notenbanken.

Ein solches Defizit muß keineswegs für das Leitwährungsland von Schaden sein; denn mit jedem US-Dollar, der nicht ausgegeben wird, verzichtet man auf den Kauf amerikanischer Waren, er ist also ein zinsloser Kredit an die USA. Wie kam es, daß so viele Länder Gläubiger der USA wurden?

Um das zu verstehen, muß man die US-Zahlungsbilanz betrachten. Sie war zumindest in den fünfziger und sechziger Jahren durch Devisenabflüsse aufgrund von Kapitalbilanzdefiziten (trotz positiver Handelsbilanz) gekennzeichnet.

Eine negative Kapitalbilanz bedeutet *Kapitalexport,* sei es in Form von Kreditgabe des Auslands oder Investitionen mit eigenem Kapital im Ausland, also Kauf oder Errichtung von Produktionsstätten im Ausland (Direktinvestitionen), Käufe ausländischer Wertpapiere (Portfolioinvestitionen) usw. Speziell bei den USA waren dies vor allem Ausgaben (bzw. Kreditaufnahme) für Rüstungskäufe, Militärhilfe und Investitionen im Ausland. Die Investitionen dienen dabei vor allem der Sicherung von Rohstoffen und Schaffung von Absatzmöglichkeiten für US-Unternehmen im Ausland. Ohne Zweifel hat das Währungssystem dazu beigetragen, daß sich das US-Kapital nach dem Zweiten Weltkrieg so weltweit ausbreiten konnte. Dabei wird der private und vor allem der staatliche Kapitalexport oft weniger von Ertragserwartungen geleitet als davon, welches Land durch seine politische Ordnung Gewähr für Sicherung und Wahrung amerikanischer Interessen bietet. Dabei konnten ganze Industriebranchen aufgekauft werden, ohne daß man befürchten mußte, daß als Gegenwert Gold oder Waren verlangt werden, denn die gezahlten US-Dollar verblieben in der Währungsreserve der kapitalimportierenden Länder. Die USA sind somit nicht zur Zahlungsbilanzdisziplin gehalten und sie können sogar durch eigene inflationäre Politik in anderen Ländern (gegen deren Willen) Inflation auslösen.

Der Tabelle 15 zufolge haben die USA sechsmal soviel im Ausland investiert wie das Ausland in den USA.

Der Kapitalexport der USA ist auch zu berücksichtigen, wenn man die Wirtschaftskraft der USA mit derjenigen der neun Länder der EWG (Europäische Wirtschaftsgemeinschaft) vergleicht (Abbildung 17). Die Vormachtstellung der USA in der „westlichen Welt" besteht, gemessen am Sozialprodukt,

Tabelle 15. Kapitalexport und -import der USA

	Buchwert der ausländischen Direktinvestitionen in den USA in Milliarden US-Dollar				Buchwert der US-Direktinvestitionen im Ausland in Milliarden US-Dollar			
	Buchwert 1971	Prozentuale Veränderung des Buchwerts von 1962–66	1966–71	1962–71	Buchwert 1971	Prozentuale Veränderung den Buchwerts 1962–66	1966–71	1962–71
Europa	10,1	+19	+ 61	+ 92	27,6	+ 82	+ 70	+209
Großbritannien	4,4	+16	+ 55	+ 79	8,9	+ 49	+ 57	+134
EG der Sechs	3,8	+28	+ 75	+124	13,6	+104	+ 79	+265
Belgien/Luxemburg	0,3	+22	+ 77	+116	1,8	+159	+145	+535
Frankreich	0,3	+18	+ 46	+ 72	3,0	+ 71	+ 71	+193
Bundesrepublik	0,8	+63	+211	+405	5,2	+108	+ 69	+253
Italien	0,1	—13	+ 25	+ 9	1,9	+108	+ 62	+236
Niederlande	2,2	+30	+ 59	+106	1,7	+128	+ 95	+345
Japan	—0,2[1]	— 8	—269[1]	—255[1]	1,8	+105	+140	+393
Kanada	3,3	+18	+ 37	+ 62	24,0	+ 40	+ 41	+ 98
Übrige Länder	0,5	+40	+ 74	+144	32,5	+ 31	+ 56	+105
Alle Länder	13,7	+19	+ 51	+ 80	86,0	+ 47	+ 57	+131

[1] Dieser Negativsaldo ist ein „Ausreißer". Er beruht auf währungsbedingten Transaktionen japanischer Handelshäuser in der 2. Jahreshälfte 1971 (Vorauszahlungen ihrer amerikanischen Niederlassungen für Importe).

Quelle: US-Handelsministerium. Entnommen dem Unternehmerbrief des Instituts der deutschen Wirtschaft vom Bundesverband der Deutschen Industrie trotz des Zusammenschlusses der Neun noch fort. Dabei ist die Bevölkerung der EWG um 20 vH größer als die der USA. Der Vergleich des Waren- und Dienstleistungsexports (wo die EWG den ersten Platz in der Welt einnimmt) kann jedoch irreführend sein, wenn man nicht berücksichtigt, daß die USA vorwiegend im Ausland Fabriken aufbauen, während die EWG-Länder zu Hause produzieren und die Waren exportieren. Der Kapitalexport der USA im Unterschied zum Warenexport der EWG wirkt sich natürlich auch auf die Währungsreserven aus.

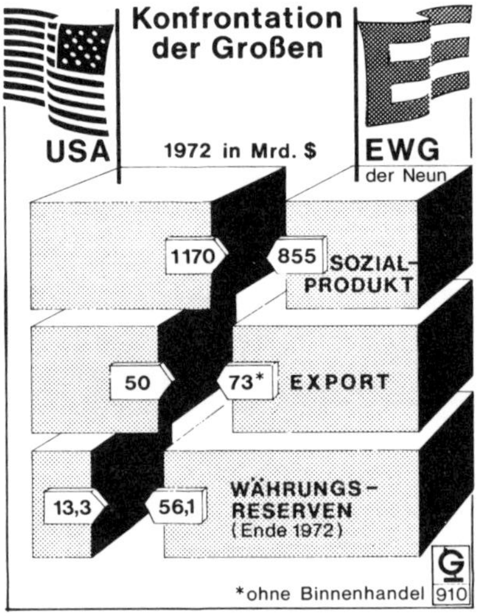

Abbildung 17

Nun sind allerdings viele Länder nicht nur aus ihrem großen Vertrauen in die US-Wirtschaft zu Gläubigern der USA und Gastländern für US-Konzerne geworden, sie wurden auch etwas unfreiwillig in diese Rolle gedrängt. Der Grund dafür war die *Überbewertung des Dollars* bei festen Wechselkursen, ein Umstand, der u. a. dem US-Touristen in Europa stets viel Freude bereitete. Beide Faktoren, das Vertrauen in den Dollar als Leitwährung und die Überbewertung des Dollars, sind erst in letzter Zeit abgemildert worden. Der feste Wechselkurs des Dollars gegenüber der DM ist beständig gesunken, von 1:4,20 auf 1:2,90, d. h. der Preis für 1 Dollar war:

ab September 1949	4,20 DM
ab März 1961	4,00 DM
ab Oktober 1969	3,66 DM
ab Dezember 1971	3,23 DM
ab Februar 1973	2,90 DM

Dahinter stehen jeweils Aufwertungen der DM und 1973 erstmals eine Abwertung des Dollars (zu den Begriffen S. 171 ff.).

Das System *fester Wechselkurse,* das zweite der oben genannten Prinzipien unseres Währungssystems, bedeutet eine Durchbrechung des Marktmechanismus an den Devisenbörsen, also den Märkten für ausländisches Geld. Überbewertung besagt dann, daß der Preis für die betreffende fremde Währung höher ist, als er bei freier Kursbildung *(flexible Wechselkurse, floating)*[129] wäre, was gemäß Abbildung 3 einen Angebotsüberschuß (Zufluß der betreffenden Währung im Inland) bewirkt. Ob der Dollar jetzt noch überbewertet ist bzw. noch in dem Ausmaß, in dem er es früher war, ist schwer zu sagen. Man muß dazu wissen, durch welche Faktoren ein bestimmter Devisenkurs auf dem freien Markt zustandekommt, wie Devisenangebot und -nachfrage entstehen.

Devisennachfrage entsteht durch Warenimport (man kann meist dem ausländischen Exporteur nicht in DM, sondern nur in seiner Währung, also in Devisen bezahlen) und Devisenangebot durch Export. Umgekehrt verhält es sich mit dem Kapitalimport und -export. Eine Auslandsinvestition (Kapitalexport) deutscher Unternehmen bedeutet Käufe von Bauten und Ausrüstungen im Ausland mit der Währung des fremden Landes, also Devisennachfrage. Somit bestimmen also der Waren- und Kapitalverkehr, d. h. die *Zahlungsbilanz,* die Devisenkurse. Das gilt zumindest *kurzfristig. Auf lange Sicht* kommt es dagegen auf die *Kaufkraft* der Währung an. Denn wäre z. B. die Kaufkraftparität zum Dollar nicht 1:2,90, sondern 1:2,5, der Dollar also überbewertet, dann würde es sich für die Amerikaner lohnen, ihr Geld nicht zu Hause auszugeben, wo sie für einen Dollar Waren im Werte von 2,50 DM erhielten, sondern bei uns, wo sie für das gleiche Geld um 0,40 DM mehr Waren bekommen. Dabei ist natürlich vorausgesetzt, daß freier Waren- und Zahlungsverkehr sowie überall Wettbewerb herrscht. Diese Betrachtungsweise, der neoklassische Denkstil der Befürworter freier Wechselkurse, trifft aber vermutlich die Realität der freien Kursbildung nicht genau, auch wenn die Devisenbörsen heutzutage als die Märkte gelten, auf denen das Modell des Marktmechanismus noch am ehesten anwendbar ist.

In unserem Währungssystem sind allerdings die freie Kursbildung und damit laufend sich ändernde (flexible) Wechselkurse die Ausnahme. Statt dieses floatens haben wir in der Regel feste Wechselkurse. Wie kommen trotz freiem Tausch (Konvertibilität) zwischen den Währungen feste Kurse zustande? Nehmen wir wieder den Fall des überbewerteten Dollars. Das bereits erwähnte Überangebot hätte dazu geführt, daß der Dollarkurs gesunken wäre, wenn nicht die Bundesbank laufend große Dollarbeträge aufgekauft hätte. Damit wird praktisch das Überangebot durch einen *„Stützungskauf"* weggenommen, die Devise also verknappt, so daß der Kurs so hoch bleiben kann, wie er vereinbart war. Umgekehrt droht der Kurs einer unterbewerteten Währung zu steigen, wenn nicht die Notenbank mit *Verkäufen* intervenieren[130] würde. Sinkt der Kurs einer Währung, so können auch die anderen

Länder, statt diese Devise zu kaufen, der betreffenden Notenbank einen Kredit geben, damit sie ihr eigenes Geld mit fremder Währung zurückkauft. Der Effekt für die Kurse ist der gleiche. Das System freier Wechselkurse besteht demgegenüber einfach darin, daß die Notenbanken derartige Interventionskäufe und -verkäufe sowie Stützungskredite, wobei meist der bereits erwähnte Währungsfonds in Aktion tritt, unterlassen.

Diese Interventionen sind es meistens auch, die das Aufsehen der Öffentlichkeit erregen und die vielen Krisen und „Schwächeanfälle" bestimmter Währungen so spektakulär machen. So war z. B. 1973 die Situation eingetreten,[131] daß – verstärkt durch Spekulation – massenhaft US-Dollar gegen DM und japanische Yen angeboten (abgestoßen) wurden. Die Bundesbank mußte damals in wenigen Tagen für 18,6 Mrd DM Dollar kaufen, und um den Ansturm abzuwehren, mußten die Devisenbörsen für zwei Tage geschlossen werden. Da die Finanzmassen, die von Spekulanten in Bewegung gesetzt werden, enorm sind, bleibt in solchen Situationen, trotz gegenteiliger Beteuerungen, oft nur eine offizielle Kurskorrektur übrig. Früher gelang es den USA meist, die Europäer zu Aufwertungen zu zwingen. Dieses Mal jedoch wurde am 12. 2. 1973 der Dollar um 10 vH abgewertet, was das Auslandsvermögen der USA entsprechend verringerte, ebenso aber auch den Wert der soeben unfreiwillig von der Bundesbank gekauften Dollars. Damit ist dann genau das eingetreten, worauf die Spekulation gegen den Dollar und in Erwartung einer direkten oder (wie in diesem Fall durch die amerikanische Abwertung) indirekten Aufwertung der DM gerichtet war.[132]

Solche Vorgänge sind allerdings nur kurzfristige Zuspitzungen von grundsätzlichen Problemen, die sich aus den beiden Prinzipien unseres Währungssystems ergeben:

- das Leitwährungsprinzip und die z. T. unkontrollierte Ausweitung internationaler Liquidität,
- feste Wechselkurse bei freier Konvertierbarkeit der Währungen, was zu Konflikten mit der nationalen Stabilisierungspolitik führen kann (importierte Inflation und, ein weniger gebräuchlicher Name für das Gegenstück hierzu: exportierte Arbeitslosigkeit).

3. Devisenbewirtschaftung, feste oder flexible Wechselkurse?

Wir haben bereits gesehen, daß feste Wechselkurse einigen Ländern über längere Zeit Devisenzuflüsse, anderen Devisenabflüsse bescheren können. Beides kann auf die Dauer nicht erstrebenswert sein. Die Theorie des Marktmechanismus zeigt dagegen: Eine entsprechende Entwicklung könnte nicht eintreten, wenn die Wechselkurse flexibel wären. Dann würden die Devisenströme über den Preis gelenkt, was theoretisch stets zu Gleichgewichten auf den Devisenmärkten führen müßte. Konsequente Marktwirtschaftler treten deshalb meist für flexible Wechselkurse ein. Sie sehen aber dabei nicht die Vorteile fester Wechselkurse für viele Politiker,[133] größere Unternehmen, Banken, Devisenspekulanten usw., sondern nur die elegante Steuerung über den Marktmechanismus.

Eine andere Möglichkeit, sich unerwünschter Zu- oder Abflüsse zu erwehren, bestünde darin, den Marktprozeß ganz außer Kraft zu setzen und eine Devisenbewirtschaftung einzuführen. Damit ist die *Konvertierbarkeit* der Währungen aufgehoben oder zumindest eingeschränkt (es gibt viele Zwischenformen zwischen strenger *Devisenbewirtschaftung* und freier Konvertierbarkeit), Deviseneinnahmen müßten abgeliefert und Devisenausgaben beantragt und bewilligt werden. Nicht nur die Länder des Ostblocks, sondern auch sehr viele kapitalistische Länder bedienen sich mehr oder weniger strenger Devisenkontrollen. Die betreffende Währung hat dann im Grunde nur einen willkürlich festgesetzten Kurs, der von einem Marktpreis, wenn es ihn gäbe, stark abweichen kann, weshalb auch Schwarzmärkte auftreten können. Behält man die Konvertierbarkeit der Währung bei, so kann man nur zwischen festen oder mehr oder weniger flexiblen Wechselkursen wählen.

Die freie Konvertierbarkeit erleichtert den internationalen Handel wesentlich. Sie ist auch notwendig, um vom *Bilateralismus* (Verhandlungen zwischen jeweils zwei Ländern) zum Multilateralismus fortzuschreiten. Bei rein bilateralen Beziehungen müssen sich die Ex- und Importe zwischen den beiden Ländern jeweils ausgleichen.

Bei festen Wechselkursen können fundamentale *Zahlungsbilanzungleichgewichte* entstehen. Die Folge eines andauernden Defizits der Leistungsbilanz ist ohne Zweifel unerwünscht: Ein beständiger Devisenabfluß und/oder eine zunehmende Verschuldung gegenüber dem Ausland. Der umgekehrte Fall: Leistungsbilanzüberschüsse und/oder Kapitalimport, die zu einem anhaltenden Devisenzustrom führen, scheinen weniger schädlich zu sein. Trotzdem wäre der Versuch, nach Art der Merkantilisten, bewußt laufend Überschüsse zu produzieren, nicht ungefährlich. Die Gefahr, die hier droht, ist die *importierte Inflation.* Bei ihrer Entstehung können verschiedene Mechanismen wirksam sein, die jeweils den gleichen Effekt, nämlich die Hebung des inländischen Preisniveaus, bewirken:

1. der Devisenzufluß bläht das *Geldvolumen* auf;
2. nicht nur durch die Liquidität, sondern auch durch die Zunahme des *Einkommens* kann Preissteigerung entstehen: Der Außenbeitrag (Leistungsbilanzsaldo) beansprucht als Komponente der effektiven *Nachfrage* das Produktionspotential;
3. der internationale Handel führt theoretisch wie der interregionale zu einem Ausgleich der Preise, denn es ist bei Wettbewerb und freiem Handel auf die Dauer nicht möglich, jeweils für das gleiche Gut in verschiedenen Ländern

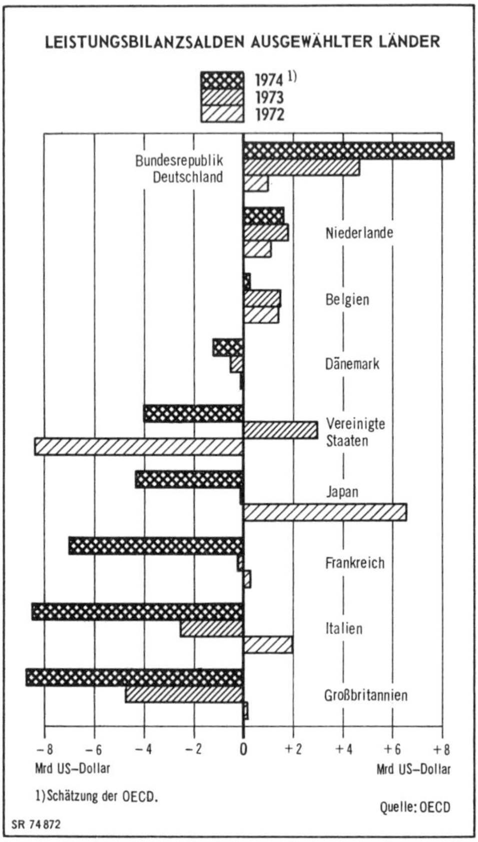

Abbildung 18.
Quelle: Sachverständigenrat, Jahresgutachten 1974, Schaubild 1

(abgesehen von Transport- und ähnlichen Kosten) sehr unterschiedliche Preise zu erlangen: So führt der *internationale Preiszusammenhang* zu einer *Anpassungsinflation* des billigen Landes, auch wenn es gar nicht (wie unter Nr. 2) zu anhaltenden Exportüberschüssen kommen muß (zumindest gilt dies für die Preise derjenigen Güter, die Gegenstand des internationalen Handels sind; also tritt z. B. normalerweise keine Angleichung der Preise für Wohnungsmieten ein);

4. wenn der Devisenzustrom auf den Kapitalimport zurückgeht, so kann, abgesehen von sonstigen Gefahren (Überfremdung des Landes), über die damit verbundene *Zinssenkung* eine Stimulierung der effektiven Nachfrage eintreten.

Das Ergebnis ist in jedem Fall die Durchkreuzung der nationalen Inflationsbekämpfung des Landes. Wir haben das bereits bei der restriktiven Geldpolitik (vgl. S. 103) gesehen. Ihre zinstreibende Wirkung kann gerade den Kapitalimport anregen und dadurch den leistungsbilanzbedingten Devisenzustrom noch verstärken (Zinsarbitrage). Wir haben dies in der Bundesrepublik Deutschland öfter erlebt, so daß entgegen binnenwirtschaftlicher Stabilitätserfordernisse die Bundesbank die Zinssätze wieder senken mußte, um den Kapitalimport abzuwehren.

Wie man sieht, setzt ein erfolgreiches Verfolgen der Ziele Preisstabilität, Vollbeschäftigung und Wachstum eine *außenwirtschaftliche Absicherung* voraus, damit die Wirtschaftspolitik nicht durch Zahlungsbilanzungleichgewichte durchkreuzt werden kann.

Ohne völlige Abkehr vom System freier Konvertierbarkeit und fester Wechselkurse ist eine Absicherung vor importierter Inflation nur möglich durch:

1. Aufwertung als einmalige Paritätsänderungen, d. h. „Stufenflexibilität" z. B. die Aufwertungen in der BRD von 1961, 1969, 1971, 1973);
2. Vergrößerung der Bandbreiten, innerhalb deren die Wechselkurse frei schwanken dürfen;
3. Steuerliche Ersatzaufwertungen (z. B. die steuerliche Importentlastung und Exportbelastung von 4 vH in der BRD vom November 1968 bis zum Oktober 1969);
4. Beschränkungen der Konvertibilität (z. B. Anwendung des § 23 Außenwirtschaftsgesetz in der BRD, Beschränkungen für Ausländerguthaben);
5. Förderung des Kapitalexports;
6. Einführung nichttarifärer Handelshemmnisse (bürokratische Behandlung von Exporten).

Im Falle des fundamentalen Zahlungsbilanz*defizits* (Devisenabfluß) wäre jeweils die gegenteilige Maßnahme angebracht. Jedenfalls sind auf die Dauer bei unterschiedlicher Preis- und Kostenentwicklung nicht gleichzeitig feste Wechselkurse und (ohne jede Form der außenwirtschaftlichen Absicherung) Preisstabilität bzw. Vollbeschäftigung zu erreichen. Betrachten wir deshalb die Wirkungen von Auf- bzw. Abwertungen als extreme Formen der außenwirtschaftlichen Absicherung.

4. *Aufwertung zur Abwehr importierter Inflation*

Bei festen Wechselkursen ist das Preisniveau des Inlands mit dem der ausländischen Handelspartner verbunden. Man kann nun versuchen, durch eine generelle Verteuerung unserer Währung gegenüber fremden Währungen die Käufe des Auslands (also unsere Exporte) zu verteuern und damit zu erschweren und zu verringern. Gleichzeitig können wir durch diese Maßnahme, d. h. durch die

Aufwertung, mit unserem Geld bei *gleichen* Preisen im Ausland mehr importieren. *Wenn* diese Verbilligung der Importe auch von den Importeuren an die inländischen Verbraucher durch billigere Preise weitergegeben wird, dann kann die Aufwertung auch zu einer Senkung des Preisniveaus führen. Diese Voraussetzung ist aber oft nicht gegeben. Desgleichen auch nicht immer, daß Ausländer trotz der für sie teuereren DM bei uns weniger kaufen. Es hängt also wesentlich von der Reagibilität (Elastizität) der in- und ausländischen Nachfrage auf Preisänderungen ab, ob auch das eintritt, was man sich von einer Aufwertung verspricht, nämlich den Abbau eines inflationär wirkenden Exportüberschusses.

Die Wirkungen der Aufwertung auf das inländische Preisniveau sind aber durchaus nicht sicher und meist nur sehr kurzfristig. Der erhoffte Effekt kann z. B. ausbleiben, wenn, wie gesagt, Importeure die Aufwertung zur Aufbesserung ihrer Gewinne ausnützen, was bei uns wohl nach der Aufwertung 1969 der Fall war, die ja bekanntlich von der Exportindustrie und den ihr nahestehenden politischen Kräften lange aufgeschoben wurde. Man wird überhaupt von der Industrie selten die Meinung hören, daß eine Aufwertung gut und richtig sei. Vielmehr wird diese auf langfristige Schädigung der Exportwirtschaft hinweisen:

„Die Paritätsverschiebungen der Vergangenheit und die Lohnstückkostenentwicklung im internationalen Vergleich haben zu einer grundlegenden Verschlechterung der Wettbewerbslage für die deutsche Wirtschaft geführt. Ihre Auswirkungen werden lediglich durch die aktuelle Konjunkturlage überdeckt. Bei nachlassender Konjunktur werden schwere strukturelle Auswirkungen sichtbar werden.“[134]

Aber zurück zu den kurzfristigen Wirkungen. Es kann auch in der Struktur der Ex- und Importe eines Landes begründet sein, ob bei ihm mit einer Aufwertung die gewünschte Entlastung der Nachfrage und des Preisniveaus erreicht werden kann oder nicht. So wies z. B. der Sachverständigenrat zur Erklärung des spärlichen Erfolgs der Aufwertungen 1973 in der BRD darauf hin,

„daß die deutsche Handelsbilanz von der Struktur des Außenhandels her zu einer ‚falschen‘ Reaktion neigt. Ausgeführt werden nämlich vorwiegend hochspezialisierte Produkte, bei denen die Aufwertungen in den auf ausländische Währungen lautenden Preisen ganz oder teilweise weitergegeben werden können, ohne daß die exportierten Mengen schon kurzfristig deutlich zurückgehen werden. Bei Ausrüstungsgütern, . . . ist nämlich häufig mit dem Kauf eine Entscheidung zugunsten einer bestimmten Technologie gefallen. Da derartige Entscheidungen nicht von heute auf morgen revidiert werden können . . . sind die ausländischen Importeure für einige Zeit noch auf die bisherigen Lieferungen angewiesen . . . Dagegen haben bei den Importen stapelfähige Güter, also solche Güter ein großes Gewicht, für die sich Weltmarktpreise bilden und bei denen daher die D-Mark Preise . . . sinken . . ., während die Importmengen weitgehend von der konjunkturellen Entwicklung im Inland und nicht so sehr von den Preisen bestimmt sind.“[135]

Etwas paradox mutet es nun an, wenn man bei diesen Voraussetzungen die Entwicklung weiter bedenkt: Es bedarf eines gewissen längerfristigen Anpassungsprozesses, bis das Ausland mit geringerer und das Inland mit größerer Nachfrage reagiert. Inzwischen ändern sich aber auch die Preise im In- und Ausland:

„Im Zuge eines Anpassungsprozesses bilden sich dann die Handelsbilanzüberschüsse zurück, es sei denn, im Inland würden Kosten und Preise beträchtlich weniger als im Ausland steigen."[136]

Genau dieses langsamere Ansteigen der Preise in der BRD kann aber dann eintreten, wenn bei uns die Inflationsbekämpfung erfolgreich ist. Man braucht dann wieder eine neue Aufwertung, ohne daß die alte voll wirksam werden konnte.

5. Abwertung zur Erreichung von Vollbeschäftigung

Es ist klar, daß eine Abwertung im Prinzip umgekehrt wirken sollte wie eine Aufwertung: Sie verteuert die Importe und verbilligt die Exporte. Sie wirkt insofern ähnlich, jedoch nicht so selektiv wie Zölle (Steuern auf Importe) und Exportsubventionen als Versuch, durch Beeinflussung der Preise die Handelsbilanz zu aktivieren. Es ist also eine Maßnahme zur Erhöhung von Wachstum und Beschäftigung (durch Hebung der Gesamtnachfrage) im eigenen Lande. Man wehrt die Importe aus dem billigeren Ausland ab und macht die eigene Exportwirtschaft künstlich konkurrenzfähiger. Das kann nur dann Erfolg haben, wenn die Leistungsfähigkeit der eigenen Volkswirtschaft nicht mit der Zeit noch weiter hinter der anderer Länder zurückbleibt, so daß dann wieder eine neue Abwertung erforderlich wird. Ähnlich wie bei der Aufwertung sind auch die kurz- und mittelfristigen Folgen einer Abwertung keineswegs sicher vorauszusagen.

Die jüngste Vergangenheit zeigte deutlich, wie unvollständig offenbar unsere bisherigen Theorien über die Wirkung von Wechselkursänderungen sind:

„Sowohl bei den Defizitländern Großbritannien und Italien als auch bei der Bundesrepublik als Überschußland haben die Handels- und Leistungsbilanzen im Laufe des Jahres 1973 eine Entwicklung entgegen allen Regeln und Erwartungen genommen."[137]

Tabelle 16 gibt das eigentümliche Ergebnis der Abwertungen in England und Italien und der Aufwertung in der BRD im Zuge der beiden großen internationalen koordinierten Wechselkursänderungen (realignments) von 1971 und 1973 wieder.

Tabelle 16. Leistungsbilanzsalden ausgewählter Länder in Mrd US-Dollar

Land	1971	1972	1973
Vereinigte Staaten	– 2,8	– 8,4	+ 3,0
Bundesrepublik	+ 0,9	+ 1,0	+ 4,7
Frankreich	+ 0,5	+ 0,3	– 0,2
Großbritannien	+ 2,6	+ 0,2	– 3,6
Italien	+ 2,0	+ 2,5	– 2,2
EWG-Länder zusammen	+ 5,7	+ 6,2	+ 0,7
Japan	+ 5,8	+ 6,6	– 0,1

Werte für 1973 teilweise geschätzt. Für Italien Werte ohne kommerzielle Netto-Goldeinfuhr, die seit 1971 aus spekulativen Gründen außergewöhnlich stark stieg.
Quelle: Geschäftsbericht 1973 der Deutschen Bundesbank, S. 49

Die Deutsche Bundesbank schreibt zu diesem, offenbar nicht allein mit der sog. Ölkrise zu erklärenden Ergebnis:

„Es stellt sich die Frage, ob die jüngste Zahlungsbilanzentwicklung mit den überkommenen Lehrbuch-Vorstellungen von der Wirkung von Wechselkurskorrekturen in Einklang steht.“[138]

Neben diesem theoretischen Problem ist aber auch die längerfristige politische Wirkung von Abwertungen zu bedenken, denn die Abwertung kann als Versuch, auf Kosten anderer Länder mit den eigenen Schwierigkeiten hinsichtlich Wachstum und Beschäftigung fertig zu werden, nur dann Erfolg haben, wenn die anderen Länder nicht ihrerseits entsprechende Maßnahmen beschließen. Die Erfahrung zeigt, daß gerade diejenigen Länder, die das abwertende Land vorwiegend beliefern, bei solch unfreundlichen Maßnahmen wie Abwertung, Zöllen und ähnlichen offen oder versteckt protektionistischen (d. h. die nationale Wirtschaft vor der Konkurrenz des Auslandes schützenden) Techniken keinen Spaß verstehen. Das gilt besonders dann, wenn auch das exportierende Land in Schwierigkeiten ist. Die Gefahr ist groß, daß durch die Abwertung eines Landes eine Kettenreaktion erfolgt und alle Länder abwerten, zu einer nationalistischen, protektionistischen Politik zurückkehren und insbesondere *Wirtschaftsgemeinschaften zerfallen,* die ja dadurch gekennzeichnet sind, daß der Handel zwischen den in der Gemeinschaft zusammengeschlossenen Ländern nicht durch Zölle, Importkontingente (mengenmäßige Beschränkungen der Importe) und Devisenbewirtschaftung behindert wird.

Spätestens seit der Ölkrise (Herbst 1973) haben bei uns viele Menschen die Sorge, daß Europa wirtschaftlich und politisch wieder auseinanderfällt, weil manche Länder geneigt sind, Inflation, soziale Unruhen usw. durch Protektionismus abzuwehren, was die BRD, die wie kaum ein anderes Land auf Exporte angewiesen ist, besonders empfindlich treffen würde:

„Schon einmal in diesem Jahrhundert hat nationaler Egoismus und der Versuch, die eigenen Probleme auf dem Rücken der Nachbarn zu lösen, eine verhängnisvolle Kettenreaktion ausgelöst. Zu Beginn der dreißiger Jahre versuchten die Industrieländer, sich während der Weltwirtschaftskrise durch einen Abwertungswettlauf und den Aufbau hoher Zollschranken ausländische Anbieter vom eigenen Markt fernzuhalten. Die Folge war ein rapider Rückgang des Welthandels. Die deutschen Exporte beispielsweise fielen zwischen 1930 und 1933 von zwölf auf 4,9 Milliarden Reichsmark, während die Zahl der Arbeitslosen gleichzeitig auf über sechs Millionen wuchs ... Die schrecklichen Erfahrungen der dreißiger Jahre noch vor Augen, bemühten sich die westlichen Industrieländer nach dem Krieg um den Abbau der Handelsschranken, die die internationale Arbeitsteilung lähmten. Im Rahmen des Allgemeinen Zoll- und Handelsabkommens (GATT) und regionaler Zusammenschlüsse, wie die Europäische Gemeinschaft oder die Kleine Freihandelszone (EFTA), wurden in jahrelangem zähen Feilschen die Zollmauern zwischen den Industrieländern bis auf geringe Reste abgebaut und zahllose andere Importhemmnisse und Schikanen im internationalen Handel beseitigt. Doch während sich ein Handelskrieg innerhalb weniger Monate entfesseln läßt, konnten die dabei aufgebauten Schutzwälle nur in jahrelanger, mühsamer Kleinarbeit wieder abgetragen werden. Allein die Verhandlungen im Rahmen der Kennedy-Runde zogen sich über vier Jahre hin und es waren über tausend Sitzungen notwendig, bis sich die 70 teilnehmenden GATT-Mitglieder in Genf im Mai 1967 endlich darauf einigten, die Zölle für Industriegüter um durchschnittlich 35 Prozent zu senken.“[139]

Nun wirft das allerdings die Frage auf, ob völlig freie außenwirtschaftliche Beziehungen tatsächlich so vorteilhaft für *alle* beteiligten Länder sind und einen Ausgleich (im Sinne des gleichgewichtigen Wachstums) ermöglichen sowie eine Wohlstandssteigerung durch Ausnutzen der Vorteile der internationalen Arbeitsteilung, und zwar für *alle* Länder.

6. *Wem nützen Freihandel und wirtschaftliche Integration?*

Die Erfahrungen, daß bestimmte Länder immer wieder auf- oder abwerten müssen, legen den Gedanken nahe, daß die Vorteile aus dem internationalen Handel nicht gleichverteilt sind. Das hängt wahrscheinlich mit *Wettbewerbsvor-* und *-nachteilen* zusammen.

Wir untersuchen zur Vereinfachung jetzt nur den Handels-, nicht aber den Kapitalverkehr, obgleich dieser vor allem kurzfristig für Devisenkurse und die Zahlungsbilanz von Bedeutung ist. Anders gesagt: wir wenden uns jetzt ab von den Währungsproblemen und betrachten mögliche reale (güterwirtschaftliche) *Ursachen* für Ungleichgewichte. Die Vorstellung dabei ist, daß es letzten Endes bei allen wirtschaftlichen Vorgängen um die Güter und nicht um das Geld (als Selbstzweck) geht, weshalb wir von „Ursachen“ sprechen.

Auf die Dauer hängt die Wettbewerbsfähigkeit eines Landes von den Kosten, genauer: den *Kostenvorteilen* bei der Produktion des gleichen Gutes im Verhältnis zu anderen Ländern ab. Wir gehen davon aus, daß ein Land nicht hinsichtlich aller für seinen Außenhandel in Frage kommenden Güter billiger produzieren kann als ein anderes Land; es hat hinsichtlich einiger Güter Kostenvorteile und hinsichtlich anderer Kostennachteile. Es empfiehlt sich dann, daß sich jedes Land auf die Güter *spezialisiert* und diese dann auch exportiert, bei welchen es einen Kostenvorteil hat (also die gleiche Menge mit weniger Arbeitsaufwand produzieren kann), und diejenigen Güter importiert, bei denen es einen Kostennachteil hat. Angenommen, wir haben zwei Länder (A, B) und zwei Güter (x, y) und messen die Kosten in Arbeitsstunden je Produkteinheit. Zur Illustration möge dann folgendes Beispiel dienen:

	x	y
A	100	120
B	140	80

Es ist klar, daß sich hier A ganz auf Produktion und Export von x verlegen sollte und B entsprechend von y. Man wendet also einfach das Prinzip der Arbeitsteilung nicht nur in einem Lande, sondern auch international an.

Nun könnte es allerdings auch sein, daß A zwar versucht, x nach B zu exportieren, aber im Interesse der einheimischen Produzenten von y auf diese Ware einen Schutzzoll erhebt. Und B könnte das gleiche hinsichtlich x tun, so daß es gar nicht zu Freihandel käme.

Was geschieht nun aber, wenn ein Land *absolut* gesehen *beide* Güter teuerer produziert, etwa in unserem Beispiel A:

	x	y
A	100	120
B	90	80

Man könnte meinen, daß jetzt A aus dem Handel mit B ausscheidet, weil es nichts anzubieten hat, was nicht B selbst billiger (mit weniger Arbeitsaufwand) produzieren kann. So etwas kommt ja in der Realität vor, und es wäre auch sinnlos, wenn A jetzt Schutzzölle erheben wollte, denn was sollte B von A als Gegenleistung für seine Exporte importieren? Wir haben also eine Situation, wo sich Freihandel durchsetzen könnte, weil es gar keinen Anlaß zu Protektionismus gibt: In beiden Ländern ist totales Gleichgewicht und damit auch Vollbeschäftigung, vorausgesetzt (sonst könnten sich ja die Kosten noch durch Umstrukturierung der Produktion ändern), es herrschen statische Voraussetzungen (also auch kein technischer Fortschritt), überall Wettbewerb, und es gibt keine Devisenknappheit (weil es in dem Modell überhaupt kein Geld, sondern nur Naturaltausch gibt) usw. Kurz gesagt: wir haben wieder ein neoklassisches Modell vor uns.

David Ricardo, ein berühmter englischer Ökonom (1772–1823), der als ein Hauptvertreter der sog. klassischen Nationalökonomie gilt, hat nun gezeigt, daß es in dieser Situation trotzdem zum Außenhandel kommen kann und daß dieser auch für beide Länder von Vorteil ist. Das haben seine englischen Landsleute sehr begeistert aufgenommen, denn England war damals mit der Industrialisierung anderen Ländern (die für Zölle waren) weit voraus und war bestrebt zu exportieren (es war in der Lage des Landes B, das A zum Freihandel überreden mußte). Ricardo zeigte, daß es nicht auf die *absoluten* Kostenvorteile ankommt, denn absolut gesehen ist B in unserem Beispiel bei beiden Gütern unterlegen, sondern auf die *komparativen Kostenvorteile,* d. h. Vorteile, wenn man die Kosten eines Gutes nicht mit einer absoluten Größe (wie etwa dem Arbeitsaufwand), sondern mit den Kosten eines anderen Gutes mißt. Um das zu sehen, vergleichen wir die uns bereits bekannten (vgl. S. 128) *Opportunitätskosten* (Kosten im Sinne von Verzicht auf eine andere Verwendung der Produktionsmittel): Für Land A bedeutet die Mehrproduktion einer Einheit x den Verlust von 1,2 Einheiten y für Land B dagegen 1 Einheit x = 0,889 Einheiten y $\left(0{,}889 = \frac{80}{90}\right)$. Also stellt sich B bei einer Mehrproduktion von x günstiger als A, während es für A besser wäre, mehr y zu produzieren, denn es gilt

$$\text{für A:} \quad 1 \text{ Einheit } y = \frac{100}{120} = 0{,}833 \text{ Einheiten } x \qquad \text{und}$$

$$\text{für B:} \quad 1 \text{ Einheit } y = \frac{90}{80} = 1{,}125 \text{ Einheiten } x$$

Der Vorteil für beide Länder kommt natürlich erst zu Tage, wenn auch ex- und importiert wird, sich also die betreffenden Preise bilden. Der Preis von x wird dann irgendwo zwischen 0,889 und 1,2 Einheiten y liegen, jedenfalls höher als im Fall der Isolation für B (nämlich 0,889), so daß B einen Exportgewinn erhält, und niedriger im Import für A als bei eigener Produktion (also niedriger als 1,2). Damit gilt das Entsprechende[140] auch für den Preis von x, so daß im Endeffekt beide Länder sich durch Freihandel besser stehen als durch Verzicht auf Handel.

Nicht, daß diese Theorie falsch wäre, denn es sprechen in der Tat gute Gründe für eine allgemeine Intensivierung des Außenhandels, und wie die Erfahrung zeigt, fahren viele Länder sehr gut dabei: Theorien sind selten falsch, sie sind nur häufig so, daß es stets umstritten sein wird, ob man durch sie den wichtigeren oder den weniger wichtigen Teil der Wirklichkeit besser begreifen lernt.

In das Bild, das diese Theorie zeichnet, passen bestimmte Beobachtungen nicht hinein, wie z. B. das Zurückbleiben der Entwicklungsländer trotz freien Handels, der eigentlich zu einem Ausgleich der Einkommen führen müßte.

Oder: Im Zuge der beiden Weltkriege und der Weltwirtschaftskrise kam es (1913–1950) zur Desintegration des bereits weit entwickelten internationalen Freihandels, Wiedererrichtung von Zollschranken, Abschaffung der Goldwährung, Abwertungskonkurrenz und zu nationalem Alleingang in der Stabilisierungspolitik (d. h. insbesondere Bekämpfung der Arbeitslosigkeit). Diese Entwicklung zeigt erneut, daß sich die Länder im allgemeinen nicht aus rein ökonomischen Gründen, sondern immer auch aus politischen Gründen für oder gegen Freihandel entscheiden. So glaubte man damals, daß Freihandel kein Ziel *an sich* sein dürfe, sondern notfalls im Interesse nationaler Ziele geopfert werden müsse. Erst in den fünfziger Jahren begann man wieder mit einer *Re*integration der Weltwirtschaft, d. h. Abbau von Zöllen und anderen Handelshemmnissen, Neuordnung des Weltwährungssystems, Entstehung von Freihandelszonen, Zollunionen (d. h. Abbau von Zöllen zwischen den beteiligten Ländern und gemeinsame Zölle nach außen) und Wirtschaftsgemeinschaften. Wie bei jeder Art von Bündnis hängt der Erfolg jedes Mitgliedes entscheidend davon ab, ob sich alle an die gemeinsamen Spielregeln halten. Das setzt voraus, daß die Vorteile einigermaßen gleichmäßig verteilt sind, auch dann, wenn die eigenen Leistungen sehr unterschiedlich sind.

Die Schwierigkeit ist dabei, daß die Kosten*entwicklung* nicht gleichmäßig verläuft. So können bestimmte Länder durchaus über längere Zeit durch einige für die Wachstumspolitik glückliche Umstände, wie z. B. günstige Wirtschaftsstruktur, moderne Produktionstechnik, pfiffige Unternehmer und disziplinierte Gewerkschaften, Wettbewerbsvorteile haben und auch *ausbauen* (exportinduziertes Wachstum!). Das sind dann solche Länder, die laufend aufwerten müssen und Exportüberschüsse haben.

Jedenfalls ist es nicht immer klar, wer vor allem aus freiem Außenhandel Vorteile zieht und ob ein harmonisches Fortschreiten zu einem Gleichgewicht des Wohlstands der Nationen zu erwarten ist. Für die Theorie der komparativen Kosten – ein Modell der neoklassischen statischen Gleichgewichtstheorie – ist dies alles nur deshalb so klar, weil sie von einer weltweiten vollkommenen Konkurrenz der Länder untereinander ausgeht, ohne Wettbewerbsvor- und -nachteile. Realistischer dürfte es dagegen sein, das Verhalten der hochentwikkelten kapitalistischen Länder (die „Erste" Welt, die vorwiegend den Außenhandel bestreitet) mit dem von Oligopolisten (einige wenige große Anbieter auf einem Markt) zu vergleichen, die sich einen Markt aufbauen, sich diesen Weltmarkt aufteilen und ruinöse Konkurrenz vermeiden.

7. Außenwirtschaftliche Beziehungen mit Entwicklungsländern

Wir haben bereits im Zusammenhang mit dem Wirtschaftswachstum (S. 135) festgestellt, daß der Zustand der Dritten Welt u. a. durch den Kapitalmangel und ein sehr einseitiges Produktionssortiment für den Export (während der

Kolonialzeit geschaffene Monokulturen) geprägt ist. Es sollen nun einige Aspekte aufgeführt werden, die zu bedenken sind, wenn man sich fragt, ob die außenwirtschaftlichen Beziehungen mit den Industrieländern die Entwicklung in der Dritten Welt fördern können. Diese Frage läßt sich in zwei Teilen diskutieren:

1. Kann der Kapitalexport der Industrieländer in die Dritte Welt deren Kapitalmangel beseitigen?
2. Kann die Dritte Welt von einer Intensivierung des Welthandels profitieren?

Wir können auch hier wieder nur sehr kurz (und ohne Bezugnahme auf Statistiken) einige Hinweise zur Beantwortung geben.

Es ist privater und staatlicher Kapitalexport zu unterscheiden, wobei letzterer (neben der sog. technischen Hilfe) ein Großteil der *Entwicklungshilfe* darstellt. Dabei handelt es sich meistens um *Kredite,* die deshalb verzinst und zurückgezahlt werden müssen und häufig liefergebunden sind (oder es zumindest bisher waren), d. h. nur für Waren aus dem Geberland ausgegeben werden sollen. Aber auch wenn eine solche Bindung nicht vereinbart ist, darf damit gerechnet werden, daß die Dritte Welt vermehrt Waren der Industrieländer nachfragt, und zwar wegen der mit dem Kapitalimport verbundenen Einkommenssteigerung in der Dritten Welt. Das Kapital fließt also über Tilgung, Zinszahlung und Warenkäufe in die Geberländer zurück, was man auch den „Bumerangeffekt" des Kapitalexports nennt. Abgesehen davon, dürfte es im allgemeinen auch günstig für die Entwicklung des Zins- und Beschäftigungsniveaus der Industrieländer sein.[141] Speziell für den staatlichen Kapitalexport durch Entwicklungskredite gilt, daß dieser entscheidend von politischen und militärischen Motiven gelenkt wird. Das zeigt sich deutlich, wenn man sieht, welche Länder in der Vergangenheit vorwiegend von den USA und der UdSSR gefördert wurden, z. B. Israel und Libyen einerseits, Syrien andererseits. Aus diesem Grunde bemüht sich z. B. Indien mit seinem laufenden Fünfjahresplan, sich von Entwicklungshilfe freizumachen:

> „. . . das erklärte Ziel ist es, am Ende des fünften Plans zu jedem Preis von Auslandshilfe ganz freizukommen. Wie die Dinge stehen, hat die Ministerpräsidentin klar betont, daß am Ziel der Selbständigkeit festzuhalten ist. Entweder durch Einführung von Kosteneinsparungen oder durch Kürzungen unserer Importe müssen wir dies zu erreichen versuchen."[142]

Abgesehen von politischen Bedenken wirft der staatliche Kapitalexport auch zahlreiche ökonomische Probleme auf. So wird z. B. schon jetzt ein Großteil der Entwicklungshilfe von der Dritten Welt für den Schuldendienst (Zinszahlung und Tilgung) verwendet.

Die UNO beschloß in einem „Strategiedokument"[143] für die Entwicklungspolitik der siebziger Jahre, daß die Industrieländer ab spätestens 1972 mindestens 1% ihres Bruttosozialprodukts zu Marktpreisen als Entwicklungshilfe (Nettobetrag, berechnet nach den tatsächlichen Auszahlungen) leisten sollten, davon mindestens 70% als öffentliche (staatliche) Hilfe. Dieser Forderung stimmten seinerzeit viele Industrieländer zu; die Anteile von 1 bzw. 0,7% sind jedoch bis heute nur von Schweden erreicht worden (nicht von der BRD). Im gleichen Dokument heißt es zur *Direktinvestition* von Unternehmen der Industrieländer in Ländern der Dritten Welt, einem wichtigen Teil des *privaten* Kapitalexports:

> „Ausländische Privatinvestitionen in Entwicklungsländern sollten im Einklang mit den Entwicklungszielen und Prioritäten dieser Länder vorgenommen werden. Ausländische Privatinvestoren in Entwicklungsländern sollten darauf bedacht sein, die Mitwirkung der einheimischen Bevölkerung bei der Leitung und Verwaltung von Betrieben zu erweitern, Arbeitsplätze zu schaffen und für entsprechende Ausbildung zu sorgen (das gilt auch für leitende Stellungen und die technischen Berufe), eine Beteiligung einheimischen Kapitals zu ermöglichen und Gewinne zu reinvestieren."[144]

Damit ist eine Besserung in Aussicht gestellt hinsichtlich einiger der auffallendsten Konsequenzen der privaten Investitionen in der Dritten Welt. Diese Investitionen waren bislang vor allem aus folgenden Gründen entwicklungspolitisch schädlich oder zumindest nutzlos:

1. Die z. T. sehr hohen Gewinne aus der Investition wurden ins Heimatland zurückgebracht. So konnten in den Entwicklungsländern z. T. höhere Renditen als in den Industrieländern erwirtschaftet werden; sie kamen aber den Entwicklungsländern nicht zugute, weil sie nicht dort wieder investiert wurden.

   > „Vielleicht sind Lateinamerika oder wenigstens einige Länder dieses Kontinents das deutlichste Beispiel dafür, daß ausländisches Kapital, sofern es nicht zur nationalen Kapitalbildung führt, überhaupt nichts nützt, um die Armut der unterentwikkelten Länder zu beseitigen."[145]

2. Es wurde vorwiegend in Bereichen investiert, die nur für die Industrieländer interessant sind. So entstand in vielen Entwicklungsländern eine moderne Extraktionsindustrie (Abbau und z. T. auch Raubbau von Rohstoffen) bei gleichzeitig weiterhin archaischen Techniken in anderen Bereichen. Man spricht deshalb auch von „dualer Wirtschaft". In vielen Ländern der Dritten Welt ist vor allem die Exportindustrie in den Händen ausländischen Kapitals. Das muß bei der Beurteilung der Außenhandelssituation dieser Länder beachtet werden.[146] Auch die für den Außenhandel wesentlichen Dienstleistungsbereiche (z. B. Schiffahrt) sind meist von Industrieländern beherrscht.

3. Die Beziehungen zum Gastland beschränken sich oft auf das Anheuern billiger Arbeitskräfte. Zuviel Kontakt kann aber schlimmer sein. Bekanntlich haben große multinationale Konzerne Einfluß auf die nationale Politik der Entwicklungsländer. Sie können zudem die Gesetze, insbesondere das

Steuerrecht dieser Länder, unterlaufen. Das geschieht u. a. durch Variation der Verrechnungspreise für Lieferungen über die Landesgrenzen innerhalb des Konzerns. So können Gewinne buchmäßig in dem Gastland des Konzerns erscheinen, wo sie am geringsten versteuert werden.

Aus alle dem folgt, daß es zumindest fraglich ist, ob durch privaten und staatlichen Kapitalexport die Kapitalknappheit der Entwicklungsländer beseitigt werden kann, obgleich die Auslandsinvestitionen gegenüber den Entwicklungskrediten den Vorteil haben, daß sie meist nicht zur Verschuldung der Entwicklungsländer führen und auch einen Import von technischem Wissen (know-how) ermöglichen.

Wir kommen damit zur zweiten der aufgeworfenen Fragen: Entwicklung durch Intensivierung des internationalen Handels.

„Handel ist kein Ersatz für Entwicklungshilfe. Handel transformiert heimische Produktionsfaktoren in Exporte, ausländische Währung und importierte fremde Ressourcen, wogegen Entwicklungshilfe einen unvergoltenen Transfer darstellt . . . Auf lange Sicht können Entwicklungsländer nur durch Entwicklung ihres Handels mit anderen Ländern in Verbindung mit wachsenden Möglichkeiten, heimische Produkte für Importe zu substituieren, in die Lage kommen, ohne Finanzierungshilfe zu Sonderkonditionen zu wachsen . . . Nahezu 90% der Exporterlöse der Entwicklungsländer stammen aus Rohstoffen. Darüber hinaus erzielte nahezu die Hälfte dieser Länder mehr als 50% ihrer Exporterlöse aus einem einzigen Rohstoff . . . Viele dieser Produkte sind einem hohen Grad preislicher Instabilität unterworfen, und einige hatten in den letzten anderthalb Jahrzehnten unter einer nachteiligen Preisentwicklung zu leiden.“[147]

Damit ist zugleich angedeutet, warum zunehmender Handel für die Dritte Welt bisher noch nicht zu befriedigenden Ergebnissen führte: Monokulturen als Folge des Kolonialismus, konjunkturabhängige, oft nicht lagerfähige Rohstoffe, wobei vor allem Nahrungsmittel die Sättigungsgrenze in den Industrieländern erreichen können (so daß die Nachfrage stagniert), Verschlechterung der terms of trade (d. h. die Importpreise steigen schneller als die Exportpreise) für die Entwicklungsländer usw. Hinzu kommt die Inflation in den Industrieländern.

Es ist mithin nicht erstaunlich, daß man dem vom Standpunkt der liberalen Theorie der komparativen Kosten zu erwartenden internationalen Einkommensausgleich bisher kaum näher gekommen ist, denn wesentliche Voraussetzungen dieses Modells sind gerade nicht erfüllt: Es gibt keine „gegebene“ Faktorausstattung, d. h. keinen unveränderlichen Bestand an Produktionsfaktoren (der Kolonialismus hat im Gegenteil gerade dazu geführt, daß diese zuungunsten der Dritten Welt verändert wurde), und wir haben das Nachfrageoligopol (einige wenige große Nachfrager auf einem Markt) der Industrieländer, bzw. in einigen Bereichen (z. B. Erdöl) Angebotskartelle der Entwicklungsländer. Die liberale Empfehlung könnte aber nur konsequent lauten:

Man muß die Bedingungen der (vollkommenen) Konkurrenz zwischen den entwickelten und unterentwickelten Ländern herstellen, und dann ergibt sich alles Weitere zur allgemeinen Zufriedenheit von selbst. Die Entwicklungsländer müßten sich auf arbeitsintensivere Produktion spezialisieren (auch wenn dies veraltete Technologie impliziert), ihren Export fördern und versuchen, nationale Wachstumsbarrieren abzubauen. Die Erfahrung zeigt jedoch, daß dies offenbar nur für kleinere Länder eine erfolgversprechende Strategie ist.

Anmerkungen

1. Die Bezeichnung politische Ökonomie wird unterschiedlich gebraucht, einmal für die marxistische Wirtschaftslehre, sodann für „Wirtschaftswissenschaft“ im allgemeinen (als älterer Name für „Volkswirtschaftslehre“ oder auch für die, natürlich auf Marx fußende, Wirtschaftswissenschaft in sozialistischen Ländern) oder aber auch in neuerer Zeit (als Rückkehr zu dem genannten älteren Verständnis dessen, was Gegenstand der Volkswirtschaftslehre sein sollte) als nicht-marxistisch orientierte Untersuchung der Beziehungen zwischen Politik und Wirtschaft.
2. Autorenkollektiv: Ekonomia polityczna socjalzmu, Warschau 1972, S. 29.
3. H. J. Thieme, Wirtschaftspolitik in der Sozialen Marktwirtschaft, Hamburg 1974, S. 37.
4. Der Standpunkt erscheint vor allem deshalb so einleuchtend, weil jeder an sich selbst beobachten kann, daß er bestimmte Wünsche (Bedürfnisse) hat und ihm die Mittel fehlen, sie alle zu befriedigen. Für die Gesellschaft insgesamt ist aber die Knappheit nicht so selbstverständlich. Man könnte sich einen Staat denken, der seinen Bürgern verkündet: wir haben alles, und was wir nicht haben, brauchen wir auch nicht. – Gewöhnlich denkt man nur an solche Güter, bei denen jeder für sich und unabhängig von anderen entscheiden kann, ob und wieviel er von ihnen braucht. Das sind die sog. privaten Güter. Zu ihnen gehören sicher die meisten Konsumgüter des täglichen Bedarfs. Daneben gibt es aber auch Güter, die notwendig kollektiv zugeteilt werden müssen, wie Rechtssicherheit, Landesverteidigung usw. Es gibt auch Güter, die privat nachgefragt werden sollten, wobei aber der Staat die private Entscheidung beeinflussen sollte, z. B. Steuern auf alkoholische Getränke. Wir sind schon mitten im Streit um die Wirtschaftssysteme, wenn wir darüber nachdenken, wo und wie hier die Grenzen zu ziehen sind.
5. Nur zur Vereinfachung versetzen wir uns hier gedanklich in die Rolle einer zentralen Planungsbehörde. Das hier behandelte Problem betrifft jedoch jede Art von Wirtschaftsordnung.
6. Sie heißt auch *Transformationskurve* oder Effizienzkontur und begrenzt den zulässigen Bereich. Alle auf und unterhalb dieser Kurve liegenden Güterkombinationen (und damit, im weiteren Sinne, Ziele) sind technisch erreichbar. Die Kurve stellt also das Produktionspotential (bezüglich der beiden Güter A und B) dar.
7. Optimal heißt im Unterschied zu maximal nicht die *größte,* sondern die *größtmögliche* Erreichung eines Zieles. Es ist also das Maximum unter Berücksichtigung bestimmter Bedingungen, wie sie durch das Produktionspotential (womit die Möglichkeiten beschränkt werden) vorgegeben sind.
8. Man spricht in diesem Zusammenhang auch vom gesamtwirtschaftlichen *Datenkranz.* Das wird oft so verstanden, als habe der Volkswirt von gegebenen Daten auszugehen und die Beschäftigung mit den Daten selber sei Sache anderer Sozialwissenschaften.
9. Hermann Adam: Bausteine der Volkswirtschaftslehre, 2. Aufl., Köln 1974, S. 18.

10. Eine Kombination von Kapitalismus und zentraler Planung war in gewisser Weise die deutsche Kriegswirtschaft während des Nationalsozialismus.
11. Vgl. S. 41.
12. Es ist fraglich, ob man beides mit dem gleichen moralischen Argument rechtfertigen kann, denn die Verfügung über Produktionsmittel bedeutet immer auch eine Entscheidung über Menschen, die an diesen Produktionsanlagen arbeiten.
13. Als sich im vorigen Jahrhundert große Aktiengesellschaften bildeten, beurteilten viele Ökonomen mit dem Effizienz-Argument die Zukunftsaussichten solcher anonymen, von bezahlten Managern geleiteten Gesellschaften sehr skeptisch. Was man nicht voraussah, war, daß sich diese Angestellten mit den Eigentümerinteressen *identifizieren* würden.
14. Erich Fromm: Die Furcht vor der Freiheit, 5. Aufl., Frankfurt/Main 1972, S. 121 f. (Unterstreichung im Original).
15. Dieter u. Karin Claessens, Kapitalismus als Kultur, Köln 1973, S. 96 f.
16. Typische Beispiele hierfür sind Agrarprodukte sowie die Situation bei festen Wechselkursen (d. h. Preisen für ausländische Währungen). Siehe hierzu S. 167.
17. O. Lange, W. Brus, T. Kowalik und J. Sachs, Wirtschaftswissenschaft, Hauptströmungen der sozialwissenschaftlichen Forschung, herausgegeben von der UNESCO 1970, deutsch: Frankfurt/Berlin/Wien 1972 (Ullstein-Taschenbuch Nr. 2919), S. 7 f.
18. Es sind nicht die einzigen, sondern nur einige für die praktische Politik besonders bedeutsame Probleme. Die Kritik der Neoklassik bewegt sich auch auf einer „tieferen" theoretischen und methodologischen Ebene, worauf wir hier jedoch nicht eingehen können.
19. Oskar Lange u. a., Wirtschaftswissenschaft a. a. O., S. 91.
20. Ebenda, S. 90.
21. Das ist z. B. in der Sowjetunion das staatliche Plankomitee des Ministerrats (GOSPLAN) in Verbindung mit speziellen Komitees z. B. für Materialversorgung, Bauwesen, Wissenschaft und Technik, Preise usw.
22. Sie scheinen oft programmatischen Charakter zu haben und sind hinsichtlich ihrer geringen Detailliertheit und Verbindlichkeit am ehesten den Plänen verwandt, die seit neuestem auch in kapitalistischen Ländern üblich sind. Lenin nannte den ersten Perspektivplan der Sowjetunion (GOELRO-Plan) auch das „zweite Parteiprogramm".
23. M. S. Bor, Volkswirtschaftsplanung, Grundlagen (Übersetzung aus dem Russischen), Berlin 1973, S. 45 f.
24. Vgl. zu diesem Argument Ota Šik, Argumente für den Dritten Weg, Hamburg 1973, S. 53 ff.
25. Włodimierz Brus, Wirtschaftsplanung – Für ein Konzept der politischen Ökonomie, (edition suhrkamp 547), Frankfurt/M. 1972, S. 11.
26. Ähnliche und z. T. engere Minimalbereiche der Planung werden abgesteckt von W. Brus, Wirtschaftsplanung a. a. O., S. 16, O. Lange u. a., Wirtschaftswissenschaft, a. a. O., S. 107ff.
27. Vgl. Richard G. Lipsey, An Introduction to Positive Economics, third edition, Hampshire U. K. 1972, S. 411ff. (Chap. 32).
28. Für diese Unterscheidung von zwei Formen der Ungewißheit, Markt- und Umwelt-

unsicherheit vgl. J. E. Meade, The Theory of Indicative Planning, Manchester Univ. Press 1970, S. 3.

29. O. Lange u. a., Wirtschaftswissenschaft, a. a. O., S. 105.
30. Ekonomia polityczna socjalizmu, a. a. O., S. 281.
31. Ebenda, S. 285.
32. Hans Albert, Marktsoziologie und Entscheidungslogik, Soziologische Texte, Band 36, Neuwied/Rh., S. 215.
33. Joan Robinson u. John Eatwell, Einführung in die Volkswirtschaftslehre, München 1974, S. 435.
34. Die Zukunft unserer Wirtschaftsordnung, Göttingen 1968 (5. Auflage) S. 55.
35. Herman Adam, Pluralismus oder Herrschaft des Kapitals? – Überlegungen zur gesellschaftlichen Machtverteilung in der Bundesrepublik; in: WSI Mitteilungen (Zeitschrift des Wirtschafts- und Sozialwissenschaftlichen Instituts des Deutschen Gewerkschaftsbundes GmbH), 26. Jahrgang, Nov. 1973, S. 432ff.
36. Diese Summe der Warenströme unterscheidet sich vom Sozialprodukt dadurch, daß in den Warenströmen noch sämtliche *Vor*produkte enthalten sind. Das Sozialprodukt dagegen besteht nur aus den *End*produkten.
37. Das sind die sog. „Vorratsveränderungen" in Tabelle 3. Sie können positiv (Lageraufbau) oder negativ (Lagerabbau) sein und stellen einen Puffer zwischen der Entstehung (Angebot) und der Verwendung (Nachfrage) des Sozialprodukts dar.
38. Betrachtet man statt des Sozialprodukts (also die Endprodukte) die gesamten Umsätze (einschließlich der Vorprodukte), so erhält man $M \cdot U = H \cdot P$ (wobei M, U und P weiter gefaßt sind als die entsprechenden Größen oben), oder: Geldmenge mal Umlaufgeschwindigkeit ist Handelsvolumen mal Preisniveau. Das Handelsvolumen ist der reale Wert der gesamten Umsätze (also etwa das Dreifache des realen Sozialprodukts Y_r).
39. Auf die Quantifizierung dieser Ziele wird in den folgenden Kapiteln eingegangen. Die Zahlenangaben entstammen dem Jahreswirtschaftsbericht 1972 der Bundesregierung. Welche Zahlenwerte für die Ziele festgelegt werden, hängt auch von ihrer Erreichbarkeit ab. Das ist also durchaus nicht unveränderlich. So wurde z. B. im Hinblick auf die Preisstabilität im Laufe der letzten Jahre ständig höhere Preissteigerungsraten als erstrebenswert (stabil) deklariert.
40. Es wird häufig versucht, anhand der sog. „Philipps-Kurve" zu zeigen, daß geringe Preissteigerung nur mit hoher Arbeitslosigkeit und umgekehrt zu „erkaufen" sind. Abgesehen davon, daß dieser empirische Zusammenhang umstritten ist, kann die Aussage auch dazu mißbraucht werden, Stabilität von vornherein als Illusion hinzustellen.
41. Jahresgutachten 1967, Textziffer 248ff.
42. Unter Berücksichtigung dieser unterlassenen Investitionen schätzte der Sachverständigenrat den gesamten *Wachstumsverlust* auf etwa *30 Mill DM*. Solche Berechnungen des Produktionspotentials und von Wachstumsverlusten haben seinerzeit großes Aufsehen erregt. Wir gehen hierauf im Kapitel V (Wachstum) noch einmal ein.
43. Joan Robinson, Jenseits der Vollbeschäftigung, in: Kleinere Schriften zur Ökonomie, deutsch Frankfurt/M., (edition suhrkamp, Band 293), 1962 (2. Aufl.), S. 24.
44. Aus Gründen, die hier nicht zu interessieren brauchen, handelt es sich in Abbildung

6 bei Y nicht genau um das Volkseinkommen, sondern nur um die Summe der Größen C (privater Konsum) und I (Investitionen).

45. J. M. Keynes, The General Theory of Employment, Interest and Money, Ausgabe: Macmillan-Paperback, London 1964, S. 235.
46. Wir können auf diese Überlegungen zur sog. Liquiditätspräferenz hier leider nicht weiter eingehen. Sie sind z. Zt. sehr umstritten. Jedenfalls ist es verdienstvoll von Keynes, mit seinen Betrachtungen zum Geld das Moment der *Unsicherheit* im Wirtschaftsleben wieder hervorgehoben zu haben: Geld dient nicht nur zur Finanzierung von Käufen, sondern auch, um sich gegen Risiken abzusichern.
47. Zu der gegenteiligen Ansicht der sog. „Monetaristen" siehe Seite 107.
48. Es gibt zahlreiche „Konjunkturtheorien" zur Erklärung der Ursachen der hier beschriebenen Erscheinungen. Wir können darauf nicht eingehen, zumal sie zum Verständnis der Wirtschaftspolitik wenig beitragen.
49. Der „Sachverständigenrat zur Begutachtung der gesamtwirtschaftlichen Entwicklung" ist ein Gutachtergremium von fünf anerkannten unabhängigen Fachleuten, das seit 1964 regelmäßig Jahresgutachten über die gesamtwirtschaftliche Lage und die absehbare *Entwicklung* erstellt.
50. Bei fast jedem Zyklus spielt die Exportsituation eine entscheidende Rolle. Zu einer ausführlichen Beschreibung der fünf Zyklen siehe Karl Neumann, Konjunktur und Konjunkturpolitik, Frankfurt/Main 1972, S. 41 ff.
51. Die Expansion kann durch $I > S$, $G > T$ (d. h. Ausgabenüberschuß = Einnahmendefizit = Budgetdefizit des Staates) oder $X > M$ bewirkt werden. Entscheidend ist aber nur, daß $(I + G + X) > (S + T + M)$ gilt. Die linke Seite dieser Ungleichung stellt die (monetären) Zuflüsse, die rechte Seite die Abflüsse des Kreislaufs der Ausgaben und Einkommen zwischen inländischen Unternehmen und privaten Haushalten dar. Dieser sog. „Einkommenskreislauf" besteht zunächst nur aus den laufenden Konsumgüterkäufen. Von außen (Staat, Ausland, Kreditsystem) können nun bestimmte Nachfrageimpulse zufließen (I, G, X) oder abfließen (S, T, M). Importe sind z. B. Ausgaben, die aus dem inländischen Einkommen abfließen und im Ausland Einkommen schaffen.
52. Der Rest wird gespart und fällt somit aus. Bei genauerer Betrachtung wären auch die Abflüsse durch Steuern und Importe zu berücksichtigen.
53. Die folgende Formel besagt, daß der gesamte Einkommenszuwachs ΔY das $\frac{1}{1 - b}$ fache des Zuwachses der Staatsausgaben (also ΔG) beträgt. Was das im einzelnen besagt, wird im folgenden Text deutlich gemacht. Wer die Herleitung dieser Formel aus der Summe (genauer: der unendlichen geometrischen Reihe) der Einkommenszuwächse nicht nachvollziehen kann, braucht sich darüber nicht den Kopf zu zerbrechen, um den Sinn und die Bedeutung des Multiplikatorprinzips zu verstehen.
54. Im umgekehrten Fall der Steuererhöhung (kontraktive Politik) ist vor allem zu bedenken, daß diese in den Preisen überwälzt werden kann.
55. Heinz-Dietrich Ortlieb: Ein Symptom der Gesellschaftskrise, Zur Inflationsbekämpfung fehlen uns nicht die Waffen, sondern der Mut, in: Die Zeit Nr. 22 (24. 5. 1974), S. 31.
56. In diesem Abschnitt werden einige Begriffe verwendet, die im folgenden Kapitel

noch ausführlich behandelt werden. Sollte also der Text Schwierigkeiten bereiten, so empfiehlt es sich, ihn später noch einmal zu lesen.

57. Jahresgutachten 1969, Ziff. 112–118; 1970, Kapitel 4.
58. Oskar Lange u. a., Wirtschaftswissenschaft a. a. O., S. 24, sowie die hier zitierten Schriften von Joan Robinson. Darstellungen der Theorie von Kalecki und ihrer Unterschiede zur Keynesschen Theorie sind in der gängigen Lehrbuchliteratur bei uns kaum zu finden.
59. Der Marktmechanismus besagt, daß bei zunehmender Nachfrage die Preise steigen. Globalsteuerung des Staates und Marktmacht der Anbieter kann diesen Mechanismus aber genau ins Gegenteil verkehren: Bei geringer oder gar sinkender Nachfrage werden Preise erhöht und der Staat wird aufgefordert, nachträglich für eine entsprechende Anhebung der Gesamtnachfrage zu sorgen. Ein Beispiel hierfür sind die Preiserhöhungen für Automobile in der BRD im Frühjahr 1974 trotz sinkender Nachfrage, Absatzstockung, Lagerbestände und Kurzarbeit infolge der Ölkrise.
60. Jahresgutachten 1972 des Sachverständigenrats, Ziffer 44.
61. Sie finden sich zum größten Teil in den Kapiteln 16 und 24 seiner „General Theory".
62. Joan Robinson nennt dies „Die zweite Krise der ökonomischen Theorie" (der Aufsatz mit diesem Titel ist abgedruckt in Winfried Vogt [Hrsg.] Seminar: Politische Ökonomie, Frankfurt 1973 [Suhrkamp Taschenbuch], S. 37–55, aus dem im folgenden zitiert wird). Gemeint ist damit die traditionelle neoklassische Theorie, die zunächst nicht das Niveau und dann nicht den Inhalt (Zweck) der Beschäftigung erklären konnte. Die zweite Krise begann, als man in der Politik und auch in der Theorie Vollbeschäftigung als Selbstzweck betrachtete.
63. General Theory, a. a. O., S. 381f.
64. Nach S. M. Rosen soll der damalige Vorsitzende des Council of Economic Advisers, Gardner Ackley, nach Johnsons Beschluß, weitere 50000 Soldaten nach Vietnam zu schicken (Oktober 1966), gesagt haben „If the war hadn't speeded up last year, I expect we would have been looking around for further measures to stimulate the economy". Siehe hierzu Rosens Artikel im Sammelband E. K. Hunt und J. G. Schwartz, A Critique of Economic Theory, Harmondsworth usw. 1972 (Penguin Reader), S. 414.
65. Joan Robinson, Die zweite Krise der ökonomischen Theorie, a. a. O., S. 49f.
66. General Theory, a. a. O., S. 213.
67. Ebd., S. 376.
68. Ebd., S. 213, 217, 221 und 376.
69. Michał Kalecki, Political Aspects of Full Employment, in: Political Quarterly vol. 14, 1943, S. 322–331, wiederabgedruckt in Hunt und Schwartz, A Critique of Economic Theory, a. a. O., S. 420–430 (Zitat auf S. 428).
70. Der Gegensatz dazu ist die galoppierende oder Hyperinflation.
71. Genau genommen gilt dies nur für eine bestimmte Indexformel, nach der z. B. auch die Preisindices für die Lebenshaltung berechnet werden. Zu einer Darstellung der statistischen Probleme vgl. Peter von der Lippe, Einführung in die Statistik und den Umgang mit statistischen Daten, München 1974, S. 81ff. (Beck'sche Elementarbücher).

72. Gemäß einer Untersuchung des Sachverständigenrats, Jahresgutachten 1972, Textziffer 184ff.
73. Zitiert nach H. Adam, Bausteine der Volkswirtschaftslehre, a. a. O., S. 60.
74. Unter diesen Voraussetzungen müßten nämlich die Realeinkommen sinken, so daß es den Menschen schlechter ginge.
75. Der Staat kann nicht nur durch seine Nachfrage die Inflation vorantreiben, sondern auch direkt oder indirekt von der Angebotsseite her. Etwa 40 vH der Preise des Preisindex für die Lebenshaltung sind staatlich gesetzt (Postgebühren, Bahntarife usw.), bzw. durch Marktordnungen (Agrarpreise!) und Verbrauchssteuern (Zigaretten, Benzin, Branntwein) entscheidend beeinflußt.
76. Heinz Miachaels, „Geschäftemachern auf die Finger klopfen". Neue Gewerkschaftsoffensive für eine Kontrolle der Preise, in: Die Zeit, Nr. 20, 10. 5. 1974.
77. Sachverständigenrat, Jahresgutachten 1972, Textziffer 342.
78. Das Argument gilt nicht uneingeschränkt. Je nach Inflationstyp sind die Vorteile verschieden verteilt. Von einer importierten Inflation profitiert im allgemeinen die Exportindustrie und das Kreditgewerbe.
79. Sachverständigenrat a. a. O.
80. Genau genommen gilt dies nur für die über die sog. Mindestreserve (vgl. Seite 102) hinaus bestehenden Kassenbestände der Banken (d. h. für die sog. Überschußreserve).
81. Das sind vor allem die Aktiengesellschaften und Gesellschaften mit beschränkter Haftung.
82. Joan Robinson u. John Eatwell a. a. O., S. 325. Die Beziehungen zwischen Laissez-faire, Neoklassik und der Auffassung (auf der Grundlage des Sayschen Theorems), daß Instabilität, also Konjunkturschwankung ausschließlich eine monetäre Erscheinung und deshalb geldpolitisch zu bekämpfen sei (wenn überhaupt), sind in dieser Schrift bereits wiederholt angedeutet worden. Es ist deshalb auch nicht erstaunlich, daß ein Versuch, die von den Monetaristen geforderte Art von Geldpolitik in die Tat umzusetzen, auf eine Restauration der laissez-faire-Politik hinausliefe. Siehe hierzu auch Karl-Heinz Ketterer und Diethard B. Simmert, Moderne Quantitätstheorie und Laissez-faire-Liberalismus, in: Claus Köhler (Hrsg.): Geldpolitik – kontrovers, Köln 1973, S. 79ff.
83. Vgl. auch unten Seite 128 zu dem Begriff der Opportunitätskosten. Eine Bestimmung von Preisen bei Abwesenheit von Marktbeziehungen ist auch in einer Marktwirtschaft für den Staatssektor erforderlich (mit der sog. Kosten-Nutzen-Analyse).
84. Zdzisław Hellwig et al., Elementy rachunku ekonomicznego (Grundzüge der Wirtschaftsrechnung), Warszawa 1972, S. 34f.
85. Vgl. Joan Robinson u. John Eatwell, Einführung in die Volkswirtschaftslehre a. a. O., S. 370ff.
86. Ebenda S. 438.
87. Paweł Sulmicki, Planowanie i zarządzanie gospodarcze (Planung und Leitung der Volkswirtschaft), Warszawa 1971, S. 249.
88. Ebenda S. 250.
89. Ebenda S. 282.
90. Ebenda S. 288.
91. Zitiert aus der Titelgeschichte vom 8. 1. 1973 des Magazins DER SPIEGEL, S. 38.

92. Monatsbericht Oktober 1973 der Deutschen Bundesbank, S. 28. Hervorhebung vom Verfasser. Andere Schätzungen (z. B. die des Sachverständigenrats) stellen auf die maximale, nicht die durchschnittliche (für einen Konjunkturzyklus) Auslastung ab, so daß ein Zurückbleiben hinter dem Maximum bereits als „Wachstumsverlust" erscheint. Tatsächlich könnte jedoch das Erreichen des Maximums nur bei erheblichen Preissteigerungen möglich sein. Es ist deshalb besser, sich am Durchschnitt zu orientieren.
93. Monatsbericht der Deutschen Bundesbank, Oktober 1973, S. 30.
94. Das Zahlenbeispiel entspricht zum Teil den realen Gegebenheiten in der BRD im Jahre 1964. Die Wachstumsrate des Produktionspotentials war auch (vgl. Seite 122) laut Bundesbank im Jahresdurchschnitt 1962 bis 1972 etwa 4,6 vH.
95. Das ist eine Verallgemeinerung des Begriffs „Gleichgewicht", der sich sonst nur auf einen Zeitpunkt bezieht, hier dagegen auf einen Zeitablauf. Wenn eine Entwicklung auf dem Gleichgewichtspfad abläuft, bedeutet dies, daß zu jedem Zeitpunkt Gleichgewicht besteht.
96. Ekonomia Ekonomia polityczana socjalizmu, a. a. O., S. 66f.
97. Siehe hierzu auch Peter v. d. Lippe und Reinhard Peterhoff: Polens Wirtschaft heute, Zeitungsseite der Hessischen Landeszentrale für politische Bildung, Februar 1974.
98. Erfolgen die Investitionen wie oben beschrieben proportional (im gleichen Verhältnis, mit gleicher Wachstumsrate) dem erwarteten Einkommensanstieg (Nachfrageanstieg), so spricht man auch vom Akzeleratorprinzip. Nimmt man ein Investitionsverhalten nach Maßgabe dieses Akzeleratorprinzips an (d. h. vom erwarteten Einkommensanstieg induzierte Investitionen), dann erklärt dies auch, warum im Konjunkturablauf die Investitionen stets stärker schwanken als der Konsum.
99. Jahresgutachten 1964 des Sachverständigenrats, Textziffer 254.
100. Die Argumentation mit dem „Teufelskreis" der Entwicklung betrifft vor allem das Problem, durch eigene, heimische Ersparnisse Kapital zu bilden. Die Kette der Verursachung lautet dann: Armut, fehlende Sparfähigkeit, zu geringer und wenig effizienter Kapitaleinsatz, Armut.
101. Joan Robinson, Doktrinen der Wirtschaftswissenschaft, a. a. O., S. 141f.
102. Ein weiteres Charakteristikum der Entwicklungsstrategie sozialistischer Länder ist die bisher geringe außenwirtschaftliche Verflechtung mit der Dritten Welt.
103. Hermann Adam, Der Kampf um Löhne und Gewinne, Köln 1974, S. 34.
104. Hieran knüpft die sog. *Klassenmonopoltheorie* der Verteilung (Franz Oppenheimer, Hans Peter, Erich Preiser) an: Die Besitzenden haben eine monopolähnliche Vorzugsstellung gegenüber den Nichtbesitzenden, die es ihnen ermöglicht, aus der Verknappung des Kapitals Profit zu schlagen. Ein Monopol im echten Sinne liegt nicht vor, weil die Kapitaleigner ja untereinander um die beste Verzinsung ihres Kapitals konkurrieren (man spricht deshalb auch von Quasi- oder Klassenmonopol). Ein Nachteil dieser Theorie ist, daß sie zwar die Existenz, nicht aber die Höhe der Vermögenseinkommen erklärt.
105. In diesem Sinne unterschied z. B. Adam Smith Meister und Geselle, später unterschied man Arbeiter, Unternehmerkapitalist (wo der Eigentümer noch selbst unternehmerisch tätig war und hierfür nicht einen Manager anstellte) und Grundeigentümer, der die Pacht als arbeitsloses Besitzeinkommen bezieht. Dann trat mit der Industrialisierung die Bedeutung des Bodens etwas zurück, so daß man den

Blick vor allem auf das Verhältnis zwischen Lohnabhängigen und Eigentümern von Produktionsmitteln lenkte. In einem ganz anderen Sinne, als es oben gebraucht wird, kann man auch mit dem Wort „Kapital" eben dieses Verhältnis bezeichnen, das, weil es sich ständig reproduziert, sich auch hinsichtlich der Personen verfestigen kann und somit ein Klassenverhältnis darstellt.

106. Auf die theoretischen Gründe, die gegen die neoklassische Grenzproduktivitätstheorie der (funktionellen) Einkommensverteilung – auch gegen die makroökonomische Version dieser Theorie sprechen – kann hier leider nicht eingegangen werden.

107. Die juristische Unterscheidung zwischen *Eigentum* und *Besitz* ist für wirtschaftliche Zusammenhänge im allgemeinen unwesentlich. Worauf es ankommt, ist das *Vermögen,* ein Bestand an Dingen, die einen wirtschaftlichen Wert haben. Wird über das verteilte Vermögen verfügt, so entstehen dadurch Beziehungen zwischen Personen, die durch das Eigentumsrecht geregelt werden. Was zunächst nur als ein nur Güter betreffendes, wirtschaftliches Problem erscheint, wird somit zu einem gesellschaftlichen Problem. Erst das Privateigentum vereint Kapital und Kapitalist (macht diesen zum „personifizierten Kapital" und bindet die Verwertung des Kapitals an die Interessen des Kapitalisten).

108. Ungleichheiten der Einkommens- und Vermögensverteilung verstärken sich gegenseitig. Denn weil nur Bezieher höherer Einkommen im nennenswerten Umfang sparen können, wird auch der Vermögens*zuwachs* auf diese Schichten verteilt.

109. Die Bruttoeinkommen enthalten auch Arbeitgeberbeiträge zur Sozialversicherung sowie meist dem einzelnen Arbeitnehmer nicht eindeutig zurechenbare (auf ihn anteilsmäßig beziehbare) gesetzliche, tarifliche und freiwillige Sozialleistungen, andererseits sind in den Bruttoeinkommen aus Unternehmertätigkeit und Vermögen auch Bestandteile, die nicht frei als Einkommen verfügbar sind, z. B. unverteilte Gewinne der Einzelunternehmen, offene Handelsgesellschaften usw. enthalten.

110. Hierbei handelt es sich nur um eine von insgesamt etwa 300 verschiedenen Lohnquotenformeln, die mehr oder weniger üblich sind. Die obige Formel wird auch von der amtlichen Statistik verwendet und ist wohl die bekannteste Lohnquotendefinition.

111. Auf dieses in der Statistik gebräuchliche Verfahren der Standardisierung soll hier, obgleich die dabei erforderlichen Rechnungen sehr einfach sind, nicht eingegangen werden.

112. K. D. Bedau, Das Einkommen der Selbständigen in der Bundesrepublik Deutschland, DIW-Vierteljahreshefte 1/2, 1972, S. 48 ff. (58).

113. Jahresgutachten 1972 des Sachverständigenrats, Textziffern 452, 454–456.

114. Stabilitäts- und Wachstumsgesetz § 3.

115. Die Konzertierte Aktion ist, weil die Abstimmung des Verhaltens eine dauernde Aufgabe ist, eine institutionalisierte Gesprächsrunde zwischen der Regierung, der Notenbank, den Verbänden und dem Sachverständigenrat. In ihr versucht man zunächst Einigung über die wahrscheinliche und gewünschte Entwicklung der für die Verteilungspolitik entscheidenden gesamtwirtschaftlichen Daten zu erzielen, woraus sich dann ableiten läßt, welche Möglichkeiten bestehen, die Verteilung zu verändern. Um die Verhaltenskoordinierung zu erleichtern, können „Orientierungsdaten" ausgegeben werden, die im Falle der Gefährdung eines der gesamtwirtschaftlichen Ziele von der Regierung in die Gesprächsrunde einzubringen

sind. Solche globalen Leitlinien sind jedoch für keine Seite bindend (auch, wie die Erfahrung zeigt, für die Regierung selbst nicht), weil das einer Einschränkung oder Aufgabe der Tarifautonomie gleichkäme.

116. Jahresgutachten des Sachverständigenrats 1972, Textziffer 467.
117. Im Unterschied zu der üblichen Definition der Lohnquote erscheint hier im Nenner das nominelle Bruttoinlandsprodukt, nicht das nominelle Volkseinkommen (Nettosozialprodukt zu Faktorkosten).
118. Jahresgutachten 1972 des Sachverständigenrats, Textziffer 449.
119. Hierzu gehört z. B. die Frage, ob diese Politik an den Produktivitätsfortschritten der Gesamtwirtschaft oder jeweils einer Branche (Wirtschaftszweig) orientiert sein sollte.
120. Unter einer „Rente" im Sinne der Wirtschaftstheorie versteht man jedes Vorzugseinkommen aufgrund (meist vorübergehender) günstigerer Bedingungen, als sie bei Konkurrenten vorliegen.
121. Vgl. unten S. 181 zum Begriff der „terms of trade".
122. Jahresgutachten 1972, Textziffer 412.
123. Von den Statistischen Ämtern in der BRD kann eine Erhebung nur dann durchgeführt werden, wenn hierfür ein Gesetz (oder in Ausnahmefällen eine Rechtsverordnung) erlassen worden ist. Eine Statistik wird somit von Parlamenten bzw. Regierungen „angeordnet".
124. Die Zahlen stammen aus dem Monatsbericht der Deutschen Bundesbank vom Mai 1973. Es sind die Nettopositionen (Geldvermögen minus Geldschulden) der Sektoren. Man kann den oben beschriebenen Sachverhalt auch im zeitlichen Ablauf für die einzelnen Jahre von 1950 bis 1972 anhand der „Finanzierungssalden" betrachten.
125. Zu diesem Ergebnis gelangten wir bereits durch Betrachtung der Finanzierungssalden (oben S. 60).
126. Erich Preiser, Die ökonomische Problematik der Eigentumsverteilung, in: Wirtschaftspolitik heute, 2. Auflage, München 1969 (Beck'sche Schwarze Reihe Band 51), S. 177 f.
127. Auf der Konferenz von Bretton-Woods wurde der US-Dollar und das britische Pfund zu Leitwährungen erklärt. Das besagt, daß die dem System angeschlossenen Länder ihre Währungen in ein festes Verhältnis (Wechselkurs, Parität) zum Dollar bringen. Diese Parität war von 1949 bis 1961 (erste Aufwertung der DM) 1 US-Dollar = 4,20 DM.
128. Neben Gold und US-Dollar sind auch andere finanzielle Mittel als internationale Liquidität anerkannt; das gilt insbesondere für die sog. *Sonderziehungsrechte.* Dabei handelt es sich um jedem Mitglied des internationalen Währungsfonds zugeteilte Überziehungsrechte (Kontokorrentkredite) ihres Kontos.
129. Vereinbaren mehrere Länder unter sich feste, aber gegenüber anderen Ländern flexible Wechselkurse, so spricht man von *Blockfloaten.*
130. Die Kurse sind nicht durch Interventionen exakt konstant zu halten, sondern dürfen in einem bestimmten Intervall (Bandbreite) um die vereinbarte Parität schwanken. Die *Bandbreite* war ursprünglich 0,75 vH und seit der Währungskonferenz von Washington (Dezember 1971) 2,25 vH in beiden Richtungen. Die Konferenz von Washington folgte der ersten größeren Dollarkrise (1971; die zweite war 1973). Sie führte zu einer allgemeinen Neufestsetzung der Wechselkur-

se *(Realignment)* und zu einer Anhebung des Goldpreises, nachdem bereits vorher die USA die Einlösbarkeit des Dollars gegen Gold auch gegenüber fremden Notenbanken aufgehoben hatten (Privaten gegenüber waren die USA ohnehin schon nicht mehr verpflichtet, auf Dollars Gold auszuhändigen).

131. Wie 1971 wurde auch 1973 eine Aufwertung der DM erwartet.
132. Der Kurs fiel also von 3,23 DM auf 2,90 DM; anders gesagt: wer rechtzeitig Dollar gegen DM tauschte, hatte nach der Abwertung mit einer DM 34 cents (statt bisher 31 cents) in der Hand.
133. Feste Wechselkurse gelten oft als Vorstufe zu einer wirtschaftlichen Integration oder gar Währungsunion (gemeinsame Währung), weil von ihnen ein gewisser (wenngleich wohl nicht ausreichender) Zwang zu einer gemeinsamen Wirtschaftspolitik ausgeht.
134. „BDI zur DM-Aufwertung", in: BDI-Mitteilungen, Juli 1973.
135. Jahresgutachten 1973, Textziffer 156.
136. Ebenda.
137. Geschäftsbericht der Deutschen Bundesbank für das Jahr 1973, S. 50.
138. Ebenda, S. 49.
139. Michael Jungblut, Spiel mit dem Bumerang, Import-Restriktionen können unabsehbare Folgen haben, in: Die Zeit Nr. 22, 24. 5. 1974, S. 29.
140. Entscheidend für die Vorteilhaftigkeit des Außenhandels ist die Herausbildung der Preisrelation (terms of trade). Nur dann, wenn, wie oben beschrieben, die Ex- und Importpreise sich jeweils in der Mitte der Preise in den Ländern vor Aufnahme des Handels einpendeln, haben *beide* Länder einen Vorteil aus dem Außenhandel. Gelingt es einem Land, Ex- und Importpreise durchzusetzen, die genau den Preisen des Partnerlandes vor Aufnahme des Handels entsprechen, so zieht es *allein* den ganzen Vorteil aus dem Außenhandel.
141. Siehe hierzu auch Erich Preiser, Kapitalexport und Vollbeschäftigung, wieder abgedruckt in E. Preiser: Bildung und Verteilung des Volkseinkommens, 4. Aufl., Göttingen 1970.
142. N. K. Sastry, S. M. Israney, Y. P. Rao, Development Economics, Allahabad 1973, S. 316.
143. Internationale Strategie für die zweite Entwicklungsdekade der Vereinten Nationen; von der Vollversammlung verabschiedet am 24. 10. 1970; Ziff. 42 f.
144. Ebd., Ziff. 50.
145. Planificación del desarrollo económico; Ediciones del Movimiento, Madrid, o. J., S. 42 f.
146. Das besagt u. a., daß die terms of trade, das Verhältnis zwischen Export- und Importpreisen, für Entwicklungsländer ein falsches Bild geben können, weil ein großer Teil der Exportgewinne in die Kassen ausländischer Konzerne fließt.
147. Der Pearson-Bericht, Bestandsaufnahme und Vorschläge zur Entwicklungspolitik, Bericht der Kommission für Internationale Entwicklung (Vorsitzender: Leister B. Pearson), Wien-München-Zürich 1969, S. 106 f.

Fachausdrücke

Erläuterungen zu den wichtigsten im Text verwendeten volkswirtschaftlichen Begriffen

Abschreibungen = zeitliche Verteilung der Ausgaben für Kapitalgüter auf mehrere Jahre als Kosten nach Maßgabe der Abnutzung und sonstigen Wertminderungen dieser Kapitalgüter im laufenden Produktionsprozeß; dient dazu, um die Ersatzinvestitionen finanzieren zu können.

Aggregat (Globalgröße) = Menge von zum Teil nicht gleichartigen (homogenen) Einheiten; meist eine viele Einzelvorgänge zusammenfassende Größe, die nicht einfach durch Summierung, sondern durch bestimmte Schätzverfahren berechenbar ist (z. B. das Aggregat Volkseinkommen).

Akkumulation = Neubildung bzw. Vermehrung des Kapitals (im weitesten Sinne); häufig gleichbedeutend mit „Investition" verwendet, gelegentlich auch unterschiedlich: Akkumulation umfaßt auch Aufwendungen für zusätzliche Arbeitskräfte („Lohnkapital"), nicht nur (wie Investition) für zusätzliches Sachkapital.

Allokation, optimale = Verwendung aller Produktionsfaktoren, so daß das Produktionsergebnis optimal ist, d. h. angesichts der Ziele und Möglichkeiten das Beste. Grundsätzlich könnte man die gleichen Produkte mit sehr unterschiedlichem Aufwand an Produktionsfaktoren herstellen, und umgekehrt mit gleichem Bestand an Produktionsfaktoren sehr unterschiedliche Produkte. Das Problem der optimalen Allokation der Ressourcen (Produktionsfaktoren) besteht darin, sämtliche Faktoren so einzusetzen, daß sie möglichst viel zur Herstellung der gewünschten Produkte beitragen, sie also in ihre ergiebigste Verwendungsmöglichkeit gelenkt werden.

Banken = Unternehmen, die Bankgeschäfte betreiben, deren Umfang einen kaufmännischen Geschäftsbetrieb erfordert. Zu den Bankgeschäften gehören u. a. Verwaltung von Einlagen, Abwicklung des Zahlungsverkehrs, Kreditvergabe, Handel mit Wertpapieren und Devisen. Innerhalb der Banken nimmt die Zentralbank eine besondere Stellung ein.

Betrieb = Produktionsstätte, die in technischer und/oder räumlicher Hinsicht eine Einheit bildet (z. B. Zweigniederlassung eines Unternehmens).

Devisen = ausländisches Bargeld (banktechnisch „Sorten" genannt), Guthaben in fremder Währung und im Ausland (in der betreffenden Währung) zahlbare Zahlungsanweisungen (Schecks, Wechsel).

Diskontgeschäft = Ankauf von noch nicht fälligen Wechseln unter Abzug eines Zinssatzes (des Diskontsatzes) bis zum Fälligkeitstermin. Der Wechsel ist ein verbrieftes Zahlungsversprechen. Zum Diskontgeschäft der Bundesbank sind nur bestimmte Wechsel zugelassen.

Eigentum = die einer Person (dem Eigentümer einer Sache) im Verhältnis zu anderen Personen zugestandenen Berechtigungen im Umgang mit einer Sache (deren Eigentümer diese Person ist), wie z. B. das Recht die Sache zu besitzen, zu nutzen, zu veräußern oder andere Personen von Einwirkungen auszuschließen.

Einkommensverteilung, funktionelle = die Verteilung des Volkseinkommens als Entgelte für die Leistungen von Produktionsfaktoren in Form von Löhnen, Zinsen, Bodenrenten und (obgleich dies kein Faktoreinkommen, wohl aber Bestandteil des Volkseinkommens ist) als Gewinne. Die Entgelte fließen den Besitzern der Faktoren als Einkommen zu. Unabhängig von der Wirtschaftsordnung gilt dies notwendig für den Faktor Arbeit, weil hier „Faktor" und dessen „Besitzer" untrennbar sind.

Einkommensverteilung, personelle = Entscheidung darüber, welchen Personen in welcher Höhe Einkommen zufließen soll. Sie wird bestimmt durch die funktionelle Einkommensverteilung, die Vermögensverteilung sowie die (vorwiegend staatliche) Einkommensumverteilung. Durch letztere entstehen auch Einkommen, die nicht Entgelte für Leistungen der Produktionsfaktoren, sondern Transfers darstellen, d. h. Renten, Unterstützungszahlungen usw.

Finanzpolitik = Gestaltung des Staatshaushalts, des Steuersystems und des Staatskredits im Dienste von Stabilität und Wachstum. Das verlangt insbesondere eine *antizyklische* Handhabung von Staatseinnahmen und -ausgaben, d. h. eine Verstärkung (bzw. Verringerung) der Nachfrage des Staates, wenn die Nachfrage der Privaten zu gering (bzw. zu groß) ist.

Geld = Sachen und Rechte, welche die Funktionen (Verwendungszwecke) des Geldes, wie z. B. allgemeines Tauschmittel und Rechnungseinheit zu sein, wahrnehmen.

Geldvolumen (Geldangebot, -menge) = sämtliche inländische Zahlungsmittel und sonstige Vermögenswerte, die zum Bestreiten laufender Ausgaben geeignet sind und auch üblicherweise so verwendet werden. Dazu gehören neben dem außerhalb des Bankensystems umlaufenden Bargeld (Zentralbankgeld) auch Sichteinlagen (Girokonten, d. h. täglich fällige Guthaben bei Geschäftsbanken) von Unternehmen und privaten Haushalten.

Gleichgewicht = die von verschiedenen Entscheidungseinheiten (z. B. einzelnen Betrieben, Haushalten) in einem System vorgenommenen Entscheidungen sind miteinander verträglich, so daß ihre Konsequenzen1. untereinander widerspruchsfrei sind (z. B. Gleichheit von Angebots- und Nachfragemenge) und/oder 2. jeweils den Erwartungen entsprechen, so daß keine Veranlassung zur Revision der Entscheidung besteht, es sei denn die äußeren Bedingungen ändern sich. Gleichgewicht ist ein Zustand, der aus sich heraus keine Änderung erfährt. Er kann als Ergebnis der Koordination von Einzelentscheidungen deshalb nur eintreten, wenn alle Entscheidungseinheiten ihr Optimum erreicht haben.

Gleichgewicht, außenwirtschaftliches = eine der Wirtschaftsstruktur eines Landes sowie der Sicherung seiner binnenwirtschaftlichen Stabilität (d. h. Erreichung der übrigen drei Ziele des gesamtwirtschaftlichen Gleichgewichts) angemessene Zahlungsbilanz; gemessen anhand des Anteils des Außenbeitrags (= Saldo des Waren- und Dienstleistungsverkehrs) am Bruttosozialprodukt.

Gleichgewicht, gesamtwirtschaftliches = Zustand, in dem möglichst alle gesamtwirtschaftlichen Ziele (Vollbeschäftigung, Wachstum, Preisstabilität und außenwirtschaftliches Gleichgewicht) im gewünschten Maße verwirklicht sind.

Gleichgewichtspreis = Preis, bei welchem sich Angebot und Nachfrage ausgleichen, d. h. es gibt weder Überangebot noch Übernachfrage.

Güter = alle Mittel, die geeignet sind, Bedürfnisse zu befriedigen, also Nutzen stiften (Gebrauchswert haben). Sammelbegriff für Sachgüter und Dienstleistungen. „Wirtschaftliche Güter" sind zudem stets knapp und haben deshalb einen Tauschwert (Preis).

Inflation = anhaltender, beträchtlicher Überhang der Gesamtnachfrage über dem Gesamtangebot (Produktionspotential), was eine übermäßig hohe Auslastung des Produktionspotentials bewirkt; in der Regel verbunden mit einer Anhebung des Preisniveaus und begleitet (oder manchmal gar verursacht) von einer Aufblähung des Geldvolumens.

Investition = 1. Nettoinvestition: Zunahme bzw. Verminderung (= Desinvestition) der Bestände an Kapitalgütern (Sachkapital, Produktivvermögen) einer Produktionsstätte verbunden mit Erweiterung der Kapazität und meist auch Verbesserung der Produktionstechnik; 2. Bruttoinvestition: umfaßt neben der Nettoinvestition (Neuinvestition) auch die Reinvestition (Ersatzinvestition) d. h. Ersatz des durch Produktion verbrauchten, abgenutzten Sachkapitals; 3. Investitionsausgaben: für die Finanzierung von Investitionen aufgewendete Geldmittel aus Ersparnissen und Kredit (bei Nettoinvestitionen) bzw. aus den Abschreibungen (bei Reinvestition); 4. Anlageinvestition (Brutto- bzw. Nettoanlageinvestitionen): im Unterschied zu Lager- bzw. Vorratsinvestitionen geplante Zunahme des Sachkapitals durch Käufe von Anlagen (Ausrüstungen und Bauten) und Land.

Kapital = 1. sachliche, zumeist reproduzierbare Produktionsmittel („Produktionsfaktor Kapital", Sach- bzw. Realkapital, Kapitalgüter); 2. zu Investitionszwecken zur Verfügung stehendes Geld (Geldkapital); 3. wirtschaftlicher Wert des Produktivvermögens (Produktionsanlagen und Bauten); 4. Wert der hinsichtlich Dauer, Gewinnanspruch usw. unterschiedlich ausgestatteten Berechtigungen am Vermögen und Vermögensertrag (in diesem Sinne z. B. Eigen- und Fremdkapital einer Unternehmung); 5. das zum Zweck seiner ständigen Vermehrung eingesetzte Erwerbsvermögen privater Eigentümer, die folglich hierüber in ihrem privaten Profitinteresse verfügen (in diesem, und nur in diesem Sinne spricht man von „kapitalistisch"); 6. das auf der Grundlage des Besitzes oder Nichtbesitzes von Erwerbsvermögen sich bildende Klassenverhältnis zwischen Kapitalisten und Nichtkapitalisten, bzw. die Klasse der Kapitalisten.

Kapitalismus = Wirtschaftsordnung, die durch Privateigentum an sachlichen Produktionsmitteln (Sachkapital) gekennzeichnet ist, d. h. Produktion durch private Unternehmen, die im Wettbewerb um rentablen Einsatz des Kapitals stehen.

Kaufkraft des Geldes (Geldwert) = der Nutzen, der mit einer Geldeinheit zu erwerben ist; er hängt unter bestimmten Voraussetzungen allein von den Preisen ab, weshalb es sinnvoll ist, Schwankungen des Geldwerts mit einem Preisindex zu messen (insbesondere dem Preisindex für die Lebenshaltung aller privater Haushalte).

Knappheit = Sachverhalt, daß wirtschaftliche Güter im Verhältnis zum Bedarf nach ihnen stets in zu geringer Menge zur Verfügung stehen.

Komparative Kostenvorteile = geringere Kosten bei der Produktion eines Gutes gemessen an den Kosten eines anderen Gutes. Nach der Theorie der komparativen Kosten ist es für die Entstehung von Außenhandelsbeziehungen, also internationaler Arbeitsteilung nicht entscheidend, ob ein Land ein Gut *absolut* billiger produzieren kann als die anderen Länder, sondern nur ob es dieses Gut relativ, *komparativ*, d. h. im Vergleich zu anderen Gütern billiger produziert.

Konjunktur = Schwankungen der ökonomischen Aktivität im Zeitablauf dergestalt, daß jeweils bestimmte typische Gesamtsituationen (sog. Konjunkturphasen) hinsichtlich aller wesentlichen Einzelvorgänge (wie z. B. Produktion, Beschäftigung, Nachfrage, Preisniveau) in ähnlicher Weise periodisch wiederkehren. Ablauf mit zyklischen Schwankungen der Auslastung des Produktionspotentials und der Gefährdung bestimmter Ziele des sog. gesamtwirtschaftlichen Gleichgewichts. Der Begriff ist nicht sehr klar, schon deshalb, weil er auf das Zusammenwirken sämtlicher Bewegungsvorgänge abstellt (conjungere = verbinden).

Konsum (Verbrauch) = letzte Verwendung von Gütern zu anderen Zwecken als mit ihnen zu produzieren (sie als Produktionsmittel zu benützen), z. B. Verzehr von Nahrungsmitteln, Benutzung von Gebrauchsgütern in Haushalten, Inanspruchnahme staatlicher Dienstleistungen durch Nichtunternehmer, Aufwendungen für militärische Zwecke. Man unterscheidet privaten und Staatsverbrauch. Im weiteren Sinne ist Konsum (besser wäre hier „Verwendung") jede Nutzung von Endprodukten zur Befriedigung menschlicher Bedürfnisse (also auch die Verwendung zum Zwecke der Investition) oder gar die Nutzung von Vor- und Halbfertigprodukten.

Konvertibilität (Konvertierbarkeit) = Möglichkeit, eine fremde Währung unbeschränkt zum geltenden Kurs gegen die eigene Währung einzutauschen.

Konzertierte Aktion = Gesprächsrunde der Regierungen (Gebietskörperschaften), Gewerkschaften und Unternehmensverbänden, um ein gleichzeitig aufeinander abgestimmtes Verhalten (insbesondere in der Lohnpolitik) zu erreichen. Sie soll den großen sozialen Gruppen die Möglichkeit geben, sich an gemeinsam erarbeiteten Zielen im Sinne des gesamtwirtschaftlichen Gleichgewichts zu orientieren. Die Bundesregierung muß bei Gefährdung von Zielen des gesamtwirtschaftlichen Gleichgewichts sog. Orientierungsdaten erarbeiten.

Kosten = der zur Produktion erforderliche Aufwand an Produktionsmitteln bzw. der Nutzen, der dadurch entgeht, daß die Produktionsmittel in dieser und nicht einer anderen Verwendung eingesetzt sind (letzteres sind die Opportunitätskosten, d. h. Kosten nicht im Sinne von tatsächlich betriebenem Aufwand, sondern von Nutzen, der bei anderer Verwendung der Produktionsmittel entstanden wäre).

Kosten, soziale = Aufwendungen im Zuge der Produktion, die nicht vom Produzenten oder seinem Käufer getragen werden, sondern von Dritten oder der Gesellschaft als Ganzes (z. B. Umweltverschmutzung).

Kredit = zeitweilige Überlassung von Kaufkraft (Geld) meist gegen bestimmte Sicherheiten und im Vertrauen, daß der Kreditnehmer das überlassene Geld zuzüglich Verzinsung zurückzahlen kann.

Laissez-faire = Forderung nach möglichst geringer Aktivität des Staates im Wirtschaftsleben, bzw. die entsprechende Verhaltensweise (Politik) eines Staates. Gegenposition: Interventionismus; Versuch eines Kompromisses: Ordoliberalismus.

Liquidität = Fähigkeit, fälligen Zahlungsverpflichtungen nachzukommen.

Lohn-Lag = Zurückbleiben der Lohnsteigerung gegenüber der Zunahme der Gewinne und Zinsen im Konjunkturaufschwung. Die Lohneinkommen steigen erst mit einer zeitlichen Verzögerung (d. h. einem „lag") gegenüber den Einkommen aus Unternehmertätigkeit und Vermögen.

Lohnquote = der Anteil der Bruttoeinkommen aus unselbständiger Arbeit am Volkseinkommen (das aus diesen Einkommen und aus den Bruttoeinkommen aus Unternehmertätigkeit und Vermögen besteht). Er liegt z. Z. über 70 vH. Es gibt verschiedene Versuche, die Aussagefähigkeit der Lohnquote als Maß der funktionellen Einkommensverteilung zu verbessern (vgl. S. 144ff.).

Makroökonomie = Teil der Volkswirtschaftslehre, der sich mit der Untersuchung des Wirtschaftsprozesses als Ganzes (gesamtwirtschaftlich) bei Verwendung von Aggregaten (Globalgrößen) beschäftigt.

Markt = das Zusammentreffen von Anbietern und Nachfragern zum Zwecke des Leistungstauschs und der Preisbildung.

Mikroökonomie = Teil der Volkswirtschaftslehre, der sich mit der Untersuchung des Verhaltens einzelner Entscheidungseinheiten (Haushalte, Unternehmen) und der Preisbildung auf einzelnen Märkten beschäftigt.

Monetarismus (monetaristische Theorie) = eine Theorie darüber, wie Stabilitätspolitik vorwiegend durch eine längerfristig orientierte Steuerung der Geldversorgung (also durch „monetäre Impulse") betrieben werden sollte; als eine Art Gegenposition zum keynesschen Stabilisierungskonzept entwickelt.

Monopol = nur ein Anbieter (Verkäufer) steht auf einem Markt den Nachfragern gegenüber, die untereinander in Konkurrenz stehen. Der entsprechende Fall eines einzigen Nachfragers auf einem Markt heißt Monopson, bzw. Nachfragemonopol.

Multiplikator = unter bestimmten Voraussetzungen ist gemäß der makroökonomischen Theorie durch zusätzliche Ausgaben (z. B. Erhöhung der Staatsausgaben, der Investitionen, der Exporte) eine Veränderung des Volkseinkommens zu erwarten, die ein Vielfaches (in Höhe des Multiplikators) der ursprünglichen Ausgabenänderung ausmacht. Grund dafür ist, daß die Ausgabe Einkommen schafft, das wiederum zum Teil ausgegeben wird. Für die Höhe des Multiplikators ist es entscheidend, zu welchem Teil das Einkommen wieder ausgegeben, also nicht gespart wird.

Nachfrage = Bereitschaft, Güter und Dienstleistungen gegen Entgelt zu erwerben; im engeren Sinne: Ausgabe von Geld für diesen Zweck (d. h. effektive Nachfrage), nicht bloßer Wunsch, Güter zu erwerben (latente Nachfrage).

Nachfrage, effektive (Gesamtnachfrage, aggregierte Ausgaben) = die Nachfrage nach sämtlichen Gütern (Sachgüter und Dienstleistungen) einer Volkswirtschaft für Zwecke des Konsums bzw. der Investition, gemessen an den Ausgaben für die betreffenden Güter (dargestellt in der Verwendungsrechnung des Sozialprodukts, vgl. Tabelle 3, S. 58). Das Problem der effektiven Nachfrage besteht darin, ob die aus dem Einkommen getätigten Ausgaben groß genug sind, um das Gesamtangebot abzunehmen, bzw. was gleich ist: das Produktionspotential auszulasten.

Nachfragekurve = graphische Darstellung der Abhängigkeit zwischen dem Preis eines Gutes und der Menge, welche die Nachfrager bei dem jeweiligen Preis zu kaufen beabsichtigen.

nominal = eine Größe, die in Geldeinheiten ausgedrückt ist, ohne Schwankungen der Kaufkraft des Geldes zu berücksichtigen (Gegensatz: real).

Nutzen = Grad der Befriedigung eines Bedürfnisses. Der Nutzenbegriff ist für zahlenmäßige Aussagen nur beschränkt verwendbar.

Optimum = Lösung eines Entscheidungsproblems dergestalt, daß aus den unter bestimmten vorgegebenen Bedingungen (Beschränkungen) möglichen Aktivitäten diejenige ausgewählt wurde, mit welcher das Ziel am besten erfüllt wird (welche die Zielfunktion maximiert).

Ordoliberalismus (Neoliberalismus) = Richtung innerhalb der Volkswirtschaftslehre, die für eine marktwirtschaftliche, privatkapitalistische Wirtschaftsordnung eintritt und Eingriffe (Interventionen) des Staates in den Wirtschaftsprozeß weitgehend ablehnt. Im Unterschied zum Wirtschaftsliberalismus der klassischen Nationalökonomie fordert sie jedoch die Schaffung und Aufrechterhaltung einer Wirtschafts*ordnung* (daher die Bezeichnung „Ordo") insbesondere des Wettbewerbs als staatliche Aufgabe. Hauptvertreter: W. Eucken, F. Böhm, F. A. Lutz, F. W. Meyer, K. P. Hensel. Ordoliberale waren maßgeblich beteiligt an der Ausarbeitung des Konzepts der „sozialen Marktwirtschaft" in der Bundesrepublik.

Planung = systematische Vorentscheidung (vor Vollzug der geplanten Abläufe) über wechselseitig abhängige Aktivitäten mit mehr oder weniger verbindlichem Charakter. Im weiteren Sinne: jede rationale Entscheidung über ein zukünftiges Verhalten. Im engeren Sinne der zentralen Planung: möglichst umfassende und verbindliche Lenkung des Wirtschaftsprozesses und der wirtschaftlichen und gesellschaftlichen Entwicklung durch bestimmte staatliche Institutionen.

Preis = der in Geld ausgedrückte Tauschwert einer Ware, d. h. der vereinbarte Geldbetrag, der bei Überlassung bzw. Nutzung einer Mengeneinheit einer Ware zu entrichten ist. Auch Lohn- und Zinssätze sowie der „Kurs" eines Wertpapieres oder einer Währung sind Preise.

Preisindex = Maß für die prozentuale Veränderung (im Vergleich zu einem Basiszeitpunkt) der Preise einer Gruppe von Waren; z. B. Preisindex für die Lebenshaltung, Index der Grundstoffpreise usw.

Preisstabilität (Stabilität des Preisniveaus) = möglichst geringe Zuwachsrate bestimmter Preisindices, die sich auf eine größere Gütergesamtheit beziehen (z. B. Preisindex des Bruttosozialprodukts, – des Privaten Verbrauchs, – der Lebenshaltung usw.).

Produktion = der Prozeß der Herstellung von Gütern und Dienstleistungen durch die Menschen bei Aufwendung von Arbeit und sachlichen Produktionsmitteln.

Produktionsfaktoren (-mittel, Ressourcen, Produktivkräfte) = sämtliche zur Produktion aus technischen Gründen erforderlichen Mittel materieller und immaterieller Art. Hierzu zählen im allgemeinen: Arbeit und Kapital (produzierte Produktionsmittel, Kapitalgüter) sowie der Boden (in landwirtschaftlicher Bebauung, die gewonnenen Rohstoffe, z. T. auch Boden als Standort), in manchen Theorien auch die Produktionstechnik und Unternehmertätigkeit. Umstritten sind die Lehren über Produktionsfaktoren vor allem wegen der daraus abgeleiteten Aussagen über die funktionelle Einkommensverteilung, nicht sofern sie sich auf den technischen Aspekt der Produktion beziehen.

Produktionspotential (gesamtwirtschaftliches Leistungsvermögen, Kapazität, Produktionsmöglichkeiten) = das bei dem vorhandenen Bestand an Produktionsfaktoren und der gegenwärtigen Produktionstechnik sowie Leistungsfähigkeit an sich mögliche Güterangebot. Wegen Konjunkturschwankungen deckt sich dieses potentielle Angebot nicht immer mit dem tatsächlichen.

Produktivität = Verhältnis des Produktionsausstoßes (-ergebnisses) zur Einsatzmenge an Produktionsfaktoren; sie kann auf den Einsatz eines bestimmten Faktors bezogen sein (z. B. Arbeitsproduktivität), ohne damit auszusagen, daß das Produktionsergebnis auf die Leistung dieses einen Produktionsfaktors zurückzuführen sei (d. h. eine kausale Interpretation wie bei der sog. „Grenzproduktivität" ist bei Produktivitätsmaßen im allgemeinen nicht möglich).

Profit = Einkommen aus Unternehmertätigkeit (Entnahmen aus einem Geschäftsbetrieb, Dividenden usw.) und Vermögen (Zinsen, Mieten usw.). Im Alltagssprachgebrauch auch enger gebraucht im Sinne von Gewinn (d. h. ausgeschüttete bzw. entnommene Einkommen aus Unternehmertätigkeit).

real = in Geldeinheiten ausgedrückte Größe bei Berücksichtigung der Preissteigerungen, d. h. preisbereinigte (deflationierte) Größe.

Rentabilität = Gewinn je Einheit des eingesetzten Geldkapitals.

Sozialismus = Wirtschaftsordnung mit Kollektiveigentum (staatliches-, genossenschaftliches Eigentum) an sachlichen Produktionsmitteln, über welche in der Regel durch zentrale staatliche Planung und Leitung des Produktionsprozesses verfügt wird.

Sparen = der Überschuß laufender Einnahmen (des Einkommens) über den laufenden Ausgaben; Nichtverwendung des Einkommens für den Konsum. Im engeren Sinne kann man darunter verstehen, daß Geld als Geldvermögen (z. B. Kontensparen, Erwerb von Wertpapieren) angelegt wird.

Stabilität = 1. Fähigkeit eines Systems oder Prozesses, sich nach Auftreten von Störungen wieder zum Gleichgewichtszustand bzw. -pfad zu entwickeln. 2. gesamtwirtschaftliches Gleichgewicht.

Stabilitätspolitik = Maßnahmen, die auf Erreichung bzw. Erhaltung des gesamtwirtschaftlichen Gleichgewichts gerichtet sind.

Steuer = einmalige oder laufende Geldleistungen, die ein öffentlich-rechtliches Gemeinwesen nach einseitig von ihm festgelegten Grundsätzen fordern kann, ohne damit zu einer bestimmten Leistung verpflichtet zu sein.

Tarifautonomie = Grundsatz der Nichteinmischung des Staates oder anderer Gruppen als der „Tarifpartner“ (Gewerkschaften und Arbeitgeber) in den Abschluß von Tarifverträgen, die u. a. Vereinbarungen über Tariflöhne und -gehälter enthalten.

terms of trade = Austauschverhältnisse im Außenhandel; gemeint ist im allgemeinen das Verhältnis zwischen Export- und Importpreisindices (der Index der Verkaufspreise für Ausfuhrgüter dividiert durch den Index der Einkaufspreise für Auslandsgüter). Eine Vergrößerung der terms of trade weist darauf hin, daß sich bei gleichen Ein- und Ausfuhrmengen (eine Annahme, die meist nicht gilt) der Außenhandelsgewinn eines Landes vergrößert haben dürfte.

Transfer (Übertragung) = Leistungen ohne Gegenleistungen, z. B. Renten und ähnliche „laufende Übertragungen“.

Unternehmung = eine zum Zweck dauerhafter Einkommenserzielung betriebene Organisation, die vorwiegend Waren und Dienstleistungen produziert und im Rechts- und Wirtschaftsleben als eine selbständige Entscheidungseinheit auftritt.

Vermögen = Bestand an dauerhaft und in der Regel (sog. Erwerbsvermögen) ertragbringend nutzbaren, sowie prinzipiell veräußerlichen Gütern, die einer Person (dem Eigentümer) zustehen; das in Sach- und/oder Geldwerten angelegte (aktivierte) Kapital einer Person.

Vollbeschäftigung = Gleichgewicht auf den Märkten der Produktionsfaktoren, insbesondere dem Arbeitsmarkt (d. h. wer bereit und in der Lage ist, ein Beschäftigungsverhältnis einzugehen kann dieses auch tun); gemessen anhand der Arbeitslosenquote (= Anteil der registrierten Arbeitslosen an der Anzahl der abhängigen Erwerbspersonen).

Volkseinkommen (= Nettosozialprodukt zu Faktorkosten) = der an die Inländer als Einkommen aus unselbständiger Arbeit, Unternehmertätigkeit und Vermögen verteilte Reinertrag der Produktionstätigkeit eines Landes während eines Zeitraums.

Währung = 1. die Ordnung des Geldwesens in einem Wirtschaftsraum (z. B. einem Staat), 2. die für diesen Wirtschaftsraum vereinbarte Geldeinheit.

Wettbewerb (Konkurrenz) = Bestreben mehrerer Entscheidungseinheiten (z. B. Unternehmen), das gleiche Ziel zu erreichen, indem jede von ihnen versucht, durch eine bessere Leistung als diejenige der anderen Konkurrenten dem Ziel näher zu kommen. Bedingungen, unter denen alle Konkurrenten gezwungen sind, jeweils etwaige Vorsprünge der anderen Konkurrenten aufzuholen und sich selbst einen Leistungsvorsprung zu verschaffen.

Wirtschaftsordnung = Gesamtheit grundlegender, auf Dauer angelegter Regeln, Institutionen und gesellschaftlicher Bedingungen zur Koordination und Lenkung der wirtschaftlichen Betätigung von Menschen. Von besonderer Bedeutung, und daher kennzeichnend für eine bestimmte Wirtschaftsordnung, sind vor allem die Formen, den Leistungsaustausch bei Arbeitsteilung zu organisieren (z. B. durch zentrale Planung oder Märkte) und die Eigentumsordnung.

Wirtschaftspolitik = Gestaltung des Wirtschaftsprozesses, der Wirtschaftsstruktur und -ordnung nach Maßgabe bestimmter Ziele durch Anwendung geeigneter Maßnahmen (Mittel, Instrumente) seitens staatlicher Organe; die wissenschaftliche Beschäftigung damit, wie eine solche Gestaltung erfolgen kann und soll.

Wirtschaftssystem = die konkrete Gestaltung einer Wirtschaftsordnung.

Wirtschaftstheorie = systematische Zusammenstellung von möglichst allgemein geltenden Aussagen, die der Beschreibung von Sachverhalten und Erklärung von Zusammenhängen (Zurückführung auf Ursachen) im wirtschaftlichen Handeln der Menschen dienen.

Wirtschaftswachstum = Mengensteigerung von Produktion und Verbrauch sowie Strukturwandel im Rahmen einer Zunahme des Produktionspotentials; gemessen mit der jährlichen Zuwachsrate des realen Bruttosozialprodukts.

Zahlungsbilanz = systematische zahlenmäßige Darstellung aller wirtschaftlichen Transaktionen in einer abgelaufenen Periode zwischen den Inländern und der übrigen Welt.

Zentralbank (Zentralnotenbank, Notenbank) = eine meist staatliche Bank, die im Unterschied zu anderen Banken das alleinige Recht der Banknotenausgabe hat, sowie Bankgeschäfte vorwiegend mit anderen Banken und dem Staat betreibt, bei welchen ihr bestimmte öffentlich-rechtliche Befugnisse zustehen. Sie regelt den Geldumlauf und die Kreditversorgung der Wirtschaft mit dem Ziel der Stabilität des Geldwerts bei weitgehender Unabhängigkeit von der übrigen staatlichen Wirtschaftspolitik (z. B. von der Finanzpolitik. Zentralbank der Bundesrepublik ist die Deutsche Bundesbank mit ihren Hauptverwaltungen in den Bundesländern, den Landeszentralbanken.

Zins = Entgelt für die Überlassung von Kapital.